In der Wildbahn der Altmark

Gerhard Kleinau

In der Wildbahn der Altmark

Vom Lebensglück des Jägers

Mit Illustrationen von
Klaus-Peter Reif

KOSMOS

Mit 18 Schwarzweiß-Illustrationen von Klaus-Peter Reif, Suhl-Abrechts

Umschlaggestaltung von eStudio Calamar, unter Verwendung eines Gemäldes von Klaus-Peter Reif

Die Deutsche Bibliothek – CIP-Einheitsaufnahme

Ein Titelsatz für diese Publikation ist bei Der Deutschen Bibliothek erhältlich

Gedruckt auf chlorfrei gebleichtem Papier

ISBN 3-440-08951-7
Produktion: Die Herstellung, Stuttgart
Satz: TypoDesign, Radebeul
Printed in Czech Republic / Imprimé en République Tchèque
Druck und Binden: Těšínská Tiskárna, a. s., Český Těšín

Inhaltsverzeichnis

Langsam antreiben

Wer von uns Jägern kennt das Signal „Langsam antreiben!" nicht mehr? Es erinnert ihn daran, wie er als Schütze in der Linie stand. Heute sind Durchgehschützen mit geladener Waffe nicht mehr erlaubt – nur zu gut erinnere ich mich aber daran, wie früher mit diesem Signal die Spannung begann, die Erwartungen stiegen. Man lauschte auf Geräusche, die anlaufendes Wild ankündigen. Auch für den Treiber beginnen jetzt die Stunden des Erlebens, denn der Jagdhelfer im Trieb hat oft mehr Anblick als ein Schütze.

Bevor ich eine Waffe führen konnte, war ich viele Jahre als Treiber dabei, und auch später noch nahm ich hin und wieder die Gelegenheit wahr. So intensiv, wie man als Treiber den Wald kennen lernt, sieht ihn oft nicht einmal der ansässige Jäger.

Wie meist im Leben, fängt man klein an – so natürlich auch ich. Schon als Elfjähriger fehlte ich bei kaum einer Treibjagd.

Es war eine Niederwildjagd angesetzt. Wir hatten uns am Morgen bei einer Waldgaststätte getroffen. Der Wirt nutzte die Gelegenheit und versorgte Jäger und Treiber mit Proviant. Meine Mutter hatte mir ein paar Klappstullen eingepackt und noch Äpfel dazu gelegt. Ich wunderte mich, dass die anderen nicht so eine gute Mutter hatten und erst jetzt Tagesproviant einpackten. Einige Treiber nahmen die Stullen in Flaschenform mit, das ließ sich wohl besser transportieren. Mein Vater kaufte mir eine Brühe mit Ei, die sehr heiß war, aber herrlich schmeckte. Alle wirkten irgendwie aufgeregt, am meisten die Hunde.

Endlich ging es los. Der Jagdleiter ließ Jäger und Treiber antreten und erklärte den Ablauf des Tages, und auf welche Tierarten geschossen werden durfte. Es waren zuerst zwei Vorstehtreiben an verlandeten Teichen vorgesehen. Dann sollte es in den Wald gehen. Ein nicht zu langer Fußmarsch brachte uns zu den verschilften alten Karpfenteichen. Wasser enthielten sie schon lange nicht mehr, aber an den meisten Stellen stand meterhoch Schilfrohr. Ich blieb immer in der Nähe meines Vaters, hatte aber als Orientierung nur den Himmel, so hoch stand das Rohr.

Gleich zu Anfang waren einige Enten aufgestiegen, die noch einen Tümpel gefunden hatten. Es waren einige Schüsse gefallen, aber wir wussten natürlich nicht, auf was geschossen worden war. Plötzlich rauschte etwas an mir vorbei. Ich wollte schreien, wie ich es von den alten Treibern gehört hatte, „Hase nach vorn“ oder „Hase nach hinten“, aber ich hatte so schnell gar nicht gesehen, was es war. Nun kam das Etwas zurück und entpuppte sich als ein großer Deutsch-Drahthaar-Vorstehhund. Er schien von irgendeinem Tier Wittrung aufgenommen zu haben, denn er winselte vor Ungeduld und Eifer und bellte hin und wieder. Da rief plötzlich ein Treiber: „Sauen, Sauen nach hinten!“ Und gleich lärmten alle durcheinander, um die Schweine zu scheuchen – oder vielleicht, um sich Mut zu machen.

Auch auf mich raschelte etwas zu. Ich wollte gerade laut schreien: „Schweine!“, aber es war ein Fuchs, der sich hier durchdrücken wollte. Und so brüllte ich um so lauter: „Fuchs, ein Fuchs nach hinten!“

Draußen begann eine Kanonade, dass man glauben konnte, ein Wagen würde nicht reichen, um die Jagdbeute abzutransportieren. Ich konnte es kaum erwarten, dass der Trieb zu Ende war und wir die Strecke besichtigen konnten.

Na, das gab ein Erzählen! Es lagen auch wirklich ein Schwein und eine Ente; ein weiteres Schwein wollte man später nachsuchen. Aber es gab ja so viele Geschicke und Missgeschicke! Dem einen waren die Sauen auf so kurze Entfernung gekommen, dass er nur noch hinterher schießen konnte – wohl ohne Erfolg. Ein anderer hatte natürlich Schrote geladen, weil man mit Hase oder Fuchs gerechnet hatte und fummelte nun bei dem Ruf „Sauen“ erst einmal die Schrote raus und Brenneke rein. Und als er eben fertig war, kam bei ihm der Fuchs, dem er natürlich die Brenneke hinterher schickte, die wiederum den Fuchs nur noch schneller machte. Wenn jeder Schuss ein Treffer wäre, gäbe es bald kein Wild mehr, und die Achsen der Wildwagen würden sich nach unten durchbiegen!

Der Jagdleiter unterbrach nach einiger Zeit die Auswertung, man wollte ja noch weiter. Das nächste Treiben war wieder eine verschilfte Fläche, in deren Mitte sich zwei kleine Teiche befanden. Die Enten stiegen schon auf, als ein Jäger beim Abstellen zu nahe an das eine Teichufer trat. Ja, die Ungeduld hat schon vielen Tieren das Leben gerettet.

Endlich rief ein Treiber „Hopp", und wir marschierten mit „Hussa!" und „Hoi, hoi!" los. Ich ging an der Seite, wo hartes Gras den Boden bedeckte. Plötzlich burrte etwas unter meinem Fuß hoch, so dass ich erschrocken beinahe auf meinen Allerwertesten gefallen wäre. Gock, gock!, rief der Fasanenhahn, ehe ihn ein paar Schrote vom Himmel holten. Als ich nun aus dem Schilf trat, sah ich gerade noch, wie ein Hund seinem Herrn den Fasan brachte und sauber ablieferte. Stolz wie ein Spanier war der Hund – und der

Herr sicherlich auch, über seine eigene Leistung und die seines Hundes.

Wenn Jagdhunde gute Arbeit leisten, begeistert mich das heute noch. Aber auch andere Hunde sind zu hervorragenden Leistungen fähig. Das bewies einige Jahre später mein Schäferhundmischling Asso.

Ich sollte am Sonnabend zur Treibjagd kommen und unbedingt meinen Hund mitbringen, denn es hatte sich herumgesprochen, dass Asso ein „Schweinehund" war, der jede Sau im Bestand fand. Was aber auch noch wichtig war: Asso interessierte sich für Sauen und für Katzen nur dann, wenn ich ihn anrüdete. Sonst waren sie ihm gleichgültig. Mit unseren hofeigenen Katzen fraß er sogar aus einem Napf. Alle diese Tugenden bescherten mir mein erstes Erlebnis mit Sauen, und zwar hautnah.

Ich fuhr mit dem Fahrrad zum Dorf hinaus, der Hund lief angeleint brav neben mir. Hinter dem letzten Haus saß eine Katze auf dem Gartenzaun und machte einen Buckel. Asso schaute nur einmal kurz hin und dann wieder uninteressiert nach vorn. Er hatte am Geruch meiner Kleidung festgestellt, dass es zur Jagd ging, da war alles andere nebensächlich.

Aber mich musste der Teufel geritten haben. Nachdem wir schon vorbei waren, sagte ich: „Asso, fass!" Asso sprang zurück, auf die Katze zu – ich, der die Hundeleine ums Handgelenk gewunden hatte, musste notgedrungen mit. Dies alles passierte natürlich in einer Geschwindigkeit, die ein ordentliches Absteigen vom Fahrrad unmöglich machte. Eine Schramme am Knie war Gott sei Dank der einzige Schaden, den ich nahm.

Für menschliche Dummheit kann ein Hund nichts, deshalb bekam Asso auch keine Zurechtweisung. Aber es sollte an diesem Tag noch einmal eng werden. Es war gleich nach der Mittagspause in der großen Feuerturmdickung. Hier steckten meist Sauen, und es versprach interessant zu werden. Ich war etwa in der Mitte der Kieferndickung angelangt, als mein Hund Standlaut gab. Ich konnte an seinem Bellen immer schon genau erkennen, was es ungefähr gab und pirschte mich heran.

Da stand mein Hund, und ihm einige Meter gegenüber eine Rotte Sauen. Zwei stärkere Bachen und sechs oder acht Frischlinge schauten meinen Hund an – und er sie, wobei er immer wieder Laut gab. Die Situation wollte sich gar nicht verändern, und ich wusste im Moment gar nicht so recht, was ich machen sollte, denn wir standen doch recht dicht beieinander. Da übernahm Asso die Initiative. Er hatte wohl meine Nähe gespürt und machte einen Vorstoß. Das war den Bachen nun doch zu viel, und sie stoben auseinander, nur leider in meine Richtung. Sie hatten mich nicht gesehen und auch keinen Wind von mir. Ich stand nur im Wege wie die Bäume auch, und so streifte mich ein Frischling recht unsanft.

Nun wurde ich aber munter und gab anhaltend Laut! „Schweine, Schweine, Schweine nach hinten!“, rief ich. Ob die Schweine sich danach richten würden, wusste ich natürlich nicht. Wenige Augenblicke später setzte eine Kanonade ein, die zeigte, dass die Rotte gesprengt war und bei mehreren Schützen durchzubrechen versuchte.

Fünf Sauen und ein Fuchs konnten am Ende dieser Jagd verblasen werden, eine gute Strecke, die längst nicht immer erzielt wurde.

Über zehn Jahre später hatte ich noch einmal die Gelegenheit, mit einem Hund auf Sauen zu jagen. Ich hatte meinen Wehrdienst abzuleisten und war in einem sehr wildreichen Gebiet in Mecklenburg stationiert. Wenige Kilometer vom Standort entfernt lag ein größeres Schießplatzgelände mit einem sehr guten Wildbesatz. Ich hatte mitbekommen, dass hier am Wochenende eine Jagd stattfinden sollte und versuchte, mich als Treiber zu beteiligen. Es klappte irgendwie, und so stand ich morgens in meiner Dienstuniform bei der Jagdgesellschaft. Weil ich Jagdhorn blasen konnte, hatte mir der Standortförster ein Horn überreicht mit der Bitte, mich bei der Signalgebung zu beteiligen.

„Und dann hab’ ich noch ein Anliegen“, meinte er. „Ich habe gehört, Sie sind auch Jäger. Und ich habe gesehen, wie sie vorhin meinen Hund begrüßt haben. Ich würde ihn gern zu Ihnen ins Treiben geben, er hört bestimmt auf Sie.“ Der Hund, um den es ging, war ein schmucker braun-weißer Großer Münsterländer. Er saß die ganze Zeit unruhig, aber gehorsam bei Fuß.

„Wenn der Hund nichts dagegen hat, bin ich einverstanden", antwortete ich.

„Hier, nehmen Sie die Leine! Und dieses Messer nehmen Sie man auch mit, damit Sie sich einen Stecken abschneiden können." Mit diesen Worten drückte der Förster mir eine Leine und ein bajonettähnliches Messer in die Hand.

Nach einigen einweisenden Worten des Jagdleiters gingen wir zu den wartenden Lkw. Der Hund folgte mir, als ob das nie anders gewesen wäre.

Die Fahrzeuge setzten sich in Bewegung. Ich passte auf, dass der Hund zwischen den anderen Treibern und einigen Terriern genügend Raum behielt. Endlich war die Schaukelei zu Ende, und wir stiegen ab. Ein einweisender Förster mahnte zur Ruhe. Das war angebracht, wie wir gleich feststellen konnten. Ein gemischtes Damwildrudel stand etwa zweihundertundfünfzig Meter vor uns im lockeren Kiefernaltholz und schaute zu uns herüber. Beunruhigt setzten sie sich in Bewegung und nahmen die große Dickung, an die getrieben werden sollte. Das konnte ja heiter werden. Als wir uns jetzt in Bewegung setzten, sprangen auch die letzten Stücke Wild mit den typischen Ziegensprüngen ab.

Alle dreißig Meter blieb ein Treiber stehen. Ich musste fast bis zum Ende gehen, um das Treiben mit anzublasen.

Es mochten etwa zwanzig Minuten vergangen sein, als ich das erste Hornsignal hörte. Auch ich setzte nun das Horn an und blies „Langsam antreiben". Den Hund hatte ich immer noch an der Leine, ich wollte ihn erst weiter im Treiben laufen lassen.

Obwohl wir uns beide gut verstanden, wurden wir uns hier im Bestand nicht recht einig. Die meisten Bäume wollten wir getrennt umgehen, und das war anstrengend. Na denn, dachte ich. Ich nahm den Hund zurück und öffnete das Halsband. Anzufeuern brauchte ich ihn nicht – er war schon weg. Aber als ich ihm pfiff, kam er gleich wieder.

Im Treiben war es mittlerweile laut geworden. Die Treiber waren irgendwo auf Wild gestoßen, wahrscheinlich auf das Damwildrudel, und nun ging es los. Auch vor mir polterte stärkeres Wild durch das Holz. Ich konnte gerade noch sehen, dass es einige Stücke Rotwild waren.

Überall fielen Schüsse, es herrschte Betrieb.

Nach fast zwei Stunden hatten wir den großen Komplex durchgedrückt. Auch ich blies „Hahn in Ruh“. Der Münsterländer fand sich bei mir ein und wurde angeleint. Einige Stücke Wild sollten gestreckt sein, und als wir nun zum nächsten Treiben fuhren, sahen wir am Wegesrand einen Schützen beim Versorgen eines Stückes Damwild.

Der nächste Trieb würde sehr unübersichtlich sein, weil das Gelände sehr hügelig und alle Wälder sehr dicht waren.

Ich ging in einem vierzigjährigen Kiefernbestand, der unbedingt geläutert werden musste. Ein normales Vorwärtskommen war unmöglich. Es ging nur immer: Bücken, Drüber-weg-Steigen und wieder Bücken. Den Hund hatte ich wieder von der Leine gelassen; er war vor mir verschwunden. Plötzlich hörte ich einen Frischling klagen. Ich stolperte, so schnell es ging, zu der Stelle und fand den Münsterländer, der einen Frischling von zehn oder zwölf Kilo gebunden hatte.

Ohne lange zu überlegen, suchte ich mir eine freie Stelle und fing das Schweinchen mit dem Messer ab. Die Hinterläufe wollten sich immer noch abstoßen, aber dann lag es still und wurde auch für den Hund uninteressant.

Aber für mich begannen die Probleme erst jetzt! Der Frischling musste mit aus dem Wald, und das Ende des Treibens war noch nicht in Sicht. Da hatte ich mir etwas Schönes eingebrockt ... Gott sei Dank kamen zwei weitere Treiber hinzu. So konnten wir uns die Arbeit teilen, denn in eine solche war es ausgeartet. Am Ende hatte der Frischling wohl das Gewicht eines Überläufers erreicht, zumindest war uns so.

Im Dienste der Gesundheit

„Sonnabend ist in Berge Treibjagd. Kommst du auch?", fragte mich Alwin, einer der ältesten Jagdhelfer. Wie der gleichalte Gottwald fehlte er bei kaum einer Drückjagd. Sie waren schon ein Gespann, diese beiden. Sie kannten den Wald meist besser als die Jäger, und das Gerücht, dass Alwin einmal ein ganz erfolgreicher Wilddieb gewesen wäre, entsprach wohl zu hundertzehn Prozent der Wahrheit. Aber Kumpel waren sie alle beide, und sie hatten mich, den Vierzehnjährigen, unter ihre Fittiche genommen.

Ich sagte natürlich zu. Einmal wieder durch die schneeverhangenen Dickungen streifen und die Sauen auf den Sprung bringen, das war doch was! Noch am Freitag hatten wir trockenen Frost und eine Schneelage von etwa zehn Zentimetern gehabt. Das war ideal – aber der Sonnabend brachte Matsch, ein richtiges Sauwetter.

Etwa fünfundzwanzig Schützen, aber nur sieben Treiber standen erwartungsvoll am Treffpunkt. Das Wetter hatte wohl den einen oder anderen abgehalten. Aber wir hatten ja noch die zwei Terrier des Jagdleiters. Die würden es den Schwarzkitteln schon zeigen.

Die Schützen umstellten die erste Dickung, und wir Treiber nahmen am Weg Aufstellung. Ein Waldarbeiter führte die beiden Hunde an der Leine. Er sollte sie erst schnallen, wenn Sauen im Treiben vorkommen würden. Ein lautes „Hooop" schallte durch den Wald. Die Schützen hatten abgeriegelt, und wir Treiber konnten antreiben. Noch hatten wir Mut. „Hussa, hussa!", gellte es durch den Wald, und Stöcke wurden an die Bäume geschlagen.

Wir wurden aber bald leiser, denn es war nicht so einfach, durch die Schonung zu streifen, ohne den nassen Matsch in den Nacken zu bekommen. Rechts von mir versuchte der Treiber mit den beiden Hunden durch den Wald zu kommen. Aber die Hunde schafften ihn. Wenn der eine links vom Baum durchwollte, versuchte es der andere rechts. Und meist waren diese Lücken für den Treiber auch noch zu schmal. Er tat das einzig Mögliche, er schnallte die Hunde und versuchte uns allein zu folgen.

Eben war ich noch über einen Stubben gestolpert und hatte mich erst im letzten Moment an einer schlanken Kiefer abfangen können. Jetzt schien ein Weg vor uns zu sein – hier würden wir uns noch einmal ausrichten.

Alwin kam etwa fünfzehn Meter neben mir auf den Weg. Er schüttelte seine Jacke vom Schnee frei, knöpfte sie auf und griff hinein – dorthin, wo sonst die Brieftasche sitzt. Als er die Hand wieder herauszog, hielt sie eine flache Flasche umschlossen, einen „Flachmann", von dem ich schon des öfteren hatte reden hören. Hier und heute sollte Medizin drin sein, wie mir Alwin versicherte. Gekonnt hatte er den Verschluss geöffnet und führte den Flaschenhals zum Mund. Weit legte er den Kopf zurück und schloss die Augen. Die Medizin schien nicht schlecht zu schmecken, denn obwohl er beim Absetzen den Mund verzog, war Gottwald schon heran und verlangte ebenfalls von dem Mittel gegen die Erkältung.

Auch er nahm einen mächtigen Hieb, ehe er die Flasche wieder absetzte. Er musste wohl große Angst vor einer Erkältung haben.

Alwin sagte gönnerhaft: „Na min Jung, komm mal her. Du sollst auch nicht krank werden", und drückte mir die Flasche in die Hand. Mit dem Handballen rieb ich, wie ich es bei den anderen gesehen hatte, über den Flaschenhals und setzte an. Der erste Schluck war wohl ein wenig zu groß geraten, denn meine Augen traten fast aus den Höhlen. Es brannte im Rachen, und ich konnte einen Husten nicht unterdrücken. Gottwald meinte, das sei nun mal so bei guter Medizin, und man würde sich auch dran gewöhnen.

Die anderen Treiber waren mittlerweile alle auf dem Zwischenweg erschienen, und so ging es mit einem „Hoi, hoi" weiter. Plötzlich rief einer: „Hirsche, Rotwild nach vorn!" Die Treiber wurden wieder munter und riefen ebenfalls viel lauter als vordem. Ein Schuss fiel nirgends, Rotwild war nicht freigegeben.

Nun trieben wir in einem Kiefernstangenholz. Dort war es leichter, den Überblick zu behalten. „Durch!", rief ein Treiber, und bald darauf sammelten wir uns am Hauptgestellweg. Dieses Mal holte Gottwald seinen Flachmann heraus, und wir taten einen großen Schluck aus der Flasche. Es sollte schließlich keiner krank werden.

Der Jagdleiter fragte nach seinen Hunden, aber keiner hatte sie gesehen. „Denen ist wohl das Wetter zu schlecht gewesen und sie sind nach Haus gelaufen!", scherzte ein Jäger. Er konnte nicht wissen, dass er wirklich Recht hatte. Wir Treiber aber hielten durch. Als nach dem nächsten Trieb eine kurze Mittagspause eingelegt wurde, futterte ich erst einmal zwei große Klappstullen und einen Apfel.

Ein neu hinzukommender Jäger berichtete, dass er die beiden Hunde auf dem Heimweg gesehen habe. Sicherlich waren die Tiere vernünftiger gewesen als die Menschen.

Wieder wurde ich in das Therapieprogramm von Alwin und Gottwald einbezogen. Nach jedem Treiben wurde mir leichter. Ich merkte auch nicht mehr so deutlich, dass meine Füße nass und kalt waren. Mit guter Medizin war eben alles viel leichter zu ertragen. Noch einige Waldstücke wurden von uns abgesucht, aber außer einigen Hasen und Rehen war nichts im Treiben gewesen. Auf Rehe sollte heute nicht geschossen werden, und die Hasen hatten Glück, weil alle Jäger auf Sauen warteten und darum kein Schrot geladen hatten. Es ist eben nicht jeder Jagdtag ein Fangtag.

So blieb die Strecke mit einem Hasen und einem Fuchs weit unter dem Erwarteten. Aber wir Treiber waren trotz allem ganz lustig, und ich wusste noch nicht einmal den Grund dafür. Zum Abschluss gab es in der Gaststätte ein Paar Bockwürste für jeden, und einige Jäger fühlten sich verpflichtet, etwas für die Gesundheit der Treiber zu tun. Es ging hoch her, und den lauten Schilderungen war nicht so genau zu entnehmen, wann diese oder jene Sau und wo eigentlich gestreckt worden war. Es war wohl auch nicht so wichtig.

Ein Glück, dass der nächste Tag ein Sonntag war, denn wie die meisten Arzneien hatten auch die von gestern Nebenwirkungen – Kopfschmerzen, und keine schlechten. Sicherlich trugen diese Kopfschmerzen dazu bei, dass ich mit Alwin und Gottwald in den folgenden Jahren noch so manches Mal auf die Gesundheit anstieß, dabei aber immer beherzigte, dass zuviel Arznei schädlich ist.

Julchen

Julchen war in den letzten Septembertagen geboren worden. Das war für ein Wildschwein, welches einmal groß und stark werden will, ziemlich spät im Jahr und außerhalb jeder Norm.

Wie Julchen die ersten Tage ihres Daseins verlebt hat, ist mir nicht bekannt. Doch in einer ihrer ersten Nächte streifte die Mutter von Julchen, die Bache, am Ufer des Flüsschens entlang, wo der kleine Frischling in ein ausgehobenes Erdloch fiel, welches eigentlich für einen Pfahl vorgesehen war. Die Bache musste wohl noch sehr unerfahren sein, denn es war nicht zu erkennen, dass sie versucht hätte, ihre Tochter zu befreien.

Ich war an diesem Tag unterwegs, um meine Fallen zu kontrollieren. Deshalb war meine Aufmerksamkeit stärker nach unten gerichtet, sonst wäre sie mir nicht aufgefallen.

Da saß dieses kleine, gestreifte Etwas in der Grube und schaute mich an. Was sollte nun werden? Genau wusste ich es auch nicht, aber ich griff in die Grube und fasste den gewaltig quiekenden Frischling bei den Hinterläufen und steckte ihn in den Rucksack. Das gefiel ihm natürlich nicht, was er mit gewaltigem Strampeln kundtat. Aber er war fürs Erste einmal ruhig. Ich eilte zu meinem Moped zurück und fuhr nach Haus.

Wohin nun mit dem knapp hasengroßen Frischling? Es war nachts schon kalt, und in einer großen Schweinebuchte würde er sich glatt verlieren. Ich steckte den Kleinen kurzerhand in eine leere Kaninchenbox. Hier hatte ich ihn in Sichthöhe – und, was noch wichtiger war, greifbar.

Wie sollte es nun aber mit der Ernährung aussehen? Jetzt erst merkte ich, was ich mir da aufgeladen hatte. Reine Kuhmilch war nicht das Wahre, das wusste ich. Aber es gab eine fertige Babynahrung, mit der wollte ich es versuchen. Ich füllte die handwarme

Flüssigkeit in eine Nuckelflasche und versuchte das Julchen zu überreden, daraus zu saugen. Aber das wurde nichts. Zum Schluss war ich von oben bis unten bespritzt und der Frischling noch immer hungrig. Nächster Versuch. Ich goss die Flüssigkeit in eine Steingutschale und tauchte Julchens Schnauze hinein. Aber solange ich Druck auf sie ausübte, hatte auch das keinen Erfolg. Ich ließ den gefüllten Napf stehen, und, o Wunder, der Frischling begann zu schlecken, dass es eine wahre Freude war.

Der Frischling wurde von Tag zu Tag zahmer, und bald kam er schon ans Türchen, wenn er meine Schritte hörte und ich „Julchen" rief. Auf diesen Namen hatten wir uns geeinigt, und Julchen hörte auch darauf – am liebsten aber auf das Klappern des Futtereimers.

Natürlich war in der Kaninchenbuchte bald kein Platz mehr für sie, und sie zog um in den Schweinestall. Längst war die Babynahrung nicht mehr ausreichend. Julchen brauchte richtige, kräftige Schweinekost mit Kartoffeln und Schrot. Aber immer noch prüfte sie erst mit dem Rüssel, ob es auch schmackhaft wäre, ehe sie ans eigentliche Fressen ging. Sie merkte genau, wenn mit Wasser gekocht wurde und Milch nur daneben gestanden hatte. Julchen war in ihrem gestreiften Frischlingskleid recht niedlich anzusehen, und dass sie nicht übersehen wurde, darauf achtete sie jetzt schon selber. Am liebsten spielte sie mit dem Schäferhund Eik. Der große Hund wusste gar nicht recht, wie er sich verhalten sollte, wenn Julchen ihm mit der Rüsselscheibe gegen den Fang schubste.

Noch durfte der Frischling überall mit hin. Er folgte uns auch wie ein Hund, wenn er gerade Lust hatte. Meist half aber das Rufen, denn Julchen war nicht gern allein und kam meist schon suchend angeprescht, wenn sie sich allein gelassen glaubte.

Nach und nach verlor sich die lustige Streifenzeichnung, und nicht nur daran merkten wir, dass Julchen größer wurde. Mehr und mehr versuchte sie ihren eigenen Kopf durchzusetzen. Längst war sie im Garten nicht mehr gern gesehen, denn ihre Art der Bodenlockerung passte meist nicht in unser Konzept.

Für einen Spaziergang durchs Dorf und über die Wiesen war sie stets zu haben. Und immer mehr begeisterte sie sich fürs Suhlen.

Jede Pfütze wurde ausgebaut, jede Modderkuhle angenommen. Wenn sie dann über und über beschmiert war, kam sie gern heran und wollte geschubbelt werden. Oder sie versuchte einem zwischen die Beine zu kommen, was natürlich – in dem Zustand, indem sie sich befand – nicht gerade freudig begrüßt wurde.

Mit zunehmender Größe von Julchen schwand die Begeisterung für sie. Sie war eben ein Schwein, noch dazu ein Wildschwein. Das schaffte ihr nicht immer Freunde. Eines Abends war ich gerade dabei, den Stall zu säubern. Julchen hatte nach einer Suhle gesucht und schließlich auch eine gefunden. Von allen Seiten eingeschmiert, begrüßte sie meinen Neffen, der eben zu Besuch kam. Seine schöne neue Jeanshose sah anschließend nicht mehr so neu aus und entlockte seiner Frau einen Quiekser.

Immer öfter wurde ich gefragt, wann ich das Schwein schlachten würde. Eine stattliche Größe hatte sie dank des guten Futters und ihres Appetits erreicht! Aber ich konnte mein Julchen nicht schlachten, und ich hätte davon auch nie etwas essen können.

So lebte unser Wildschwein über ein Jahr bei uns. Dann löste sich das Problem von allein. Ich ließ Julchen einmal wieder auf dem Hofgelände laufen. Sie hatte mehrmals versucht, mit in die Hühnerbuchte zu kommen, was ich ihr strengstens verwehren musste, denn ich kannte ihre Vorliebe für alles, was mit Hühnern zu tun hatte. Diese Behandlung nahm sie mir übel und ging natürlich nicht in den Stall zurück, sondern auf die Wiese hinter dem Hof.

Viel Unsinn konnte sie dort nicht anstellen, ich ließ sie gewähren. Als ich nach zwei Stunden wieder nach Haus kam, war sie nicht mehr da. Ich rief und suchte nach ihr, aber sie blieb verschwunden. Als sie auch am Abend nicht wieder erschien, machte ich mir Gedanken. Unser Nachbar erzählte mir, dass ein Lkw-Fahrer von der nahen Landstraße aus das Schwein gesehen und versucht hatte, es mit seinem Fahrzeug zu überfahren. Mit einem großen Sprung über den Graben hatte sich Julchen in Richtung Wald retten können, und dort war sie geblieben.

Wir waren über diese Lösung alle froh. Denn es ist nun einmal so: „Kleine Tiere, kleine Sorgen – große Tiere, große Sorgen“.

Mein Dreißigster

Nicht von meinem dreißigsten Bock soll hier die Rede sein. Mein dreißigster Geburtstag stand an, und meine Waidgenossen waren der Meinung, ich sollte mir zu diesem Anlass einen „Einser" schießen. Ich wollte mir außerdem gönnen, diesen Bock mit Haupt präparieren zu lassen, was nicht gerade billig war.

Das alles war gut gemeint und gedacht, aber welcher Bock sollte es sein? Das war gar nicht so einfach, denn ich hatte keinen besonderen Bock im Visier, zumindest keinen, der auch im präparierten Zustand etwas herzeigte. Nach Möglichkeit sollte er zum 28. Mai auch schon liegen. Nein, so wurde das alles nichts! Es sollte schließlich eine bleibende Erinnerung werden und kein Alptraum.

Der Jagdbetrieb ging seinen üblichen Gang. Ich hatte in den ersten Maitagen einen Knopfbock mit neun Kilo Gewicht geschossen – er war mir förmlich vor die Flinte gelaufen, also keine Sache von bleibender Erinnerung. Wenn nur dieser verflixte Dreißigste nicht gewesen wäre! An einem Abend bekam ich aber doch noch einen Bock in Anblick, der mich interessierte. Genau genommen hatte ich gar nicht viel von ihm gesehen, weil er spät am Abend kam und überdies auch sehr vorsichtig war. Aber das war gerade das Interessante. Ich kannte diesen Bock nicht. Er schien im Körperbau nicht sehr stark, aber der Träger wirkte mächtig gedrungen, und zwischen den Lauschern war auch nicht sehr viel.

Den wollte ich genauer kennen lernen. Er kam aus einem Roggenfeld, welches bis an den Wiesenschlauch stieß, der wiederum von einem schmalen Flüsschen, der Milde, durchschnitten wurde. Aber es war in der Mitte des Reviers gelegen, und man musste zeitig sitzen, um kein Wild zu vergrämen. Ich saß mehrere Male in der offenen Kanzel über der Milde an, aber nur an einem Abend konnte ich ihn ausmachen, und da war er viel zu weit entfernt. Von dieser Kanzel würde er nicht zu bekommen sein – es war wohl ein Zufall gewesen, der ihn mir vorgeführt hatte.

An einem verlandeten Graben inmitten der Wiese standen einige starke Erlen: Hier müsste ein Sitz hinein! Am Wochenende half mir ein Freund, eine Leiter umzusetzen. Wir hatten sie gut über die Milde bekommen, aber das Problem an dem Platz, der von der Sicht her der günstigste schien, war der feste Stand. Die Stelle war wegen der Sumpfdotterblumen sehr schön, allerdings nur von einer Seite über einige Bülten zu erreichen. Aber wir schafften es, und am Abend saß ich auf der Leiter.

Die Sitzfläche war nicht zu geräumig, und so hing das Fernglas vor der Brust. Die geladene Doppelflinte lag auf den Knien. Es war noch viel Zeit, bis ich den Bock erwarten konnte, und so döste ich vor mich hin. Dort rechts am Flusslauf hatte ich einmal einen Nerz gefangen, der sicherlich aus einer Farm entlaufen war. Lackschwarz war sein Fell gewesen, am liebsten hätte ich es mir gerben lassen. Und dort, wo das Flüsschen einen Knick machte, hatten wir als Kinder Schlammpeitzker und Krebse gefangen. Was sich in zwei Jahrzehnten alles verändern kann ... Als ich übrigens im vorigen Jahr meinen Kindern diese Flussbewohner zeigen wollte, fanden wir keine mehr. Was wird nach den nächsten zwanzig Jahren in dieser Natur fehlen?

Ein Zaunkönig in der Brombeerhecke verscheuchte meine Gedanken. Mit Geknarre und vielem Knicksen wollte er wohl einen Störenfried vom Nest fernhalten. Und da sah ich ihn auch schon, den Störenfried. Eine schwarzweiße Katze schlich um die Hecke herum und schaute begehrlich hinein. Am liebsten hätte ich ihr eine aufgebrannt. Sie hatte hier, Hunderte von Metern vom nächsten bewohnten Grundstück, nichts zu suchen. Sollte ich oder sollte ich nicht – ich saß schließlich auf meinen Bock an? Gott sei Dank ersparte mir die Katze die Entscheidung, sie war im Schutz der Ackerfurche weitergeschlichen. Na, aufgeschoben ist nicht aufgehoben.

Am anderen Mildeufer stand jetzt ein Reh. Nur undeutlich konnte ich durch die Erlenschößlinge erkennen, dass es ein Bock

war. Ein Jährling mit lauscherhohen Spießen. Er war nichts Besonderes, aber gut im Körperbau und konnte im nächsten Jahr mehr zeigen. Nun stand auch ein Schmalreh bei ihm, wohl seine Schwester vom letzten Jahr.

Eine Ringeltaube kam in meine Richtung geflogen. Sicherlich wollte sie ans Wasser zum Schöpfen, aber jetzt hatte sie mich wohl gesehen, denn sie drehte nach einer scharfen Wende ab. Ein Graureiher stieg auf. Er ruderte kraftvoll mit den Flügeln, um Luft darunter zu bekommen. Dann hatte er es geschafft und flog ruhiger.

Die Geräusche des Tages nahmen ab. Nur ab und zu brummte irgendwo ein Auto, tuckerte ein Traktor.

Eine Ricke war aus dem Getreide gekommen. Sie stand sichernd in der Furche, immer noch bereit, bei der geringsten Störung abzuspringen. Aber es war alles friedlich, und so begann sie zu äsen. Sie war noch voll, aber ihr Leib hatte sich schon gesenkt, sie würde in den nächsten Tagen setzen.

Ich schloss die Augen und ließ den vergangenen Arbeitstag Revue passieren. Man konnte nicht so einfach abschalten. Als jetzt paakend eine Ente in die Luft stieg, war ich wieder voll konzentriert. Mein Kater von vorhin war es, der nach einem großen Bogen wieder am Flusslauf zurückkam und den Erpel beunruhigt hatte. Lange würde ich ihn hier nicht mehr jagen lassen. Gleich wenn ich den Bock hätte, würde ich mich ihm widmen, das Versprechen hatte er.

Ich setzte mich auf meinem Sitz zurecht, die Gelenke waren schon ganz steif. Ein Blick zur Uhr zeigte mir, dass ich schon über zwei Stunden hier saß.

Hinter der Brombeerhecke schob sich eben wieder ein Reh aus dem Getreide, aber ich sah das Haupt nicht. Jetzt kam es aus dem langen Gras hoch. Der Bock bückte sich unter dem Koppeldraht durch und stand jetzt auf der Wiese. Es waren etwa siebzig Meter bis zu ihm. Er war kein Jüngling mehr, so viel stand fest. Aber was trug er auf dem Haupt? Es ragte nicht über die Lauscher hinaus, aber richtig zu erkennen war es noch nicht. Endlich näherte er sich. Noch sechzig, noch fünfzig Meter, und noch immer äste er in meine Richtung. Ich nahm das Glas nicht mehr herunter. Die Gehörnspitzen sahen irgendwie verbogen aus.

Diesen Bock wollte ich haben. Das Glas rutschte zurück, und die Hände hoben die Doppelflinte. Ich musste mich ein wenig drehen, um den Arm auf das Knie stützen zu können. So müsste es gehen. Das Fadenkreuz wanderte auf dem Bock hin und her. Warum kam es denn nicht zur Ruhe? Ich versuchte die Luft anzuhalten, aber vergebens. Ich hatte Bockfieber! Also noch einmal tief einatmen, den Zielstachel kurz hinter das Blatt, und nun den Finger krumm.

Rumms, der Schuss war heraus, und der Bock stürmte in tiefer

Flucht dahin. Aber nur noch wenige zwanzig Meter trugen ihn seine Läufe, dann rutschte er ins Gras.

Am liebsten wäre ich gleich hingelaufen. Da lag er, mein Bock. Aber ich hielt mich zurück. Ich blieb noch lange fünf oder zehn Minuten auf der Leiter, ehe ich von Bülten zu Bülten springend zu meinem Bock eilte, in seine Stangen griff und mit dem Finger durch den Äser fuhr. Ich hatte einen Bock vor mir liegen, der mehr als zehn Jahre hinter sich hatte. Die Stangen hatten sich in Lauscherhöhe wie zwei Haken nach vorn gebogen, sicherlich eine Folge von Parasitenbefall, was hier in den sumpfigen Wiesen häufig war.

Ich hatte meinen Bock. Nur war es keiner zum Präparieren. Er machte nicht viel her, trotzdem war es eine interessante Jagd gewesen.

Ich schoss dann nach der Blattzeit in diesem Revier noch einen leidlich guten Sechser, dessen Haupt jetzt meinen Flur schmückt. Aber wenn ich an meinen Dreißigsten denke, schaue ich alle drei des Jahres 1977 an. Sie gehören zusammen.

Ein besonderer Urlaub

Geplant war ein Familienurlaub in der Sächsischen Schweiz. Wir hatten eine Adresse in Pirna erhalten; die Leute sollten Zimmer vermieten. Unsere Ansprüche waren nicht hoch, wir würden schon gut unterkommen. Schon nach vierzehn Tagen kam ein Brief von der Vermieterin, im Juli habe sie ein Zimmer in ihrem Haus frei. Nun ging die Feinplanung los: Urlaub musste beantragt werden, dies und das war zu besorgen, und spät genug fiel mir ein: Der Urlaub fiel voll in die Blattzeit des Rehwildes! Aber ganz gleich – beim Urlaub ging die Familie vor.

Als der Tag herangekommen war, packten wir unseren Trabi und fuhren in Richtung Dresden. Wir verfuhren uns nur ein Mal und fanden das Grundstück der Vermieter im Stadtteil Pirna-Copitz. Es war ein schmuckes Einfamilienhaus, an einem Hang gelegen. Das Gartentor zierte eine große eiserne Spinne. Die Gestaltung des Hausumfeldes entsprach meinem Geschmack, hier konnte ich mich wohl fühlen.

Den Urlauberbereich verwaltete die Hausfrau, und so ließ ich die Frauen mit den Formalitäten unter sich. Ich stand im unteren Hausflur und bestaunte die Rehkronen an der Wand. Es waren keine gewaltigen Sechserböcke, aber alles gute Hegeabschüsse. Nur diese dunklen Stangen, diese knuffige Perlung: So etwas kannten wir bei uns nicht. Am Abend lernte ich dann den Hausherrn kennen, er war selbständiger Handwerker und stand einem Jagdkollektiv vor. Wir verstanden uns ganz prächtig, und so war es fast selbstverständlich, dass er mich einlud, ihn bei einer Angeltour und bei der Jagd zu begleiten.

Ganz so, wie es ich gemocht hätte, ging es zwar nicht, denn wir hatten Familienurlaub, und alle hatten ihre Rechte. Aber ein oder zwei Abende ließen sich schon abzwacken.

An einem Abend in der ersten Woche hatten mein Sohn und ich einen Angelausflug an einen großen Baggersee mitgemacht. Es war sehr interessant gewesen, und wir hatte auch ein paar Rotfedern und Plötzen gefangen. Hier konnte man so richtig die Seele baumeln lassen und die Arbeit vergessen. Als wir am späten Abend noch bei einer Flasche Wein mit den Wirtsleuten zusammensaßen, lud der Hausherr mich für einen der nächsten Abende ein, ihn beim Ansitz auf einen Rehbock zu begleiten.

Wir fachsimpelten an diesem Abend viel, und ich erfuhr einiges über das heimische Revier. Gott sei Dank hatte ich Kleidung mitgenommen, die sich wenigstens ungefähr für den Jagdbetrieb eignete, und der Hausherr stellte mir eine seiner Jacken zur Verfügung. Schon am Wochenende fuhren wir ins Revier. Bald verließen wir die Landstraßen mit den Urlaubern und bogen in einen Feldweg ein. Einzelne Feldgehölze und breite Hecken rahmten die Äcker ein. Teilweise war das Getreide schon gemäht, und Strohschwaden und gepresste Strohballen prägten das Bild. Vor einem kleinen Wäldchen hielten wir an.

Er drückte mir seinen Drilling in die Hand, griff sich ein Kleinkalibergewehr und wies mich ein: „Du gehst durch diese Hecke durch, und dann rechts an ihr entlang bis zu einem Ansitzbock. Vor dir hast du dann ein Maisfeld und linker Hand eine Wiese. Wenn dann ein II b- oder II c-Bock kommt, schieß, ich habe noch einen frei."

Damit hatte ich nicht gerechnet – ich hatte an einen gemeinsamen Ansitz gedacht. Mein Begleiter wollte sich an der anderen Seite des Wäldchens auf Füchse ansetzen, die er hier auf dem Getreidestoppel vermutete.

Ich ging also den Pirschpfad durch die Hecke hindurch und suchte die Kanzel, vor der ich auch bald stand. Nun saß ich auf der etwa drei Meter hohen Kanzel am Rande einer breiten Feldhecke. Hoch standen die Kräuter vor und in der Hecke. Zu meinen Füßen wuchs zwei Meter hoher Mais, die kleine Wiese links von mir war noch leer.

Die Vegetation war eine ganz andere als bei uns zu Hause. Hier gab es keine Kiefern, nur Laubholz, auch wuchsen mehr Kräuter im lichten Gehölz. Jede Landschaft hat ihren eigenen Reiz. Ich lud auf jeden Fall erst einmal die Waffe, ehe ich meine Augen wieder in die Ferne schweifen ließ, wo ich im Tal die Elbe wusste. Dort weit hinten, das waren wohl alles Obstplantagen.

Ein schwacher trockener Knall aus der Richtung, wo ich meinen Partner verlassen hatte, ließ mich auf sein Jagdglück hoffen. Bei mir auf der Wiese war ebenfalls etwas ausgetreten. Zweige verdeckten die ungestörte Sicht, es war wohl ein weibliches Stück Rehwild. Jetzt gesellte sich ein zweites Reh dazu, ein Bock, wie ich auch ohne Glas gleich sah.

Es war ein Sechser, nicht übermäßig hoch auf oder lang vereckt, aber er hatte diese dunkel gefärbten stark geperlten Stangen. Er schien jedoch zu jung zu sein, in einem fremden Revier auf jeden Fall.

Ich beobachtete noch eine Weile, wie er die Ricke trieb, bis sie ihm zu Willen war. Ein weiterer Kleinkaliberschuss störte sie kaum; immer rund ging es im Kreis. Langsam nahm das Licht ab, und die Zeit unserer Verabredung rückte näher. Ich entlud die Waffe und stieg leise ab. Genauso behutsam versuchte ich mich zu entfernen. Zwischen der ersten und zweiten Maisreihe konnte ich günstig gehen, ich musste ja noch an der Wiese vorbei, auf welcher der Bock noch immer seine Ricke trieb. Jetzt hatte er sich erschöpft im Gras niedergetan, das weibliche Stück äste.

Dann stand der Bock aber wieder auf den Läufen, und die Jagd konnte von neuem beginnen. Ich hörte ihr Fiepen und sein Keuchen. Plötzlich liefen sie in meine Richtung. Unwillkürlich versuchte ich mich zwischen die Maisstängel zu drücken. Fast auf Tuchfühlung kamen sie an mir vorbei – Liebe schien tatsächlich blind zu machen. Wenn ich nicht den Drilling in den Händen gehalten hätte, ich hätte nur zuzugreifen brauchen und hätte genau sehen können, wie alt der Bock war.

Der Revierinhaber lachte, als ich ihm mein Erlebnis erzählte, und meinte nur: „Na, ob du dabei so gut weggekommen wärst! Ich glaub', den hättest du schießen können, aber mir war es so lieber."

Mein Partner hatte zwei Jungfüchse strecken können. Er war sehr zufrieden – und ich auch. Es ist schön zu jagen, wo es nur Überraschungen gibt.

Nerven blank

Es gibt Jagdtage, die wirklich aufreibend sind. Nichts klappt, alles läuft anders, als es soll. Aber wenn sich dann doch irgendwann der Erfolg einstellt, ist alle Mühe vergessen. Wie viel schöner ist so ein Erfolg als einer, den man leichter errungen hat! Aber ich will der Reihe nach erzählen: Es geht um meine beiden stärksten Böcke an der Trophäenwand.

Den einen sah ich erstmals, als ich gemütlich am Rande eines Weizenfeldes über die Wiese bummelte. Ich hatte die Doppelflinte über dem Rücken hängen, aber wohl eher zur Tarnung: nicht geladen und ohne irgendeine feste Absicht.

Ich wollte zum Grenzgraben und nachschauen, ob die Sauen in ihm gesuhlt hatten. Die Tagestemperaturen waren sehr sommerlich, und da war den Sauen am Abend schon einmal nach einem erfrischenden Bad. Auch die Ackerkante sah ich mir genauer an, denn der Weizen hatte einen Reifegrad erreicht, der ihn für die Sauen interessant machte.

Hier ging bereits ein schmaler Pfad hinein. Aber wie es schien, war dort nur ein einzelnes Stück gewechselt. Ich versuchte mit den Augen den Pfad im Getreide zu verfolgen, da stand plötzlich etwas Rotbraunes im gelben Feld. Ein Reh, ein Bock, und was für ein Bock! Ich ging ruckartig auf die Knie. Ich stand ja vollkommen frei auf der Wiese, und wenn der Bock auch Gott sei Dank nicht in meine Richtung geschaut hatte, war doch größte Vorsicht angebracht. Es waren nicht mehr als höchstens dreißig Meter bis zu dem Bock, der dort mit dem Haupt über die gelben Ähren reichte. Ich wusste, dass der Acker dort etwas sandiger war, und dass auf einer Stelle von vierzig mal vierzig Metern die Feldfrüchte immer niedriger standen als auf dem übrigen Feld, sonst hätte ich den Bock gar nicht zu sehen bekommen.

Aber was wichtiger war, diesen Bock hier hatte ich überhaupt noch nicht gesehen – er wäre mir bei der Trophäenstärke längst aufgefallen. Wir hatten durch gezielte Bewirtschaftung einen starken Rehbestand und waren stolz darauf, aber so einen hatte ich hier noch nicht gehabt.

Wie alt mochte er sein? Könnte man ihn jetzt, vor der Blattzeit, schon …? Und könnte man ihn überhaupt …? Ganz gleich, was bei diesen Überlegungen herauskommen würde, laden konnte ich die Doppelflinte auf jeden Fall. Diese langen Minuten hatte der Bock genutzt, um ein paar Meter weiter zu ziehen, und dort sah ich noch ein wenig mehr von ihm: nämlich die Rückenlinie. Ich hatte mittlerweile hinter einem knorrigen Eichenpfahl Deckung gefunden, das heißt, ich glaubte, dass von mir dort weniger zu sehen wäre. Das Fernglas aufgestützt, versuchte ich den Bock anzusprechen. Der Träger war stark, ebenso das, was ich vom Rumpf sah. Der Bock mochte seine sechzehn Kilo wiegen. Das Haupt wirkte von vorn griesegrau, aber das hatte nichts zu sagen. Die Gesichtsfärbung für die Altersansprache zu nutzen, ist schon so manchem Jäger zum Verhängnis geworden. Aber das Gehörn war eine Augenweide.

Die doppelt lauscherhohen Stangen waren wirklich stark und bis ins obere Drittel geperlt. Die Stangenvereckung war nicht lang, aber weil die Stangen recht eng standen, wirkte das Gehörn wuchtig. Der Bock war auf jeden Fall fünf Jahre alt, und damit hatte ich sein Todesurteil gesprochen – so glaubte ich zumindest!

Als ich mich zum Schuss entschlossen hatte, war der Bock plötzlich weg.

Er war nicht weggelaufen, nein, er hatte sich einfach niedergetan. Es war ja um die Mittagszeit, und dass er vorhin aufgestanden war, war wohl nur eine Laune gewesen. Nun war ich aber im Bockfieber. Ich wollte ihn haben, hier und heute. Ich rutschte am Koppelpfahl herunter und wartete.

Es verging eine halbe Stunde, und dann noch eine weitere, ohne dass sich etwas tat. Die Lerchen sangen am Himmel, dass einem das Herz aufgehen musste, aber ich hörte gar nicht richtig hin. Plötzlich war wieder etwas Braunes im Feld, diesmal war es ein

Schmalreh. Doch nun stand mein Bock auch wieder, jedoch nicht breit. Ich musste stehend freihändig schießen und hatte das nicht leichte Gewehr im Anschlag. Es wurde schwer und schwerer. Ich fing an zu wackeln, und immer noch stand der Bock nicht breit. Das Schmalreh hatte das zierliche Haupt heruntergenommen und zog langsam weiter. Jetzt drehte sich mein Bock, um ihr zu folgen. Das goldene Korn suchte den Träger, und der Finger krümmte sich. Die gute Zwölfer knallte mächtig laut, und: „Bö, bö", antwortete der Bock auf meinen Schuss.

Er war etwa zwanzig Meter weiter gesprungen. Aber er wusste nicht recht, was mit dem Krach anzufangen, denn er stand ja für seine Begriffe in recht guter Deckung. Nur noch das rote Haupt schaute aus dem gelben Halmenmeer, und: „Bö, bö", schimpfte der Bock abermals. Mit einem mehrmaligen „Bö" stimmte das Schmalreh ein, und beide sprangen jetzt weiter ins Feld hinein.

Nun, der hatte nichts abbekommen. Wenigstens hatte ich ihn nicht angebleit und zu stark vergrämt wohl auch nicht. Ich hatte mich zu einem idiotischen Schuss hinreißen lassen, darüber war ich mir jetzt im Klaren.

Für heute war erst einmal Schluss. Aber natürlich war ich nun hinter diesem Bock her wie der Teufel hinter dem Weihwasser. Ich sah ihn immer wieder, aber ich bekam ihn nicht auf günstige Schussentfernung. In dem Wiesenknick, wo er des öfteren austrat, war kein Herankommen, und dicht heran musste ich nun einmal mit meiner Doppelflinte. Es blieb nichts weiter übrig: Ich musste mir eine neue Ansitzleiter bauen, und die musste so schnell wie möglich in die Eiche in der Grenzhecke. Schon am nächsten Wochenende wurde gebaut, und mit Hilfe eines Waidgenossen stand zum Wochenanfang die Leiter fertig in der Hecke. Leider hatte ich dann vierzehn Tage lang keine Zeit, zur Jagd zu gehen, und die Blattzeit begann. Am Morgen, auf dem Weg zur Arbeit, hatte ich einen Bock treiben gesehen ... Ich war schon ganz krank. Aber heute Abend würde ich hinausfahren können!

Ich war mit dem Moped bis zur Waldkante gefahren. Im Schutz der Hecke war ich auf meine Leiter gestiegen und saß nun voller

Erwartung, vier Meter über der Wiese, auf meinem Sitz. In der Hecke herrschte reges Leben. Viele Vögel hatten Junge zu versorgen, und in der breiten Hecke war alles zu finden, was Vogelherzen begehren konnten. Hier waren Deckung, Ruhe, Nistgelegenheit und Nahrung. Hier war eine noch intakte Feldhecke.

Es raschelte zu meinen Füßen und schnaufte, als ob schwere Arbeit verrichtet würde: Ein Igel suchte zwischen dem alten Eichenlaub nach Schnecken, und vielleicht war das gar nicht so einfach. Nun hatte er wohl eine gefunden, denn er schmatzte irgendetwas in sich hinein. Vielleicht hatte ich heute auch Erfolg?

Ich suchte wieder mit dem Glas die lange Wiese und das Weizenfeld nach meinem Bock ab. Dort rechts hinter der Feldhecke, gleich hinter dem Weißdornstrauch, hatte ein Reh das Halmenmeer verlassen, und nun standen auch zwei niedliche Kitze bei der Ricke. Munter jagten sie sich, sie hatten noch keine Ahnung, was Gefahren waren. Hier war noch vollkommene Unbeschwertheit. Fast wollte ich es bereuen, dass ich hier saß und einen Bock schießen wollte.

Als es aber jetzt vierzig Meter vor mir rot im Getreide leuchtete, war ich wieder ganz Jäger. Da stand mein roter Bock, im satten Grün der Gräser, hinter sich das gelbe Getreidefeld. Eben sprang gerade der balzende Fasanenhahn schwirrend aus dem Gras. Sicherlich sonst eine interessante Situation, aber heute bekam ich es nur am Rande mit. Längst hatte ich die Waffe gehoben, und der Zielstachel des Zielsechs suchte den Bock. Der kam spitz auf mich zu, immer näher und immer näher. Er musste sich doch nun einmal breit stellen! Aber er tat es nicht. Längst linste ich unter dem Zielfernglas durch, denn er war nur noch etwa zwölf Meter entfernt. Und, rumms, setzte ich ihm das Flintenlaufgeschoss auf den Stich. Er rutschte förmlich hin, und ich – bekam erst einmal das große Flattern. Gott sei Dank erst jetzt!

Das wochenlange Hoffen und Bangen war vorbei. Fast tat es mir ein wenig Leid, aber als ich jetzt abstieg und vor dem Bock stand, die braunen stark geperlten Stangen mit der rechten Hand umfasste, war ich doch mächtig zufrieden mit mir. Ich setzte mich erst noch zu ihm ins Gras und ließ die letzten Wochen vor mir ablaufen, ehe ich ihn zum Moped trug, um ihn zu versorgen. 365 Gramm wog die Rehkrone, der schwerste Bock, den ich jemals erlegte.

Der zweitschwerste Bock, den ich streckte, hatte kein solch rühmliches Ende. Es war in demselben Revier, denn nur hier hatten wir damals so starke Böcke. Ich hatte diesen Bock schon des öfteren gesehen. Er prahlte förmlich mit seinen dunklen, lang vereckten Sechserstangen. Er schien mir aber noch zu jung, und außerdem kann man nicht jedes Jahr so einen Starken ernten.

Der Bock wusste wohl, dass ihm von uns Jägern keine Gefahr drohte, denn er war oft und bei gutem Licht auf der Wiese. Erst gestern hatte ich ihn mit meiner Frau zusammen bewundert, als er die Wiese vor uns überquerte und noch einmal verhoffte, ehe er mit einem Sprung den Graben überfiel und im Wald verschwand. Dieser Wald mit seinen Kräutern, mit seinen Ginster- und Brombeerbüschen, mit seiner Ruhe brachte bei vernünftiger Bejagung solche starken, gesunden Rehe. Dass man mit Unwissenheit und auch Arroganz dies in kurzer Zeit zunichte machen kann, glaubte damals noch keiner.

Aber nun stand ich vor dem Bock. Ein Autofahrer hatte mir Bescheid gegeben, dass ihm ein Reh vors Auto gelaufen war. Der nicht zu schnell fahrende Trabi hatte keinen Schaden davongetragen, und der Fahrer meinte, auch das Reh sei noch weggelaufen. Zur Sicherheit wollte ich aber den zugewachsenen Graben hinter der Straße absuchen. Eine breite Schlehdornhecke machte den Graben unüberwindbar.

Hier lag er. Kaum noch, dass er das Haupt hob, als ich mich auf der Böschung näherte. Hier gab es nur eines: Ich suchte mir eine Lücke für den Schuss, und nach einem letzten Strecken hatte der Bock ausgelitten. Ein stolzer Bock hatte gegen einen simplen Trabi, der nur neunzig Sachen fuhr, verloren.

Als ich den Bock versorgt hatte, musste ich meine Meinung über sein Alter gewaltig revidieren. Er war gut und gerne seine acht Jahre alt – und das bei der Vereckung. 295 Gramm wog das Gehörn, mein zweitschwerstes.

Ein Hundeleben

Hexe war eine rote langhaarige Teckelhündin und eine Seele von Hund. Wenn ich nach Haus kam, umsprang sie mich freudig und wollte gestreichelt werden. Dabei war nicht wichtig, zu welcher Tageszeit ich kam, ob meine Hosen und Schuhe sauber waren oder voller Schweiß. Ich war wieder da, das war die Hauptsache. Vielleicht lag es daran, dass sie keine „von und zu" war, aber welcher Jäger möchte schon auf solch eine treue Seele verzichten.

Eigentlich kam sie nicht ganz gewollt. Das heißt, ich wollte schon, aber meine Frau noch nicht so recht. Ich hatte in meinem Bekanntenkreis einige vorige Wurfgeschwister dieses Hundes kennen gelernt und war von ihrem Wesen recht angetan. Ich setzte mich deshalb mit dem Züchter in Verbindung. Leider bekam ich aber keine Zusage: Beim letzten Wurf war ihm die Hündin beinahe draufgegangen, und er hatte von der Familie noch keine neue Genehmigung. Wenn es aber dazu käme, sollte ich nicht leer ausgehen.

So war fürs Erste das Thema abgehakt, bis nach einem Dreivierteljahr ein Anruf kam: „Ich komm' am Wochenende mal vorbei, falls Sie noch Interesse haben ..."

Und ob ich Interesse hatte! Ich hatte kaum Zeit, meine Familie vorzubereiten, da stand am Sonnabend der Züchter mit der Hand voll Hund vor der Tür. Diesen niedlichen Welpen wollten natürlich alle – und so kam ich wieder auf einen Hund.

„Diesen kleinen Hund kannst du nicht draußen bei der Kälte in den Zwinger sperren", war die Meinung meiner Frau und meiner Kinder. Dem schloss ich mich an.

Die kleine Hündin war sehr aufgeweckt und gelehrig. Stubenrein hatten wir sie schon nach einer Woche. Nur, dass sie Schuhe durch die Wohnung trug und einmal ein Paar Schuhe meiner Frau anknabberte, fand ich nicht so schön, zumal meine Frau gleich ein

Paar neue Schuhe verlangte. Die ersten Reviergänge machte der Hund auf Grund seiner Größe noch in der Jackentasche mit, wenn ich mit dem Motorrad in den Wald fuhr. Im Wald dann wurde alles, aber auch alles berochen und begutachtet, bis ich sie wieder hoch nahm – denn so eine kleine Leine hatte ich erst noch nicht.

Von nun an begleitete mich Hexe bei den meisten Pirschgängen, und es war ganz natürlich, dass sie im nächsten Jahr meinen ersten Bock zehn Meter weit nachsuchen durfte. Sie stellte sich gut an. Beim nächsten Mal probierte ich es an der Schweißleine, aber Leinen mochte Hexe nicht so gern. Sie waren auch nicht so nötig, denn sie hörte aufs Wort – das heißt, wenn sie es hörte. In der ersten Zeit waren ihre Ohren noch nicht so gut, aber das wurde immer besser. Immer weiter legte ich die Schweißfährten, und immer sicherer wurden sie ausgearbeitet. Nur ein Stück totverbellen, das bekam ich ihr nicht an, obwohl sie auf der Hasenspur gut Laut gab.

Mühe machte es mir, dass sie in jeden Bau einschliefte. Wir hatten in jenen Jahren immer stark mit der Tollwut zu tun, und deshalb musste ich sie konsequent davon abhalten.

Zu ihrem ersten Schwein kam sie erst später. Ich hatte einen Frischling beschossen, der trotz eines guten Schusses nicht lag. Auf dem Anschuss lag ein größeres Stück Leber, und mein Bruder und ich meinten, es wäre eine gute kurze Suche für unsere Hunde – er selbst führte damals seine Rauhaarteckelhündin Lerche. Es war eine mondhelle Nacht, und er gab mir seine Waffe über die Schulter, damit sie ihn in dem dichten Kiefernbestand nicht behinderte. Es ging doch offenbar nur um wenige Meter zu einem längst verendeten Frischling.

Aber es kam alles ganz anders. Schon bald hatten die Hunde den Frischling gefunden. Aber die jungen Hunde bekamen ihn natürlich nicht gebunden. Ab ging die Post, und mein Bruder in der Nacht über Stock und Stein hinterher.

Ich versuchte zu folgen, was mit den beiden Waffen über der Schulter natürlich kaum möglich war. Immer weiter entfernte sich das Jiff, jiff. Endlich war Ruhe, und dann dauerte es noch eine ganze Zeit, ehe mein Bruder reichlich erschöpft mit den Hunden kam. Die nächtliche Jagd war noch etwa achthundert Meter weit durch den Wald gegangen, bis es ihm gelungen war, den Frischling mit dem Messer abzufangen.

Es war natürlich alles falsch gewesen, was wir getan hatten. Aber wenn die Fehler zum Schluss zum Erfolg führen, vergisst man sie gern. Welche Kraft noch in einer schwer angeschossenen Sau steckt, wenn sie aufgemüdet wird, sollte ich später noch oft erfahren.

Ich habe Hexe im Lauf der Jahre bei Nachsuchen auch auf Schwarzwild immer wieder mit Erfolg einsetzen können. Auf eine ganz andere Jagdart mit ihr jedoch kam ich durch Zufall.

Ich hatte am Abend am Maisacker einen Frischling beschossen. Wie es am Anschuss den Anschein hatte, war ich ein wenig weit hinten abgekommen. Der Frischling war waidwund – Darminhalt im schmutzigen Schweiß ließ keinen anderen Schluss zu –, und so brach ich die Nachsuche gleich ab. Bei Tageslicht fühlte ich mich bestätigt, und weil der hohe Maisbestand eine Leinennachsuche nur schwerlich zuließ, schnallte ich den Hund und versuchte ihm mit der Waffe in der Hand, so gut es ging, zu folgen. Es ging natürlich nicht gut. Obwohl der Mais damals bei uns mit einem Reihenabstand von 75 Zentimetern gedrillt wurde, konnte ich meist nicht viel sehen und musste auf die Knie hinunter. Auf dieser Höhe war dann aber oft eine Sicht auf etliche Meter hin möglich, und in den Reihen war sogar Schussmöglichkeit gegeben.

Der Hund kam immer wieder zu mir zurück, wenn er glaubte, ich könnte ihm nicht mehr folgen. So waren wir wohl schon neunzig oder hundert Meter weit im Mais vorangekommen, als ich den Hund am Stück zoppeln hörte.

Ich war froh, dass die Nachsuche beendet war und überlegte nur noch, ob ich den Frischling an Ort und Stelle aufbrechen sollte oder wegen der Sauberkeit erst außerhalb des Bestandes. Der Hund hatte sich schon überflüssig gefühlt und war ein Stück abseits gelaufen. Nun gab er Standlaut. Was mochte da sein? Vorsichtshalber lud ich zwei Flintenlaufgeschosse, ehe ich mich zu einer weiteren Suche entschloss.

Ich brauchte nicht weit zu kriechen, da roch ich schon, um was es sich handelte: Nur zirka dreißig Meter weiter hatte sich eine Rotte Schwarzwild eingeschoben. Die Sauen nahmen den kleinen Kläffer überhaupt nicht für voll, zumal hier im hohen Maisbestand sein Bellen auch nicht sonderlich drohend klang. Ich war mittlerweile auf acht oder zehn Meter an die ersten Sauen heran. Hexe verbellte die liegenden Schwarzkittel in sicherem Abstand. Einige Frischlinge standen auf und schoben sich zwischen den Maisstängeln hin und her, die Bache brammte den kleinen Hund an, der sich wie toll gebärdete, und versuchte jetzt, ihn zurückzujagen. Er brachte sich in Sicherheit, verbellte aber gleich weiter. Vor mir wechselten jetzt die Frischlinge durch die Reihen. Es waren knapp zehn Meter bis zu ihnen hin und freies Schussfeld. Kniend nahm ich den ersten ins Visier, und als das goldene Korn auf der Laufschiene das Blatt erreichte, krümmte ich den Finger. Der Frischling rutschte nur einige Meter hin, aber die Rotte preschte nach allen

Seiten weg. Auf einmal merkte ich, dass es wohl doch einige Sauen mehr gewesen waren, als ich vorher gesehen hatte.

Nun hatte ich zwei Sauen aus dem Mais zu ziehen. Hexe half mir dabei, nur leider zog sie meist in die verkehrte Richtung.

Ich praktizierte diese Jagdart noch mehrere Male mit Erfolg. Aber dann wurde an Stelle der Hackmaschine Gift zur Unkrautbekämpfung eingesetzt, und der Reihenabstand im Mais wurde verringert. Es war weniger zu sehen und die Sicherheit für Hund und Jäger geringer – da ließ ich es.

Jahre später kam ich noch einmal auf eine ähnliche Weise zu Schuss. Das war auf demselben Acker, nur dass in diesem Jahr Hafer angebaut war; den mochten die Sauen auch. Ich hatte von der Kanzel aus gesehen, dass überall Gänge im Getreide waren. Das würde uns bei den Landwirten keine Freunde schaffen. Beim Ansitzen hatte ich in den letzten Tagen keinen Erfolg gehabt, nur das Schmacken der Sauen hatte mir ihre Anwesenheit verraten. Aber passieren musste etwas! Ich legte den Hund unter der Kanzel ab und ging, die geladene Waffe hoch haltend, ins Getreide. An den meisten Stellen war der Hafer hüfthoch. Nur an den sandigeren Stellen reichte er bis zum Knie, aber gerade dort war er in der Entwicklung weiter, in der Milchwachsreife.

An diesen Stellen hatten die Sauen bereits Schaden angerichtet. Ich schaute mich noch um, da war ich auch schon mittendrin. Der Rücken eines Überläufers war nur etwa drei Meter voraus. Eigentlich hatte ich mir vorgenommen, nur in die Luft zu schießen, aber die Versuchung war zu groß. Nach dem Schuss stürmte er davon. Den zweiten Schuss schoss ich wirklich in die Luft. Und um die Schweine noch mehr zu erschrecken – oder mir selbst mehr Mut zu machen? –, lud ich zwei Schrote nach und feuerte wieder.

Die Schweine waren nach allen Seiten geprescht, und ich stand allein im Getreideschlag. Das war eigentlich keine empfehlenswerte Situation, aber wenn man jung ist, sieht man alles ein wenig anders.

Wenn ich mein Schwein getroffen hatte, würde es eine schöne Plackerei werden, es zu bergen. Ich konnte doch kaum vorbeigeschossen haben! Und tatsächlich, vom Anschuss an führte, wie mit der Gießkanne gegossen, eine Schweißspur nur dreißig Meter bis zum verendeten Stück.

Vorsorglich hatte ich meine Doppelflinte wieder voll aufmunitioniert. Meter für Meter arbeitete ich mich, die fünfundvierzig Kilo im Schlepptau, zum Wiesenrand vor und musste mich dann gehörig verpusten. Hexe zauste derweil ausgiebig das Keilerchen.

Mit dem Bewusstsein, die Sauen für einige Zeit verjagt zu haben, begab ich mich mit dem Hund auf den Heimweg. Das Schwein musste ich später mit dem Fahrzeug holen.

Hexe blieb vierzehn Jahre bei uns, ehe sie in den Hundehimmel ging. Das tat uns allen sehr Leid, aber ein Hundeleben dauert nun eben einmal nicht länger.

Ein schöner Herbsttag

Ich habe immer gern auf Flugwild gejagt. Einmal wollte ich, obwohl ich zu jener Zeit keinen geeigneten Hund hatte, die Wasserläufe nach Enten absuchen. Im späten Herbst hatten wir immer Enten auf der Milde – unserem kleinen Flüsschen –, aber auch auf einigen kleinen Teichen und breiten Gräben.

Mein Gepäck bestand aus der Umhängetasche mit einer Schachtel Munition und dem Fernglas, sowie dem Fotoapparat, den ich gern dabei habe, um besondere Eindrücke festzuhalten. Die Stiefel waren bequem, denn ich hatte gut fünf Kilometer Fußweg vor mir. Ich lud meine Waffe schon bald, nachdem ich den Hof verlassen hatte – man konnte nie wissen. Wie recht ich damit getan hatte, wurde mir schon bald bewusst. Nach gut fünfhundert Metern kam mir an der Feldkante ein großer, grauer Kater entgegen. Schon des Öfteren hatte ich ihm den Katzenhimmel versprochen, denn ich hatte ihn bereits beim Fang von Junghasen beobachten müssen. Leider hatte ich ihn nie günstig bekommen können, und auch heute drückte er sich, kaum dass er mich gesehen hatte, in die Furche, in der Hoffnung, ich würde ihn übersehen. Ich hatte die gute Zwölfer in der Armbeuge liegen, und der Kater hielt aus, bis ich auf zirka zwanzig Meter heran war. Mit einem mächtigen Satz war er hoch und versuchte die nächste Hecke zu erreichen, aber heute musste er die Rechnung für so manchen Junghasen und Vogel begleichen. Noch ein paar Mal streckten sich seine Läufe, und ein letztes Mal kamen die Krallen heraus, aber nicht mehr, um zu töten.

Weiter ging es in Richtung Milde. Der Flusslauf lag hier sehr tief zwischen Feldern eingebettet. Stellenweise fiel die Böschung über zwei Meter tief hinab. Alte Erlen und einige Eichen säumten die Ufer, und im Geschlinge der Wurzeln lauerten Bachforellen auf Beute. Immer wieder sah man hier noch den Eisvogel auf einem überhängenden Ast sitzen, und wenn man Glück hatte, konnte man beobachten, wie er sich wie ein Pfeil ins Wasser stürzte und mit einem kleinen Fisch wieder hervorkam. Oder man sah die braune Wasseramsel mit ihrem weißen Kehlfleck auf einem großen Stein sitzen, den gurgelnd das Wasser umspülte. Heute begrüßten mich einige Meisen, die munter in den kahlen Holunderbüschen umher huschten. Dicht über dem Boden strich ein Rotkehlchen durch die Sträucher.

Ich versuchte, den Flusslauf ein wenig weiter herunter zu spähen, ob Enten auf dem Wasser wären, sah aber zunächst nichts. Also ging ich weiter, dem Lauf des Wassers folgend. Plötzlich kam mit ruckartigen Flügelschlägen ein Graureiher hoch. Er hatte Mühe, zwischen den Baumkronen Lücken zu finden und Luft unter die Flügel zu bekommen, aber über dem Acker zog es ihn hoch in die Luft, und er stieß seinen typischen heiseren Schrei aus. Gleich nach ihm kam ein Pärchen Stockenten hoch. Sie flogen flach zur anderen Seite weg, und da war kein Schuss möglich.

Nun ja, es war auch erst der Anfang.

Dort vorn musste ich noch einmal genauer schauen, denn da hörte der uferbegleitende Baumbestand auf, und das Wasser floss dort ruhiger. Hier gründelten die Enten gern. Ich suchte mit dem Glas die Wasserfläche ab. Eben ließ sich eine Ente von der Strömung ins freie Wasser hinaus treiben und schwamm wenig später zum Ufer zurück. Dort würden sicherlich noch weitere Enten sein. Ich wollte das Ufer verlassen und im Bogen auf diese Stelle zusteuern.

Endlich erreichte ich wieder das Ufer und konnte auch einen Blick aufs Wasser werfen. Obwohl ich auf die aufsteigenden Enten wartete, war ich doch überrascht, als sie jetzt paakend in den Himmel ruderten. Nach der ersten Schrecksekunde war der Flintenlauf oben, und ein Erpel trudelte nach unten. Ein zweiter Schuss ging fehl.

Ich ging zum Acker hinaus und hob meinen bunten Erpel auf. Die ersten Erpellocken in diesem Jahr steckte ich mir an den Hut.

Ich verließ den Wasserlauf und ging weiter, an einer breiten Feldhecke entlang. Schlehdornbüsche, vereinzelt durchsetzt von krüppligen Weiden und Sträuchern des Pfaffenhütchens, boten vielen Tieren Nahrung und Unterkunft. Rote Hagebutten, blaue bereifte Schlehen und orangefarbene Beeren des Pfaffenhütchens zierten die kahlen Sträucher. Rote Gestüber von Fasanen verrieten ihre Vorliebe für die Früchte.

Vor mir schackerten einige Elstern durch die Büsche. Damals durften wir sie noch auf die richtige Anzahl bringen. Ich versuchte immer wieder zu Schuss zu kommen, aber es gelang mir nicht. Nur ungern wollten sie die Hecke verlassen, denn sie sind nicht unbedingt gute Flieger. Immer weiter ging es an der Hecke entlang, und ich rechnete mir noch eine Chance aus. Am Ende der Hecke stand eine große Weide, hier würden sie erst noch einmal aufbaumen, ehe sie übers freie Feld mussten. Hierauf konzentrierte ich mich.

Trotzdem wäre es beinahe schief gelaufen. Fast gleichzeitig mit dem Hochziehen der Waffe burrte ein Fasanenhahn vor meinen Füßen hoch und lenkte mich ab. Gerade noch konnte ich die dritte abstreichende Elster vom Himmel holen. Eigentlich wollte ich jetzt zum „Bombentrichter“, einem kleinen verschilften Tümpel inmitten der Wiesen, aber da stieg ein Schof von zwölf Enten auf. Sicherlich saßen sie locker, und meine Knallerei auf die Elstern war ihnen zu viel gewesen. Nun gut – mir blieben noch die Gräben und eine weitere Teichgruppe.

Ich blieb an einem krautigen Graben, der zur Zeit kaum Wasser führte. Der Krautbestand an seinen Böschungen war aber gut besucht. Ein Trupp Stieglitze turnte auf trockenen Disteldolden herum, und weiter vor mir liefen einige Rebhühner davon. Bedauerlicherweise nahm ihr Bestand ständig ab, obwohl sie hier schon seit Jahren nicht mehr bejagt wurden.

Ich bog ab, um den nächsten größeren Graben in der Mitte zu erreichen, aber er war leider leer. Nur ein Reiher rüttelte sich in den Himmel. Blieb noch die Teichgruppe. Hier musste ich aufpassen. Ich hatte ja keinen Hund und durfte nur schießen, wenn die Enten über die Wiesen abflogen.

Ich näherte mich vorsichtig von der schilfigen Seite. Nachdem ich einen Blick auf die Wasserfläche hatte, sah ich einige Enten, die schwimmend flüchten wollten. Sie fühlten sich zwischen den alten Erlen noch sicher. „Paak, paak“, rief ich, und flatternd stiegen fünf Enten auf und strichen ab. Von den zweien, die über die Wiese zu meiner Rechten wollten, holte ich eine herunter.

Nun baumelten drei Kreaturen am Galgen, und ich war recht zufrieden mit mir. So gut klappte es nicht immer.

Es wurde aber nun Zeit, dass der Heimweg vor mir lag, denn meine Beine waren schon ganz schön lang.

Es war alles da

Es gibt viele Jagden, an denen man teilnimmt, aber nur einige wenige bleiben im Gedächtnis. Von so einer will ich erzählen.

Eine größere Jagdgemeinschaft wollte eine neue Form der Drückjagden ausprobieren, eine Ansitzdrückjagd, bei der mehrere Jagdgruppen für eine längere Zeit ihre Stände beziehen. Es war vorgesehen, dass am Vormittag von mehreren Treibergruppen ein großer Waldkomplex beunruhigt werden sollte – und zwar für zwei Stunden. Nach einer Mittagspause war ein zweiter, ähnlicher Trieb vorgesehen. Das beunruhigte Wild würde, so hoffte man, nicht so hoch flüchtig kommen und sogar vor mehrere Stände.

Ich hatte in diesen Wäldern noch nicht gejagt und war voller Spannung. Das Unbekannte birgt so viel – eine Hoffnung, die sich an diesem Tag für mich erfüllen sollte. Nach der großen Einweisung bestiegen wir die Fahrzeuge und wurden in den Wald gefahren. Immer wieder kamen wir an Ständen vorbei, wo sich Jäger für die nächsten Stunden einrichteten. Die meisten Stände waren Ansitzböcke von zwei Meter Höhe, um guten Überblick und, was noch wichtiger war, einen günstigen Schusswinkel zu gewährleisten.

Dann war auch ich an der Reihe und stieg vom Fahrzeug. Ich sollte neben einem großen Rodestubben Posten beziehen. Schusssektoren und Nachbarstände wurden mir gezeigt, dann verabschiedete sich der Einweiser mit einem leisen Waidmannsheil.

Erst wollte ich meinen Dreibein aufstellen, aber dann merkte ich, dass ich auf dem Stubben vorteilhafter und höher sitzen konnte. Die gute Zwölfer Doppelflinte wurde bunt geladen und abgestellt. Die Thermoskanne gab heißen, dampfenden Tee her, und als ich den Becher in der einen und die Leberwurststulle in der anderen Hand hielt, dachte ich an die Worte vom Jagdleiter: Von Rotwild, Damwild und Rehwild konnte alles geschossen werden, was Schusszeit hatte und den Abschusskriterien entsprach. Beim Schwarzwild sollten Bachen und mittelalte Keiler geschont werden. Muffelwild war erst vor einigen Jahren ausgesetzt worden und nicht zum Abschuss frei. Hasen und Raubwild beziehungsweise Raubzeug – sprich Katzen – sollten unbedingt geschossen werden.

Die meisten Schützen hatten, in der Hoffnung, auf Schalenwild zu Schuss zu kommen, sicherlich kein Schrot geladen. Ich dagegen hatte im linken Lauf ein Flintenlaufgeschoss und im rechten Lauf 4-mm-Schrot geladen. „Klein, aber mein“, war meine Devise.

Ich beschäftigte mich mit Tee und Stulle und schaute mich um. Vor mir lag eine Fläche von etwa sechs Hektar, mit meterhohen Kiefern bestanden, dahinter Kiefernaltholz. Hinter mir stieg das Gelände an und war ebenfalls mit etwa achtzigjährigen Kiefern bestanden.

Raureif schmückte die vielen Straußgrasbüsche und kleinen Heidekrautinseln. Dicht hinter mir hatte die Sonne bereits das Weiße von den Heidelbeersträuchern geleckt, und es glitzerten unzählige Kristalltröpfchen in den Spinnennetzen.

Weit entfernt fiel ein Schuss und gleich darauf noch mehrere. Da legte ich alles aus der Hand und griff zur Waffe. Von weit her war Hundegebell und Treiberlärm zu hören. Jetzt waren Geräusche vor mir in den Kiefern, und ich hörte auch das typische Knacken der Gelenke, wenn Rehwild abspringt. Angestrengt versuchte ich, zwischen den Bäumen etwas zu erkennen. Da, etwa fünfundzwanzig Meter vor mir, war Bewegung! Jetzt sah ich die Spiegel von drei Rehen, wie sie sich wippend von mir entfernten. Ich schaute durchs Glas, und als sie verhofften, konnte ich eine Ricke mit zwei Kitzen ansprechen. Ich hob die Waffe, die Entfernung reichte noch. Aber immer wieder waren zu viele Kiefernzweige vor den Wildkörpern, und als sie wieder in Bewegung waren, hatte ich sie nur schräg von hinten. Ich ließ die Waffe sinken – nein, nicht um jeden Preis. Es tat mir nicht Leid, nicht zu Schuss gekommen zu sein.

Immer wieder fielen irgendwo Schüsse. Ich hatte wieder zum Frühstücksbrot gegriffen. Wie gut schmeckte doch eine Stulle auf der Faust, in klarer Waldluft!

Ich beobachtete einen Eichelhäher, der von einer Randbirke zu den Kiefern flog und dort verschwand. Ich drehte den Kopf, weil es hinter mir wieder knallte, und nun war auch deutliches Knacken zu hören, welches näher kam. Nein, es entfernte sich wohl doch wieder. Aber nun war er da, der König unserer Wälder. Wohl neunzig Meter von mir entfernt stand ein starker Rothirsch auf dem Waldweg und schaute zurück.

Was für ein Bild! Mächtig das ausladende Geweih, deutlich waren Kronen zu erkennen. Wie mir später von anderen bestätigt wurde, war es ein Kronenzwölfer vom etwa siebten oder achten Kopf. Mit einem mächtigen Satz verschwand er im gegenüberliegenden Wald.

Wieder vergingen lange Minuten des Wartens. Ich begann, abgegebene Schüsse zu zählen. Wenn jeder dritte treffen würde, müsste es eine ganz schöne Strecke geben. Irgendwie spürte ich, dass hinter mir wieder Bewegung war – ich könnte nicht erklären, wie ich sie wahrgenommen hatte, aber es war so.

Ich drehte mich vorsichtig und erstarrte fast. Ein mittelalter Keiler, der sicherlich seine achtzig Kilo durch den Wald trug, näherte sich meinem Stand. Der war nicht zum Schießen, sondern nur zum Anschauen, das stand gleich fest. So blieb ich auch ganz ruhig. Der Keiler trabte, den Pürzel steil nach oben gestreckt, auf mich zu. Ich griff sogar zum Glas und holte ihn mir näher heran. Weiß leuchteten die Waffen aus dem Gebrech, die Federn waren durch die Erregung halb aufgestellt und ließen ihn noch größer wirken. Wie oft hat diese vorgetäuschte Höhe schon Geschosse fehlgehen lassen! Scheinbare Größe kann eben auch hilfreich sein.

Für diese Gedanken blieben mir nur Sekunden – eigentlich kamen sie wohl erst später. Nur etwa zwanzig Meter rechts von mir erreichte der Keiler den Weg und verhoffte noch einmal. Wieder knallte es irgendwo, das war das Signal für den Keiler, seine Schwarte in Sicherheit zu bringen. Mit zwei mächtigen Fluchten überfiel er den Weg und war in der Schonung verschwunden.

Jetzt begann es, für mich interessant zu werden. Fast auf demselben Wechsel, auf dem der Keiler gekommen war, kam ein schmucker Birkfuchs. Ich hatte ja bunt geladen, und so hob ich ruhig die Doppelflinte, ging mit, und als das goldene Korn vor dem Fuchs stand, ließ ich fliegen. Im Knall schlug Reinecke ein Rad und blieb am Weg liegen. Nun waren es nur noch Minuten, bis das Fahrzeug kam, um uns einzusammeln. Mit einer Plastiktüte fasste ich meinen Fuchs bei der Lunte und lud ihn aufs Fahrzeug. Wir hatten leider noch viel unter der Tollwut zu leiden, sodass der wirklich schöne Balg nicht zu nutzen sein würde.

Am Sammelpunkt brannten schon die Lagerfeuer. Dort hinten konnte man Erbsensuppe und Bockwurst fassen sowie einen gut gewürzten Tee. Wie das schmeckte in der frischen Luft!

Ich sah ich mir das Streckenergebnis des Vormittags an. Einige Frischlinge und ein Reh lagen schon, und eben wurden wieder ein Kitz und ein Frischling dazugelegt. Man begrüßte noch die, die man am Morgen nur von weitem gesehen hatte. Manch einen traf man ja nur ein, zwei Mal im Jahr zu diesen Jagden.

Es wurde geredet – auf Deutsch und auch auf Lateinisch, und der Wald rauschte dazu. Die vorgesehene Stunde der Mittagspause war schnell verstrichen, und die Gruppenführer sammelten ihre Schützen für das neue Treiben. Wir hatten einige Kilometer zu fahren, ehe die ersten Schützen abgestellt wurden. Ich hatte dieses Mal einen zwei Meter hohen Bock zu besteigen. Er stand am Rande einer Senke. Vor mir ging es gleich bergab, in der Senke war ein etwa zehnjähriger Kiefernbestand. Um mich herum war der Bestand wohl fünfzig bis sechzig Jahre alt und noch recht dicht, also kein günstiges Schussfeld.

Weit entfernt wurde das Treiben angeblasen, und gleich darauf hörte ich eine Treiberschar losgehen. „Schweine, Schweine nach vorn“, hörte ich aufgeregte Rufe. Ja, wo war vorn? Aber gleich sah ich, dass „vorn“ in meiner Richtung lag. Eine starke Bache versuchte ihre sechs Frischlinge in Sicherheit zu bringen. Mein Nachbarschütze kam auf einen Frischling zu Schuss. Ich sah wie der Frischling zurückblieb und die nächste Steigung im Wald nicht mehr schaffte.

Ich hatte Zeit, um den Kohlmeisen bei der Futtersuche zuzusehen. Es waren auch zwei Blaumeisen dabei, und dichter zu mir hin saß ein Buchfink auf der Krone einer kleinen Anflugkiefer.

Immer wieder fielen irgendwo Schüsse. Einmal ging ein Hundegeläut, nur leider nicht in meine Richtung. Aber immer wieder sorgte irgendetwas für Spannung. Ein Blick zur Uhr zeigte mir, dass in dreißig Minuten abgeblasen werden würde. Na – für mich war es wirklich ein schöner und erfolgreicher Jagdtag gewesen.

Irgendwie schweiften meine Blicke schon zu den Dingen, die es nachher wieder einzupacken galt. Plötzlich knackte in der Schonung vor mir ein Zweig unter einem Tritt, und gleich darauf noch einmal. Gleich hatte ich die Waffe wieder fest in der Hand. Die Geräusche waren ziemlich dicht vor mir, kaum weiter als fünfzehn Meter. Jetzt schoben sich zwei dunkle Wildkörper aus dem Grün der Zweige. Zwei Damhirsche standen frei vor mir und schauten zur Schonung zurück. Ich wagte kaum zu atmen. War etwas für mich dabei? Der linke war ein guter Spießer mit dicken Birnen, der andere hatte ein etwa dreißig Zentimeter hohes Rothirschgeweih, und jung war er auch noch. Vier Zentimeter breit sollten die Leisten beim Damhirsch sein, so waren unsere Kriterien. Hatte er die nun oder nicht? Im eigenen Revier wäre mir die Entscheidung wohl leichter gefallen. Aber hier war ich Gast, und so fiel sie zu Gunsten des Hirsches aus.

Die Arme mit der Waffe senkten sich wieder. Die Hirsche zogen weiter in meine Richtung und wechselten jetzt etwa fünf Meter vor meinem Bock durch. Ein Glück, dass sie nicht nach oben geschaut hatten. Ich hätte mit dem Hut nach ihnen werfen können. Jetzt sah ich deutlich, dass meine Entscheidung, zu schonen, richtig gewesen war. Nachdem die Hirsche die kleine Steigung erklommen und wieder weitere Sicht hatten, entfernten sie sich mit den für Damwild so typischen Sprüngen.

Von weitem hörte ich das Signal zur Beendigung des Treibens. Noch weiter entfernt blies ein zweiter. Ich entlud die Doppelflinte und räumte den Rucksack ein. In aller Ruhe ging ich zum Nachbarschützen, der dabei war, seinen Frischling zu versorgen. Von weitem hörten wir schon das Fahrzeug kommen. Ein gemütliches Schüsseltreiben mit allem, was dazu gehört, sollte den Tag beenden.

Und platsch ...!

Zwei Stunden saß ich nun schon auf meiner Leiter. Eigentlich war es nicht langweilig geworden. Der Laubwald im Hintergrund mit seinen Grabenläufen barg zu jeder Tageszeit vielfältiges Leben. Mäuse raschelten durchs vorjährige Laub, und ein Käuzchen schaukelte lautlos zwischen den Erlenkronen dahin. Jetzt fiel eine Eule herab, um gleich darauf wieder rüttelnd aufzusteigen. Das Jagdglück war ihr hold gewesen: Als sie vor die Mondscheibe flog, konnte ich mit dem Fernglas erkennen, dass etwas in den Fängen hing.

Angestrengt lauschte ich in die Nacht. Es gab keine lauteren Geräusche, die auf stärkeres Wild hingewiesen hätten. Ich sackte wieder auf meinem Sitz zusammen und geriet ins Träumen. Plötzlich rissen mich schmatzende Geräusche in die Wirklichkeit zurück. Da hinten rechts zwischen den alten Buchen, da war doch etwas gewesen? Ich konnte mich nicht so weit drehen, um mit dem Glas die Fläche abzusuchen, aber jetzt waren von dort schon wieder lautere Geräusche zu vernehmen. Es hörte sich an, als ob jemand das alte Laub umwühlen würde. Jetzt näherte sich der Wühler mit deutlichen, tapsenden Schritten. Langsam hatte ich die Waffe aufgenommen und hoffte, bald einen Schwarzkittel unter mir zu sehen – vielleicht sogar einen reifen Keiler? So vermessen waren meine Träume ...

Jetzt schob sich der Laubwühler schnaufend in mein Blickfeld. Der alte Bursche war ganz schön feist, aber trotzdem zu klein – dieser Dachs. Ihm wollte ich nichts tun. Die Bestände waren nicht so stark, dass er bejagt werden musste. In einem Niederwildrevier konnte er ganz hübschen Schaden anrichten, denn er fand jedes Gelege. Aber hier war er eine Bereicherung der Natur.

Wieder durchwühlte er unweit der Leiterholme den Boden, wobei er laut schnaubte und schniefte. Jetzt hatte er wieder etwas gefunden, sein deutliches Schmatzen verriet es. Dann wechselte er in die Wiese und verschwand an einem Graben aus meinem Gesichtsfeld.

In der Ferne bellte ein Hund den Mond an. Ich wollte noch eine halbe Stunde zugeben, dann wollte ich abbaumen und den heutigen Ansitz beenden. Morgen war schließlich auch noch Mondschein.

Die Zeit verging. Noch einmal zählte ich in Gedanken bis Fünfhundert, um das Abbaumen aufzuschieben. Dann entlud ich doch die Waffe, stieg von der Leiter und war bald darauf am Moped.

Ich nutzte für die Heimfahrt nur Feldwege, und so stellte ich kein Licht an. Der Mond schien hell genug, und ich konnte auf diese Weise auch nach links und rechts über Felder und Wiesen sehen. Es waren nur noch wenige hundert Meter zum Dorfrand, als ich nochmals meine Blicke nach links in die Wiesen schickte.

Da war doch was? Diese schwarzen Punkte gehörten dort nicht in die Wiese. Ich stellte den Motor ab und ließ das Moped ausrollen. Kaum war ich zum Stand gekommen, hatte ich das Glas schon vor den Augen. Ja, das waren keine Rehe. Es war wirklich eine kleine Rotte Schwarzkittel, die in der Wiese die Kuhfladen umdrehte.

Wenn die Bemühungen der Schwarzkittel sie in die Nähe dieser Weißdornhecke dort lenken würden, wären sie für mich erreichbar. Also stellte ich schnell das Moped ab, lud die Doppelflinte und lief im Schutz einer Baumreihe auf die Sauen zu. Erst unmittelbar vor den Bäumen wurde ich langsamer – und musste auch erst einmal mein klopfendes Herz beruhigen. Es war schon zu merken, dass ich die Zwanzig bereits vor einiger Zeit überschritten hatte.

Aber die Sauen waren noch da. Ich hatte sie jetzt auf zirka hundertzwanzig Meter vor mir und konnte sie mit dem Glas recht deutlich sehen. Die Bache schien zweijährig zu sein, die fünf Frischlinge mochten etwa fünfundzwanzig Kilo wiegen, also gerade die richtige Größe.

Nun kauerte ich schon geraume Zeit am Stamm einer mächtigen Eiche und hoffte, sie würden nachschauen kommen, ob die Eicheln schon liegen würden. Aber wie heftig ich es mir auch wünschte, sie zogen immer weiter von mir weg.

Es war wie verhext. Jetzt verließen sie die Wiese, überquerten eine Ackerfläche und zogen zum baumbestandenen Ufer der Milde, dem kleinen Flüsschen, welches durch unser Revier plätschert. Nichts wie hinterher! Erst aber musste ich die Beine wieder strecken und geradebiegen. Immer wieder das Glas ansetzend, erreichte ich endlich das Ufer. Nirgends waren die Schweine zu sehen.

Doch, dort drüben am anderen Ufer waren sie wieder auszumachen. Sie strebten einem kleinen versumpften Erlenbruch zu, der hier inmitten der Wiesen lag.

Leise plätscherte das Wasser über die Steine. Ich wusste aber, dass der Schein trog, die Höhe meiner Lederstiefel war hier nicht ausreichend. Es half alles nichts, ich musste ein Stück zurück und den Flusslauf an meinem Fangbaum überqueren. Ich hatte da eine starke Erle über den Wasserlauf fallen lassen, um Raubwild zu fangen, welches diesen trockenen Überlauf ebenfalls gern benutzte. Vorsichtshalber entlud ich die Waffe, ehe ich den Schwebebalken betrat.

So ... nun aber schnell weiter. Wieder im Mondschatten einer Baumreihe näherte ich mich den Sauen.

Nun hatte ich sie auf günstige Schussentfernung vor mir, zugleich aber leider das Dorf im Hintergrund, dessen Straßenlaternen am Himmel einen hellen Schimmer zeichneten. In diese Richtung war ein Schuss nicht möglich. Also ... noch einmal einen kleinen Umweg und von der anderen Seite des Bruches einen neuen Versuch gemacht. Leise, aber wie mir schien doch viel zu laut, gluckste das Wasser in den Moorlöchern bei jedem Schritt.

Nun pirschte ich die Sauen fast ohne Deckung an. Lediglich dicke eichene Koppelpfähle gaben mir mehr oder weniger Sichtschutz. Nun noch bis zu diesem Pfahl dort, dann musste es reichen. Er war kürzer als die anderen, und ich konnte die Doppelflinte oben auflegen. Die Entfernung zu der immer noch ruhig im Gebräch stehenden Rotte betrug vielleicht vierzig Meter. Langsam schob ich die Läufe nach vorn, bis der Abzugbügel erreicht war. Dann suchte sich der Zielstachel einen seitlich frei stehenden Frischling aus, ehe der Zeigefinger sich krümmte.

Durch Knall und Feuerschein war ich kurz abgelenkt. Dann sah ich, wie die Bache mit ihren Frischlingen über eine Brachfläche dem Wald zueilte. Es waren nur vier Frischlinge, die ihr folgten. Also musste einer liegen!

Die Taschenlampe lag am Moped. Also strengte ich die Augen an und versuchte auf der Wiese einen dunklen Haufen zu finden, der vordem nicht da war. Wirklich, der dunkle Strich vor dem Busch war wohl neu. Ich lud neu und ging dann, den Blick immer geradeaus auf die bewusste Stelle gerichtet, los.

Und platsch ... saß ich mit dem rechten Bein in einem Modderloch. Das kalte Moorwasser lief gleich oben in den Stiefel hinein. Das Bein konnte ich sofort wieder herausziehen – nur der Stiefel brauchte eine Extraaufforderung. Brrr ... war das kalt!

Ich zog, auf einem Bein stehend, den moddrigen Strumpf aus, balancierte den Fuß in den nunmehr ausgeschütteten Stiefel und setzte die Nachsuche fort.

Der dunkle Strich wurde zusehends dicker, und schon bald stand ich vor meinem längst verendeten Frischling. Die Flinte entladen und auf den Rücken geschoben, dann packte ich den Frischling beim Hinterlauf und zog ihn zum Rande der Wiese.

Der strumpflose rechte Fuß quatschte unangenehm kalt bei jedem Schritt im Stiefel. Versorgen konnte ich den Frischling später. Ich eilte auf kürzestem Wege zum Moped und dann nach Haus, wo trockene Kleidung auf mich wartete. Fünfzig Minuten später beugte ich mich mit trockenen Füßen über meinen Frischling und begann die rote Arbeit. Ein erfolgreicher Jagdtag ging zu Ende.

Meine Zwölfer

Viele Jäger werden nicht begreifen können, dass man mit einer Doppelflinte und Flintenlaufgeschossen auf Schalenwild jagen konnte. Aber man konnte! Und ich will behaupten, man konnte es oft waidgerechter als heute mit den vielen verschiedenen Kugelwaffen. Ich selbst habe mit meiner Zwölfer weit über zweihundert Stücke Schalenwild gestreckt.

Von einem Flintenjäger wird oft mehr jagdliches Können verlangt. Schließlich muss er immer versuchen, auf eine vertretbare Entfernung an das Wild heranzukommen, nämlich fünfundvierzig Meter und näher. So manches Mal – und oft mit Erfolg – habe ich versucht, das Rehwild und auch das Schwarzwild anzupirschen. Die Schwarzkittel machen es einem meist leichter, weil sie nicht so gut sehen können. Nur auf den Wind muss man genau achten. An zwei Begebenheiten kann ich mich besonders gut erinnern; sie mögen stellvertretend für viele andere stehen.

Das eine Mal hat es mich einfach verlockt, mein Können unter Beweis zu stellen. Auf der Abendpirsch war ich eher unvermutet auf einen jungen Bock gestoßen. Er stand etwa fünfundzwanzig Meter von der Waldkante entfernt auf der Wiese. Es war noch sehr zeitig, und der junge Spießer war das einzige Stück Wild auf der Wiese. Das erleichterte mein Vorhaben natürlich, hatte ich doch scheinbar nur auf diesen Bock zu achten.

An der Wiesenkante standen alte große Eichen, das waren meine Meilensteine beim Pirschen. Jedes Mal, wenn ich eine erreicht hatte, konnte ich hinter ihrem dicken Stamm ausruhen. Die nächsten zehn Meter schaffte ich auf dem Bauch robbend. Immer darauf bedacht, die Flinte hochzuhalten, kam ich ganz schön außer Atem. Als ich mich wieder hinter einer Eiche aufrichtete, stellte ich fest, dass dieser Baum bei weitem nicht dick genug war, mich zu verstecken. Und da war es auch schon passiert! Der Bock hatte mich als verdächtig eingestuft und kam mit einigen gestelzten Schritten näher. Die Lauscher waren nach vorn gerichtet, der Träger ruckte hin und her. Er konnte mit meiner Erscheinung nichts anfangen, aber geheuer war ich ihm nicht. Er gehörte wohl zu den fast Blinden oder gänzlich Unerfahrenen, denn inzwischen hatte er sich auf zwölf oder dreizehn Meter genähert und versuchte seitlich ausweichend unter den Wind zu kommen.

Endlich war die Sache klar, hier roch es nach Mensch – so weiß man wenigstens, woran man ist, mochte er denken und verschwand mit drei Sätzen im Unterholz, dass die Gelenke knackten.

„Bö, bö", beschimpfte er mich. Hätte ich eine Kugelwaffe besessen, hätte ich vielleicht nicht versucht, so dicht an den Bock heran zu kommen. Ein interessantes Erlebnis wäre mir entgangen.

Nur ein oder zwei Jahre später, im Winter, versuchte ich es wieder einmal ganz dicht. Beim Nach-Hause-Fahren hatte ich auf einem kleinen Ackerstück einen schwarzen Fleck bemerkt. Schnell hatte ich das Auto abgestellt und die Flinte herausgeholt. Das Schneehemd war schnell übergestreift, die Pelzmütze durch die Kapuze ersetzt. Zwei Flintenlaufgeschosse in die Rohre, und schon pirschte ich vorsichtig an der Waldkante entlang. Der hoch liegende Schnee verschluckte jegliche Geräusche, und der Überläufer – als solchen hatte ich ihn längst angesprochen – brach in der Erde nach vergessenen Kartoffeln. Kaum fünfzehn Meter trennten uns noch, sollte ich oder sollte ich nicht? Es siegte der Jäger in mir. Im Knall des Schusses rutschte das Schwein im Schnee zusammen und war verendet.

Ein Flintenjäger muss näher heran – gerade für einen Jungjäger lässt sich auf geringe Entfernung ein Stück Wild leichter ansprechen, und die Stelle des Anschusses lässt sich besser merken. Auch eventuelle Schusszeichen sind auf eine Entfernung von dreißig Metern besser zu sehen als auf hundertdreißig Meter. Nicht immer kann sich ein guter Jäger damit beruhigen: „Na, es war wohl ein bisschen zu weit", oder: „Jedem passiert einmal ein Fehler". Allerdings lässt sich ein Fehlschuss oder Fehlabschuss, auf zweihundert Meter abgegeben, vielleicht leichter verkraften.

Meine gute lange Zwölfer mit der Lauflänge von 73 Zentimetern und ihrem kräftigen Kaliber schoss im Übrigen viel weiter, als man ihr eigentlich zumuten sollte. Einmal habe ich sie sogar mit Dianas Hilfe auf eine nicht ganz faire Probe gestellt.

Das begann so: Zwei befreundete Waidgenossen wollten ein beschossenes Schwein nachsuchen und baten mich, zu helfen. Richard war der unglückliche Schütze, dem der Frischling mit einem wahrscheinlich hohen Vorderlaufschuss entkommen war. Manfred wollte mit seinem noch nicht ganz sicheren Deutsch-Drahthaar-Rüden die Nachsuche durchführen. Es lag überall genügend Schnee, und so konnte das Schwein nirgends ungesehen entkommen.

Das glaubten wir zumindest! Aber auch auf den Bäumen lag genügend Schnee, der sich immer wieder reichlich über uns schüttete.

Mehrmals hatte der Hund den Frischling stellen, ihn aber nicht halten können. Wir waren so ziemlich am Ende unserer Kräfte und wagten für heute den letzten Einsatz. Manfred sollte mit dem Hund nochmals das Schwein verfolgen, und Richard wollte versuchen, in dem nun lichteren Wald zum erlösenden Schuss zu kommen. Ich wollte weiter vorauseilen und mich auf einer breiten Trasse postieren, für den Fall aller Fälle.

Es kam natürlich anders. Die geladene Flinte in der Hand, erreichte ich die Ecke eines großen Waldkomplexes, der durch eben diese breite Trasse halbiert wurde. Hinter mir in der Schonung hörte ich den Hund Laut geben.

Ich hatte beabsichtigt, noch etwa sechzig Meter auf der Trasse entlang zu pirschen und dann an einer weiteren Querschneise Posten zu beziehen. Es kam nicht mehr dazu. Als ich losgehen wollte, sah ich weit vor mir den Frischling auf die Schneise humpeln. In der Mitte auf einem Weg verhoffte er, um sich gleich darauf wieder in Bewegung zu setzen. Ganz egal – ich hob die Waffe, visierte das Stück an und drückte ab.

Überlaut dröhnte der Schuss in meinen Ohren. Ich sah gerade noch, wie der Frischling rollierend im angrenzenden Stangenholz verschwand. Ich hatte einfach schießen müssen. Es schien die letzte Chance zu sein – wir hätten für heute wohl abbrechen müssen –, sonst hätte ich diesen Weitschuss nie stehend freihändig riskiert.

Manfred und Richard kamen nach einigen Minuten heran, und Manfred stakste mit seinen langen Beinen einhundertundvier Schritte bis zum erlegten Stück ab. Sie wollten es beide kaum glauben, aber das Ergebnis war unzweideutig.

Dennoch habe ich nie wieder mit meiner Doppelflinte so einen Weitschuss riskiert. Er war wohl auch nur aus der Situation heraus zu vertreten.

Der Torerobock

Ich sitze im Jagdzimmer, und meine Blicke wandern über die Trophäen an der Wand. Das sind nicht bloß gebleichte Knochen. Mit diesen Trophäen verbinden sich Stunden und Tage des Erlebens. Beim Betrachten der einzelnen Gehörne und Keilerwaffen knüpfen sich nicht nur Jahre, sondern Jahrzehnte zusammen, wird das eine oder das andere wieder ganz nach vorn ins Gedächtnis gerückt.

Je nach Bedeutung haben sie sich ihren Platz behaupten können. Wie dieser Knopfbock im Bast dort, den ich einmal am Abend des ersten Mai streckte, weil er seine acht Kilo mitten im Wald gar so unbekümmert präsentierte.

Ich wollte gar nicht schießen, ich wollte einfach nur den Abend genießen. Beim ersten Mal ließ ich ihn noch durch, als er bei gutem Tageslicht über die Blöße zog. Das war ein Abschussbock, der musste fallen – aber noch nicht heute, am ersten Abend der Bockjagd. Er naschte vom Birkengrün, zupfte an Kräutern und tauchte im gegenüberliegenden Stangenholz unter.

Von weit her war Musik zu hören, sicherlich eine Maifeier. Ich lehnte mich zurück, um mich zu entspannen. Wahrscheinlich hatte ich sogar die Augen einen Augenblick geschlossen gehalten – als ich jetzt wieder auf die Fläche schaute, stand der Knopfbock wieder da. Es war fast zu einfach, ich hob die Doppelläufige auf die Kanzelbrüstung, suchte im Zielsechs den Wildkörper und krümmte den Finger. Es blieb aber der einzige „Erster Mai-Bock" in meiner Laufbahn.

Und dieser hier, auch noch im Bast. Nur vier Zentimeter die linke Stange und sieben Zentimeter die rechte hoch. Ich schaue auf die Rückseite und lese „Wieneckes Scheune, Morgenpirsch, 10,5 kg, Herzschuss". Das war einer von den ersten. Und wieder läuft alles vor meinen Augen ab, wie damals.

Ich hatte an der Feldkante angesessen. Es war ein sehr schöner Morgen, aber als das Wild unter mir in den Wald gewechselt war, baumte ich ab und wollte noch hinter der Waldecke auf die Wiesen schauen.

Ein Hase sprang vor mir auf, hopste mit steifen Sprüngen zwanzig Meter hin und machte einen Kegel. Ich passte nicht in sein Konzept von einem friedlichen Morgen, und so lief er wieder weiter. Stare suchten die Wiese eifrig nach Nahrung ab. Sie schienen auch sehr erfolgreich zu sein. Schritt für Schritt bewegte ich mich vorwärts, dort bis zu den alten Eichen würde ich noch pirschen, dann wollte ich für heute Schluss machen. Die Doppelläufige hing zwar geladen auf der Schulter, aber ich dachte nicht mehr ernsthaft daran, sie zu benutzen.

Noch zwei Schritte und ich konnte um die Ecke schauen. Da stand doch zwanzig Meter vor mir ein Reh! Vorsichtshalber ließ ich die Flinte von der Schulter rutschen und nahm sie in die Armbeuge.

Das Rehhaupt ging hin und her im hohen Gras. Was war es denn nun?

Jetzt stand es still, das Haupt kam hoch. Das Reh schaute von mir weg. Gott sei Dank – ich stand hier, wie mir erst jetzt bewusst wurde, vollkommen frei wie auf dem Präsentierteller!

Irgendetwas war zwischen den Lauschern, aber nicht viel, also die Waffe hoch. Als ich gerade das Gewehr in Anschlag hatte, drehte das Böckchen mir sein Haupt zu und schaute mich an. Ruckartig ging das Haupt hin und her. Der Bock wusste mit meiner Erscheinung nicht recht etwas anzufangen, aber es konnte sich nur noch um Sekunden handeln.

Schon zeigte das goldene Korn aufs Blatt, und der Finger krümmte sich. Im Schuss steilte der Bock vorn auf und stürmte durch den Koppelzaun in den Wald.

Bei mir löste sich die Spannung. Hatte der Bock die Brenneke? Das Schusszeichen deutete eigentlich auf einen Kammerschuss. Schon stand ich am Anschuss und beugte mich ins Gras. Da waren rote Spritzer an grünen Halmen, aber dort lag auch ein Knochensplitter. Ich wusste damals noch nicht zu deuten, dass es ein Splitter vom Rippenknochen war, und glaubte an einen Laufschuss. Bei einem Blattschuss hätte er doch nicht mehr zwischen den zwei Drähten des Koppelzaunes hindurch können! Dann müsste er dort vorn zwischen den Aufwüchsen von Birke und Holunder liegen.

Ich war recht unglücklich und suchte in gerader Fluchtrichtung im hohen Holz den Waldboden ab. Ich fand nichts. Ich ging hundert, dann zweihundert Meter weit, holte mir Hilfe, aber den Bock fanden wir nicht. Für mich stand fest, er konnte ja nur in gerader Richtung in den Wald geprescht sein. Der Knochen – das war doch ein Stück vom Laufknochen?

Zu Hause lief ich herum wie Falschgeld. Ich musste einfach noch einmal hinaus. Vom Anschuss an rutschte ich auf Knien bis zum Zaun. Dort hinter dem Zaun war der Waldboden verwundet, aber nicht in gerader Richtung weiter, sondern nach rechts abbiegend. Schritt für Schritt ging ich weiter und stand plötzlich vor meinem Bock.

Dort lag er im vorjährigen Eichenlaub. Die Lichter waren gebrochen. Ich suchte den Schuss – und fand den Einschuss und auch den Ausschuss hoch Blatt. Beim Aufbrechen fiel mir das Herz entgegen, das starke Geschoss hatte es förmlich oben abgetrennt.

Aber wie konnte der Bock mit diesem Schuss noch fünfundsiebzig Meter laufen und dann im Wald noch abbiegen? Ich fand damals keine Erklärung dafür. Ich war nur froh, meinen Bock gefunden zu haben. Eigentlich kam die Erkenntnis erst Jahre später und nach einer Reihe anderer Erlebnisse. Ich erkläre mir das heute so: Der Bock hatte mich gesehen, und der Körper war auf Flucht programmiert; die Muskeln hatten bereits ihre Befehle, als das Geschoss ihn erreichte. Da stürmte er los, bis das Blut aufgebraucht war.

Die Natur ist immer voller Überraschungen. Und – zum Jäger gehört ein Hund. Einmal mehr wurde mir das, nach meiner unglücklichen Nachsuche, klar. Nur etwa hundertundfünfzig Meter von dieser Stelle entfernt streckte ich einige Jahre später, unter sehr ähnlichen Umständen, einen dreijährigen Korkenzieherbock. Der Bock hatte auf etwa die gleiche Entfernung den gleichen Schuss, aber er hatte mich vorher nicht gesehen. Die Brenneke warf ihn auf der Stelle ins Gras.

Und hier, die Trophäe, die hier drüben hängt: Das ist der „Torebock“, der war erst nach dem Strecken interessant geworden. Der Bock war nach dem Schuss noch über die Wiese ins Getreide gewechselt. Weil mein Bruder in der Nähe jagte, kam er herüber und wir begannen die kurze Nachsuche gemeinsam. Der Bock war bald gefunden, und wir überquerten, den Bock zwischen uns tragend, die Wiese. Eine Rinderherde von etwa sechzig Tieren verfolgte uns neugierig, so dass wir sie immer wieder zurückjagen mussten. Da schnaubte etwas dicht hinter uns. Wir drehten uns um und erschraken. Inmitten der Rinder stand ein schnaubender Bulle und kratzte den Boden. Wir nahmen den Bock unter die Arme, liefen die letzten zehn Meter bis zum Zaun und waren auch schon darunter hindurch, ehe wir weiter nachdachten.

Später erfuhren wir, dass man bei dieser Herde versucht hatte, die Besamungsergebnisse durch einen freilaufenden Bullen zu verbessern. Es war nirgends kenntlich gemacht, und der Bulle schien auch nicht sehr friedlich in dieser Situation. Aber das Böckchen ist mir auf diese Weise besonders in Erinnerung geblieben.

Und dann diese kleinen Waffen eines Überläuferkeilers, ein Foto ist auf die Rückseite des Brettchens geklebt: „Abendansitz, Hohes Feld, 67 kg“, steht darunter. Ich kann mich wieder genau erinnern.

Es war Ende März gewesen. Ich saß am Rande einer fünfjährigen Kiefernkultur. Eigentlich wollte ich nach austretendem Rehwild schauen, aber jetzt hatte ich irgendwo im Bestand Sauen quieken gehört und war wie elektrisiert. Längst hatte ich die geladene Doppelflinte auf den Knien, da war auch schon Bewegung in den meterhohen Kiefern. Eins, zwei, drei, sieben, nein acht Überläufer schoben sich durch den Wald. Dunkle Rücken – mehr konnte ich zumeist nicht sehen, aber sie würden da vorn auf die Schneise kommen und vielleicht ein wenig verweilen. Plötzlich stand eine große Bache am Wegrand und sicherte schnaubend. Ich war wie erstarrt. Erst als sie sich sicher fühlte, durften die Überläufer neben ihr den Wald verlassen.

Aber was war denn das? Es waren noch zwei weißbunte Sauen dazu gekommen. Nur wenige schwarze Flecke zeichneten die weiße Schwarte. Von diesen Weißbunten wollte ich einen haben, das stand fest. Aber es war nicht so einfach. Die dunklen Überläufer bekam ich immer wieder gut ins Zielfernglas, die Weißbunten nicht. Es war zum Verrücktwerden. Nun wollten die Sauen bereits weiter ziehen. Ich wurde schon nervös, und der Lauf begann zu wackeln. Ich musste mich zusammenreißen. Von oben ließ ich den Zielstachel in den Wildkörper eintauchen und drückte ab.

Mit dem Schuss war die Bühne leer. Aber da schabte etwas in der Kiefernkultur! Ich zwang mich auszuharren, doch als wieder Ruhe eingekehrt war, hielt es mich nicht länger auf meinem Sitz.

Schnitthaar und heller Lungenschweiß kennzeichneten den Anschuss. Ich ließ noch eine Viertelstunde verstreichen, ehe ich der deutlichen Schweißfährte folgte. Nach nur zwanzig oder fünfundzwanzig Metern stand ich vor meinem erlegten Stück. Es kostete mich schon einige Mühe, es zu bergen, weil ich es dort im Bestand nicht gleich aufbrechen wollte. Aber als ich es endlich versorgt hatte, war ich hochzufrieden.

Nicht die Kilogramm oder die Trophäenstärke sind immer wichtig, sondern mindestens ebenso das Wann, Wie, und Unter welchen Umständen.

Jagd mit der Falle

Nicht jeder Jäger hat die Passion und die Zeit, um die Jagd mit der Falle durchzuführen – muss man doch, wenn die Fallen fängig gestellt sind, jeden Tag ins Revier.

Man kann nun darüber streiten, ob überhaupt und in welchem Maße Raubwild gefangen werden muss. Ich vertrete die Meinung, dass es dafür kein Dogma geben kann. Jedes Revier ist anders, und die Natur ist heute beileibe nicht mehr in der Lage, alles allein auszugleichen. Die Jagd auf unsere kleinen Räuber wie Hermelin, Iltis und Marder, aber auch auf den Fuchs kann sehr interessant sein. Denn sie setzt, wie wohl jede Sache, die Erfolg bringen soll, ein hohes Maß an Wissen über das Verhalten der Pelzträger voraus.

Bei allen beköderten Fallen muss man zunächst auf eines achten: Alles Raubwild nimmt den Köder nicht gern nach oben ab, sondern wird immer versuchen, ihn zur Seite wegzuziehen. Und wenn die Falle auslöst, sollte sich das Wild noch mit dem größten Teil des Körpers zwischen den Bügeln oder unter dem Schlagbaum befinden. Hier gebe ich stets ein wenig die Richtung vor, indem ich einen Zwangspass anlege, den ich mit Material aus der unmittelbaren Umgebung herstelle.

Im November hatte ich noch eine Woche Urlaub zu machen, die ich mehr oder weniger für die Jagd nutzen wollte. Schon am Wochenende stellte ich zwei Kastenfallen und drei Schlagbäume fängig.

Zwei Schlagbäume waren im Wald angelegt, ein weiterer in einer Buschgruppe in der Feldmark. Dort, in der Nähe der Fasanenfütterung, hatte ich gute Erfolge mit Hühnergescheide und ähnlichen Ködern gehabt. Manch ein Fasan und Rebhuhn war auf diese Weise wohl am Leben geblieben. Über einen schmalen Flusslauf, der sich in vielen Windungen durch unser Revier schlängelt, hatte ich an zwei Stellen Erlenstämme quer hinüberfallen lassen. Diese wurden gern vom Raubwild zum Überqueren genutzt, denn auch wenn sie schwimmen oder gut springen können, die Bequemlichkeit lieben auch sie. Die Kastenfallen standen schon seit Wochen auf dem Zwangspass zum Übergang und waren, wie feine Kratzspuren bestätigten, angenommen worden. In der Nähe dieser Kastenfallen hatte ich auf einem weiteren Zwangspass kleine Totfallen für Wanderratten aufgestellt. Diese Geißeln aller Entengelege gingen kaum an Köder, aber ich schaffte es auf diese Weise doch, sie in jedem Jahr ein wenig zu dezimieren.

Das vorwinterliche Wetter war so recht nach meinem Geschmack. Die Sonne schien vom fast wolkenlosen Himmel, der Wind wehte nur lau, und die Erde war gerade so weit gefroren, dass es trocken war.

Ich zog ein Paar bequeme Schuhe an, nahm die Kleinkaliberbüchse über die Schulter und einen derben Stecken zur Hand und befand mich wenig später mitten in der Natur.

Im Wald wollte ich heute mit dem Kontrollieren beginnen. Schon von weitem sah ich bei meiner ersten Falle, dass der Schlagbaum heruntergefallen war. Das fing ja gut an! Einem Eichkater war sein Appetit auf Vogelfleisch zum Verhängnis geworden. Es war nicht schade um ihn, denn seitdem der Bestand an Habichten zurückgegangen war, hatten sich die Eichhörnchen zu stark vermehrt. Ich hatte wiederholt beobachtet, wie dieses ach so possierliche Tierchen Vogeljungen und Vogeleier geraubt und verspeist hatte.

Nachdem ich den Eichkater herausgelöst hatte, beließ ich ihn gleich als Köder in der Falle. So hatte ich die Gewissheit, dass sich nicht schon wieder einer von seiner Gilde fangen würde, und für Fuchs und Marder war er ein guter Köder. Nun musste ich nur noch alles wieder unauffällig verblenden, und schon ging es weiter. Der nächste Schlagbaum war neben einem Holzstoß errichtet. Diese Holzpolder werden gern vom Marder aufgesucht – darauf spekulierte ich natürlich.

Auch diese Falle war zugeschlagen. Ich sah gleich, dass tatsäch-

lich ein Marder meine Beute war. Der typisch weiße Kehlfleck, weit auf die Vorderläufe heruntergezogen, kennzeichnete ihn als Steinmarder. Ich glättete seinen herrlichen Balg, tat ihm eine Schlinge um den Kopf und hängte ihn außen an den Rucksack.

Froh gelaunt verließ ich bald darauf den Wald. Ich wollte noch beim Teich eines Freundes vorbeischauen und schlug den Weg zum Flüsschen ein.

In der Teichböschung zeigte heller, frischer Aushub an, dass die Bisamratten ihren Bau erweitert hatten. Auch sie hatten sich in den letzten Jahren stark vermehrt und verbreitet. Sie waren nicht gern gelitten, wenngleich sie sicherlich nicht so schädlich waren wie die Wanderratten. Deshalb freute ich mich besonders, als ich am Wasserlauf nacheinander zwei starke Wanderratten aus den Fallen nehmen konnte, um sie einzuroden. Das suchende Auge fand überall die Löcher an den Uferböschungen. Ich würde die Fallen wohl noch einige Male fängig stellen können.

Und weiter ging es. Die Kastenfalle, die ich jetzt erreichte, war unberührt, deshalb vermied ich es, näher heranzugehen. Aber dort hinten – waren das nicht Enten auf dem Wasser? Ich nahm das Glas an die Augen und holte sie mir näher heran. Drei Stockerpel und vier Enten konnte ich ansprechen, und noch näher zu mir hin stocherte ein Zwergtaucher im seichten Uferwasser herum. Plötzlich tauchte er weg. Ich konnte im klaren Wasser sehen, wie er unterhalb der Wasseroberfläche förmlich über den Grund lief. Ich hatte diesen Herbstgast schon des öfteren beobachten können.

Weil ich für die Enten nicht das richtige Gewehr dabei hatte, wollte ich sie auch nicht weiter beunruhigen und nahm den Weg über die Wiese zu den Schlehdornbüschen, zwischen denen ich meine nächste Falle hatte. Auch hier war alles unberührt, aber ich musste doch näher heran, um etwas Futter unter die Niederwildschüttung zu streuen.

Um wieder zum Wasser und damit zur letzten Kastenfalle zu kommen, wählte ich einen festen Feldweg, denn meine Füße fingen schon an, sich zu beschweren. Am Wegrand standen Wildrosensträucher und Schlehenbüsche. Die leuchtend roten und blauen Früchte hatten die Vogelwelt zum Schmaus gelockt. Als plötzlich ein Fasan vor mir hochburrte, erschrak ich, denn ich hatte bei dem relativ kurzen Kraut keinen vermutet. Aber in dem allerorts liegenden Gestüber leuchtete es überall rot.

Er war wohl nicht der Einzige, der hier nach Nahrung suchte. Jetzt strich ein Sperber in schnellem Flug davon. Auch er hatte mitbekommen, wo zur Zeit das meiste Leben war. Nun musste ich den Weg wieder verlassen, um am Flussufer nach der letzten Kastenfalle zu schauen. Auch hier waren beide Klappen herunter, wie ich erfreut feststellen konnte. Ich holte die Falle auf den Acker und entledigte mich erst einmal von Stecken, Gewehr und Rucksack. Ich war nicht wenig neugierig, was mir in die Falle gegangen war. Ich lugte durch die Gitterstäbe der Klappe und gewahrte einen starken Iltis, der sich in der gegenüberliegenden Ecke andrückte.

Für solche Fälle hatte ich immer einen Sack dabei, den ich nun über die eine Seite der Kastenfalle stülpte. Ich hob die Falle an, um den Iltis in den Sack zu schütteln. Aber er wollte nicht so, wie ich wollte. Er klebte förmlich in der Falle. Ich musste noch einmal kräftig schütteln, ehe er blitzschnell in den Sack schoss – und auch gleich wieder halb hinaus!

Ohne weiter zu überlegen, hatte ich dem Iltis auf den Leib getreten, um ihn an einer weiteren Flucht zu hindern. Er hielt aber überhaupt nicht still, und ich musste viel Gewicht auf diesen Fuß legen. Was war eigentlich geschehen? Ich hatte wohl einen alten mürben Sack erwischt, der dem Iltis nicht genügend Widerstand geboten hatte.

Wie aber sollte es weitergehen? Irgendwie musste ich meinen Stecken erreichen, um dem Iltis einen Schlag zu verpassen. Aber das war leichter gedacht als getan. Ohne den Druck des rechten Fußes zu verringern, ging ich in eine große Grätsche herunter und schaffte es irgendwie, den Stecken zu erreichen, ehe die Muskeln anfingen zu zittern. So konnte ich, wenn auch nicht mit dem ersten Schlag, den kleinen Räuber in den Himmel für Tiere befördern.

Aber nun war bei mir erst einmal die Luft heraus. Ich setzte mich für einige Minuten auf den Rucksack und verschnaufte. Dann ging ich mit reicher Beute nach Haus und spürte kaum noch die schmerzenden Füße.

So erfolgreich ist aber beileibe nicht jeder Kontrollgang, und so aufregend schon gar nicht. Aber das ist auch gut so. Höhepunkte dürfen nicht so dicht beieinander liegen wie Sandkörner am Strand.

Unser „Leittier“

Es gibt wohl in jedem Leben kleine Begebenheiten, die eigentlich ohne jede Bedeutung sind, die sich aber doch irgendwie ihren Platz in den Erinnerungen reserviert haben.

So erinnere ich mich beispielsweise gern an einen alten Jäger, der bei einer Treibjagd, die schon als außergewöhnlich zu bewerten ist, einen festen Willen bewies. Sein Name war Rudi. Er weilt schon lange nicht mehr unter uns, aber er hätte sicherlich nichts dagegen gehabt, dass ich jetzt von ihm erzähle.

Ich war damals noch Treiber und fehlte bei kaum einer Gemeinschaftsjagd. Heute sollten einige Kieferndickungen durchgedrückt werden. Zum Abschuss freigegeben waren weibliches Rehwild und Kitze sowie Sauen und natürlich Niederwild und Füchse.

Das Wetter war treiberfreundlich: trocken und sonnig. Das vorangegangene Treiben war recht anstrengend gewesen, und so waren wir froh, dass es in diesem Treiben problemlos durch die Reihen ging. Ich hatte besonderes Glück, dass ich nach etwa zweihundert Metern nur noch etwa meterhohe Kiefern zu durchlaufen hatte.

Hier musste ich erst einmal warten, denn die anderen hatten es nicht so einfach wie ich und waren demzufolge langsamer. Gerade schaute ich zu einem der anstehenden Schützen – es war besagter Rudi – hinüber und wunderte mich noch darüber, dass er seine Flinte gegen eine starke Kiefer lehnte und einige Schritte in die Schonung kam. Da löste er schon die Hosenträger und ging zwischen den Baumreihen in die Hocke. Ihn war wohl ein menschliches Bedürfnis angekommen, dem er nachgeben musste. Ich musste schmunzeln, aber gleich darauf zog mich etwas ganz anderes in den Bann.

Kurz vor mir war ein Schmalreh aufgesprungen und raste nun auf den Jäger zu, der sich eben aus der Hocke hocharbeitete. Geistesgegenwärtig wie er war, ließ er die Hose wieder los und erwartete das schnell näher kommende Reh. Das verängstigte Schmalreh stürmte auf Rudi zu und musste unmittelbar in der nächsten Baumreihe an ihm durchkommen. Rudi griff, als es soweit war, einfach mit beiden Händen nach vorn, behielt aber nicht das Reh, sondern nur zwei Hände voller Haare zurück.

Wie er so verdutzt und nur halb bekleidet da stand: ein Bild für die Götter! Reh und Rudi waren noch einmal davon gekommen. Es hätte auch anders ausgehen können.

Eine ähnliche Begebenheit trug sich Jahre später bei einer Gemeinschaftsjagd auf Niederwild zu. Fasane waren ausgesetzt worden und sollten neben den Rebhühnern die Natur bereichern. Damals war die Natur bei uns noch ganz in Ordnung. Das Wasser in den Gräben war noch sauber, die Wegränder wurden von Kräutern gesäumt, und Bäume sowie Buschgruppen prägten das Landschaftsbild. Die Voraussetzungen für eine Einbürgerung der Fasane waren gegeben. Dass nach nunmehr dreißig Jahren noch immer ein kleiner Bestand vorhanden ist, bestätigt wohl die Richtigkeit unseres Handelns.

Das Aussetzen war also erfolgreich gewesen, die halbwüchsigen Fasane hatten sich in der näheren Umgebung verteilt und wuchsen heran. Natürlich hatten auch die Greife und das Haarraubwild mitbekommen, dass sich ihre Speisekarte erweitert hatte. So galt es, wenigstens in der Nähe der Schüttungen für vermehrten Schutz und Deckung zu sorgen. Unsere Volierenvögel waren doch in vieler Hinsicht sehr unerfahren.

Um das Haarraubwild in der Nähe der Schüttungen kürzer zu halten, hatte ich neben jeder Schüttung eine oder sogar zwei Fangeinrichtungen installiert. Als ich wieder einmal mit einem kleinen Beutel voller Druschabfälle unterwegs war, um zu füttern, kam ich auch zu der Schütte am Schlehenbusch. Ein lichter Schlehdorn breitete sich über eine Fläche von etwa zwanzig Quadratmetern aus. In der Mitte war unter einer schützenden Schilfmatte gefüttert, und am Rande hatte sich in einem Abzugeisen ein starker Steinmarder gefangen. Er hing nur mit einem Lauf zwischen den Bügeln und war daher noch sehr lebendig. Das Erstaunliche aber war, dass in einem Abstand von nur zwei Metern drei Fasanenhennen standen und zum Marder hinstarrten. Erst als sie jetzt mich bemerkten, burrten sie davon, und der Marder riss an der Verankerung.

Eine merkwürdige Situation, für die ich keine rechte Erklärung fand. Mir fiel dazu nur die Fabel ein, in der Reinecke Fuchs Gänse hypnotisiert hatte. Aber dies ist noch gar nicht die kuriose Begebenheit aus der Fasanenanfangszeit, an die mich die eingangs erzählte Geschichte von Rudi erinnert. Diese trug sich folgendermaßen zu:

Ungefähr fünfzig Prozent der ausgesetzten Fasane waren männlich, wie wir nach dem letzten Mausern sehen konnten. Dieses Geschlechtsverhältnis mussten wir durch einen gezielten Hahnenabschuss auf das natürliche Maß bringen. Die erste Fasanenjagd wollten wir an einem Sonnabend durchführen. Zehn Jäger, sechs Treiber und vier Vorstehhunde fanden sich am Rande eines großen Lupinenfeldes ein. Die etwa vierzig Zentimeter hohen, reifen Lupinenpflanzen boten dem Niederwild gute Deckung und durch Unkraut und diverse Insekten reichlich Nahrung. Im Abstand von acht oder auch zehn Metern durchstreiften wir das Feld. Die Hunde, die zwar noch keine Fasanen, aber doch Rebhühner kannten, suchten fleißig den Bestand vor uns ab.

Die gespannte Vorstehpose der Hunde begeisterte mich damals wie heute. Schon einige Male waren sie erfolgreich gewesen, und bei zwei Schützen hing schon ein Gockel am Galgen.

Wieder einmal stand ein Deutsch-Drahthaar vor, und auf das Kommando seines Herrn sprang er ein. Aber nicht Huhn noch Hahn burrten in den Himmel, sondern ein stattlicher Sechser-Bock raste auf Schützen und Treiber zu. Trotz des nun einsetzenden Lärms behielt der eingeschüchterte Bock stur die Richtung bei und raste unmittelbar auf Hermann, einen der Schützen, zu.

Erst im letzten Moment sprang Hermann mit einer halben Drehung zur Seite und der Bock haarscharf an ihm vorbei. Was wäre gewesen, wenn? Hätte dann vielleicht „Hermine“ an unserer nächsten Fasanenjagd teilgenommen?

Die meisten heiteren Erlebnisse in unserem Leben tragen sich im geselligen Kreis zu; das ist bei der Jagd nicht anders. Ich erinnere mich beispielsweise daran, wie wir bei einer kleinen herbstlichen Treibjagd beinahe Paul, unseren – damals schon nicht mehr ganz jungen – Jagdleiter verloren hätten.

Wir hatten zu dieser Zeit noch einen guten Hasenbesatz auf Feld- und Wiesenflächen, und die kleinen Gemeinschaftsjagden machten immer Spaß, weil selten einer leer ausging, der seine Flinte mehr als nur tragen konnte.

Reichlicher Regen hatte in den letzten Tagen für aufgeweichten Boden gesorgt. Wir wollten nicht unbedingt über Ackerflächen mit Herbstfurche gehen und waren uns einig, zunächst die verlandeten Teichflächen durchzustöbern und dann die Wiesen im Hohen Brook und auf dem Buchhorst zu treiben. Der Name Buchhorst deutete auf eine erhöhte Stelle in ehemals feuchten Gelände hin, wo in grauer Vorzeit einmal Buchen gestanden hatten. Das Hohe Brook war nichts anderes als ein altes Hochmoor.

In diesem Wiesengelände gab es trotz Meliorationsmaßnahmen immer einige Nassstellen. Hier war es schlecht möglich, einen Kessel auszulaufen, und so bewegten wir uns in einer Böhmischen Streife durchs Gelände. Plötzlich rief unser guter Paul um Hilfe. Er steckte mit beiden Stiefeln im moorigen Untergrund fest und streckte die Waffe mit langen Armen nach oben. Hier war guter Rat teuer. Paul wurde schon langsam unruhig.

Mit dem Ruf „Wollt ihr etwa euer Leittier hier zurücklassen?" machte er sich schließlich Luft und den anderen Mut. Behutsam fühlten sich zwei Mann vor und befreiten den Festsitzenden aus seiner bedrängten Lage. Die ganz Situation hatte mitsamt seinem beherzten Zuruf natürlich viel Heiterkeit hervorgerufen. Es ist doch schön, wenn solche Missgeschicke ohne größere Folgen ihr gutes Ende finden.

Pilzjagd

Die Jahresmitte war überschritten, und die Ernte hatte begonnen. Die Mähdrescher hatten die Gerste geerntet und rumorten seit gestern im Rapsfeld herum. Da würden die Sauen langsam wieder in den Wald müssen, um Ruhe zu finden. Aber es stand ja der Mais schon, zumindest als Deckung, zur Verfügung.

Auf den Gerstenstoppeln in den Langen Stücken war eine Bache mit fünf Frischlingen gefährtet worden. Ihnen galt heute Morgen mein Ansitz, denn so ein Zehn-Kilo-Frischling in der Pfanne war nicht zu verachten.

Ich hatte mir den Wecker auf drei Uhr gestellt, aber wach wurde ich, weil der Regen gegen die Fenster trommelte. Ich schob mich aus dem Kessel und hoffte beim Anziehen, dass der Regen nachlassen würde.

Dem Mutigen gehört der Morgen, war meine Devise, als ich bei leichtem Nieselregen ins Auto stieg. Immer wieder musste ich den Scheibenwischer betätigen, aber als ich zur Feldkante abbog, hörte der Regen auf. Es war gerade so hell, dass ich den Weg durch die Kiefernschonung fand. Bedächtig stieg ich Sprosse für Sprosse auf die offene Kanzel. Ich lud eine Kugel und eine Schrotpatrone, ehe ich die Waffe abstellte. Einen der beiden Stühle zog ich unter mich und senkte mich ab, aber schnell stand ich wieder. Die Sitzbretter aus Sperrholz hatten sich durch die Witterung verzogen und knarrten mörderisch. Ich versuchte den anderen Stuhl. Gott sei Dank war der nicht so laut, und ich konnte mich bequem zurechtsetzen.

Mit dem Glas suchte ich die Flächen ab. Es war noch nicht sehr hell, aber auf der gelben Stoppelackerfläche konnte ich drei Rehe ausmachen, die zur Wiese wollten.

Zaghaft meldeten sich die ersten Vogelstimmen. Am Himmel hingen immer noch tief die Wolken, und nur zögernd wurde es heller. Ich hatte die Arme auf die Brüstung gestützt und suchte immer wieder die Flächen ab. Die drei Rehe hatten sich als Ricke mit ihren Kitzen erwiesen, dort weiter hinten im kleinen Kartoffelfeld stand ein weiteres Reh. Der kräftigen Statur nach konnte es ein Bock sein.

Ein Bussard näherte sich jetzt mit weithallendem „Klie, klie" meiner Kanzel. Sicherlich war sie schon des Öfteren sein Aussichtsturm gewesen, aber heute saß ich hier. Erschrocken rüttelnd bog er ab und strich auf den Kiefernaltholzbestand zu.

Auf der Stoppelfläche war ein dunkler Punkt zu sehen. Auch ohne Glas erkannte ich die längere Figur. Ein Fuchs schnürte inmitten der Ackerfläche zur Reviergrenze. Dieser Schlauberger, er war so weit von jeder Kanzel entfernt, dass ihn Schrote nicht langen konnten.

Die Sonne kam heute Morgen nicht durch, aber es war nun schon recht hell geworden. Dort hinten auf der Wiese waren zwei graue Figuren dazugekommen, was mochte das sein? Jetzt bewegten sie sich, und als sie auf der höheren Ackerböschung standen, konnte ich sie als Kraniche ausmachen. Es waren zwei Altvögel, die über den Acker schritten und nach Futter suchten.

Ein Hase kam von der Brachfläche und wollte unter meiner Kanzel den Wald erreichen, ebenso die Ricke mit ihren beiden Kitzen. Nur sechs oder sieben Meter neben der Kanzel schlossen sich die Kiefern hinter ihnen. Nun wurde es für mich Zeit, abzubaumen. Die Patronen verschwanden wieder in der Jackentasche, und die Bockbüchsflinte hing auf dem Rücken.

Auf dem Weg zum Auto sah ich etwas entfernt vom Weg einen Maronenröhrling stehen. Das kann der Anfang für eine gute Mahlzeit sein, dachte ich und ging auf die Stelle zu. Als ich mich zum Pilz bücken wollte, fiel mir die Waffe unsanft ins Genick. Verärgert hob ich sie über den Kopf, und als ich den wirklich guten Pilz abschnitt, dachte ich an eine ähnliche Situation, die viele Jahre zurücklag.

Es war ungefähr zu derselben Jahreszeit gewesen, als meine Frau zu mir sagte: „Wir wollen morgen Hahnbraten essen, da würden Waldpilze gut zu schmecken." Ich betrachtete das als Aufforderung zu einem Reviergang und ging, um meine treue Zwölfer Doppelflinte zu holen.

„Du sollst doch Pilze sammeln und nicht zur Jagd gehen“, war der Kommentar meiner besseren Hälfte.

„Man muss auf alles vorbereitet sein“, war meine Erwiderung. Aber ich wusste dabei noch nicht, auf was alles.

So hing die Waffe auf dem Rücken, als ich mit dem Moped zum Wald brummte. Schon wenig später stellte ich das Zweirad an einer Waldwegkreuzung ab. Die sandigen Wegränder wollte ich nach Steinpilzen absuchen, und oberhalb vom Jagen 19 war eine kleine Fläche mit Birken und Erlen bestanden, da hoffte ich Birkenpilze und Rotkappen zu finden.

Ich war noch nicht lange unterwegs, als ein großer Steinpilz meine Suche unterbrach. Flugs hatte ich das Taschenmesser in der Hand, musste aber leider feststellen, dass der Pilz voller Untermieter war, die sein Innerstes schon gewaltig ausgehöhlt hatten. Bald darauf fand ich aber einen kleineren, festen Steinpilz, und dann noch einen – und noch einen. Ich hatte keinen Korb, sondern nur einen Beutel dabei. Außerdem musste ich jedes Mal die Doppelflinte neben mich legen, wenn ich einen Pilz abschneiden wollte.

Es war lästig mit dem langen Donnerrohr auf dem Rücken. Ich bereute schon fast, es mitgenommen zu haben, aber das änderte sich schlagartig. Dort hinten auf dem bewachsenen Waldweg war etwas Rotes gewesen – und das war keine Rotkappe.

Wenn ich durch die mannshohe Kieferndickung pirschte, konnte ich auf günstige Entfernung an das Reh herankommen. Es war wohl der alte zurückgesetzte Sechser, der hier am helllichten Tag einen kurzen Gang machte. Schnell waren die Pilze abgelegt, zwei Flintenlaufgeschosse in die Rohre geschoben und die Stiefel von den Füßen entfernt. Das musste sein – obwohl man bei der Strumpfpirsch gelegentlich schmerzhaft mit Kiefernzapfen kollidierte, war man doch erheblich leiser.

Im Anfang kam ich zügig voran. Aber als ich zu der Stelle kam, wo hohes Rohrglanzgras den Waldboden bedeckte, wurde es schwieriger. Gerade war ich wieder auf einen nicht gut abgerundeten Stein getreten und hatte lautlos, aber mörderisch geflucht – es tat doch verdammt weh –, als zirka zwanzig Meter vor mir etwas Schwarzes die Pflanzschneise überquerte.

Ruckartig ging ich in die Hocke. Gerade noch rechtzeitig, denn ein weiterer Frischling wuselte von einer Reihe zur anderen.

Blitzartig stellte ich weit tragende Überlegungen an: An den Bock kam ich ohnehin nicht heran, denn die Sauen würden ihn auf der Flucht auf jeden Fall verschrecken. Also musste ich versuchen, mir hier einen Frischling herauszuschießen. Das lange Rohr lag auf dem rechten Knie aufgestützt und wurde spürbar schwerer. Wieder war ein Frischling zwischen den Bäumchen aufgetaucht, aber ehe er auf der Laufschiene saß, auch wieder weiter gewechselt. Es war zum Mäusemelken!

Der immer schwerer werdende Lauf begann schon auf und ab zu tanzen. Nun schob sich ein dunkles Haupt von links in die schmale Schneise. Jetzt hatte ich den Frischling auf der Laufschiene und auch den Finger schon gekrümmt. Der Schuss dröhnte mir überlaut in den Ohren. Die restlichen Sauen sprangen in der Dickung herum, ehe sie sich zu einer Fluchtrichtung entschlossen. Gott sei Dank war es nicht meine.

Das beschossene Stück hatte sich noch hin und her geworfen, aber nicht mehr von der Stelle verschwinden können. Das Flintenlaufgeschoss hatte bei dem Dreizehn-Kilo-Frischling ganze Arbeit getan und ihn fast ausgeweidet.

Das war nun wirklich unverhofftes Waidmannsheil gewesen. Ich versorgte den Frischling auf der Stelle und trug ihn dann zum Weg zurück. Nun hatte ich Braten und Pilze – nur dass die Pilze noch nicht ganz reichten. Ich hing den Frischling in den Wald in eine Astgabel zum Auskühlen. Auf einem Nebenweg wollte ich in Richtung meines abgestellten Mopeds noch nach Pilzen suchen und dann mit dem Fahrzeug zurückkehren.

Ich fand tatsächlich noch einige Pilze und brachte eine gute Mahlzeit zusammen, auch wenn die richtige Andacht beim Sammeln nicht mehr aufkam. So etwas kann man nicht planen – man kann es nur vom Wald geschenkt bekommen.

Der neue Ansitzschirm

Die ganze Sache begann eigentlich, als ich eines Nachmittags hinausfuhr, um mir den Kartoffelacker eines unserer Verpächter anzuschauen. Ich hatte Duftstoffe im Auto, die den Sauen den Appetit auf neue Kartoffeln verleiden sollten. Als ich in den letzten Feldweg einbog, überquerte gerade eine Iltisfähe mit ihren zwei Jungen die Fahrspuren. Dicht hielten sie sich bei ihrer Mutter; es war ein schöner Anblick.

Nachdem ich die Kartoffelfläche verstänkert hatte, fuhr ich noch zu einem weiter entfernten Ackerstück desselben Landwirtes, welches mitten im Wald lag. Wegen der leichten Bodenverhältnisse baute er hier zumeist Roggen an, aber in diesem Jahr hatte er zusätzlich einen Streifen mit Süßlupinen bestellt.

An einer Feldecke hatte man vor zwanzig Jahren nach einer Rodung die Stubben auf einem Haufen zusammengeschoben. Auf dieser etwa zwei Meter hohen Erd- und Holzerhebung hatte eine Waidgenossin einen provisorischen Sitz gebaut und mit trockenen Kieferzweigen verblendet. Von hier könne man gut den Lupinenacker und eine angrenzende Brachfläche übersehen, erzählte sie, aber gleichzeitig berichtete sie, dass sie gerade von diesem Ansitzschirm ihren Bock vorbeigeschossen hatte.

In besagten Ansitzschirm schob ich mich am folgenden Abend ein. Man saß leidlich gedeckt und hatte guten Rundblick. Nur der abschüssige Sitz vertrieb jeden Gedanken an Bequemlichkeit. Ich versuchte, mich zurückzulehnen; das gelang freilich nicht recht, und bald war ich lahm im Kreuz vom angestrengten Geradesitzen. Gequält hörte ich den Lerchen zu, die über dem Acker aufstiegen. Weiter entfernt auf der Brachfläche wurde ich eines Rehes gewahr, das ich als mittelalten Sechser ansprechen konnte. Nichts Besonderes, lautete mein stiller Kommentar.

Nun stand eine Ricke aus dem hohen Kraut auf, und bald standen bei ihr ihre beiden Kitze.

Eben hatte ich mich wieder auf meinem Sitz geradegerückt, als ich über die Lupinenfläche zum Roggenacker schaute. Die beiden dunklen Punkte über den Roggenhalmen, war das nicht Rotwild? Rasch verschaffte ich mir mit dem Glas Sicherheit und sah auch, dass der eine Spießer sehr hoch „drauf" hatte. Der andere trug nur zwei etwa acht bis zehn Zentimeter lange Gnuppen.

Das war doch ein III b, wie er im Buche stand. Ich hob den Fotoapparat, bemerkte aber gleich, dass auf die Entfernung das Licht nicht mehr für eine gute Aufnahme reichen würde. So war die Bockbüchsflinte dran. Langsam schob ich sie nach oben und versuchte eine sichere Auflage zu finden, was mir aber nur schlecht gelingen wollte.

Immer näher kamen die beiden Hirsche. Nun stand der schwache Spießer auf zirka achtzig Meter breit. Jetzt, wo ich mich zum Schuss entschlossen hatte, war ich doch mächtig aufgeregt, und der Zielstachel tanzte gewaltig auf dem Wildkörper. Endlich hatte ich mit kräftigem Ausatmen und ähnlichen Übungen die Gewalt über mich und meine Arme.

Gleich nach dem Abdrücken rutschte ich mit der Waffe nach oben, oder war es schon vorher gewesen?

Der Hirsch jedenfalls machte ein paar erschrockene Sprünge ins Getreide zurück, wo er erst einmal über den lauten Knall nachdachte. Er kam zu keinem richtigen Ergebnis. Auch der gute Spießer war nur ein paar Meter zurückgesprungen. Ich hätte vielleicht noch einmal einen Schuss auf den Träger versuchen können, denn es war immer noch eine gute Entfernung. Aber ich war noch so perplex nach meinem Fehlschuss, dass ich weitere Versuche unterließ.

Am folgenden Tag tat ich einige Probeschüsse, die mich überzeugten, dass die Schuld beim Schützen zu suchen war. Es war auch durchaus möglich, dass ich einen kleinen Kiefernast der Blende abgeschossen hatte, der die Kugel abgelenkt hatte.

Wie auch immer – jetzt, noch in dem unbequemen Ansitz

hockend, war ich erst einmal am Boden zerstört. Ich war nur froh, dass die beiden Hirsche nach fünfzehn Minuten wieder in einiger Entfernung im Roggen zu äsen anfingen. Ich hatte keinen ernsthaften Schaden verursacht, Gott sei Dank!

Am nächsten Abend schickte ich einen befreundeten Waidmann auf diesen Sitz. Auch er konnte beide Hirsche bestätigen, aber für einen Schuss waren sie zu weit gewesen.

Mit Hilfe meiner Frau und meines Sohnes baute ich am Wochenende einen ordentlichen Ansitzschirm mit sicherer Auflage. Am Sonntagabend saß ich mit meiner Frau zum ersten Mal auf unserem guten Sitz. Als die Zeit herangerückt war, dass jeden Moment mit austretendem Wild zu rechnen war, kam ein verliebtes Paar unablässig schnäbelnd an der Waldkante lang. Als uns nur noch wenige Meter trennten und mit Wild nicht mehr zu rechnen war, wünschte ich den beiden einen schönen Abend – und mir selbst in nächster Zeit hier ein wenig mehr Ruhe.

Die Lupinen waren noch saftig, ein Magnet für das Wild. Ein Grund für mich, die nächsten Abende für den Ansitz freizuhalten. An diesem Abend war es eigentlich schon ein wenig spät geworden, und es standen schon ein Bock und ein Schmalreh auf der Lupinenfläche. Mein erster Gedanke war, umzukehren, aber dann wollte ich es mir doch beweisen. Schritt für Schritt, einmal auch im Entengang, pirschte ich auf den Ansitzschirm zu.

Endlich hatte ich ihn erreicht und konnte mich wieder aufrichten. Diese Übungen beherrschte ich vor zwanzig Jahren noch besser. Als ich saß, breitete ich Fotoapparat, Fernglas und Waffe neben mir aus. Einige Vertreter der großen Roten Waldameise transportierten eine tote Raupe auf meiner Ablage entlang. Die Raupe war um ein Vielfaches größer als ihre fünf Transporteure, aber man hörte kein Stöhnen, und sie kamen flink weiter.

Jetzt wurde ich durch einen Bussard abgelenkt, den es interessierte, was sich dort unten in dem neuen Haus bewegte. Ich war ihm nicht genehm, und er stieg gleich wieder rüttelnd auf. „Klie, klie“, rief er, und gleich antworteten aus den gegenüberliegenden Randkiefern zwei Jungvögel, die wohl noch hungrig waren.

Ich nahm mein Glas und schaute in die Runde. Dort oben auf der Brachfläche stand die Ricke mit ihrem einen Kitz. Näher zu mir stand eine weitere Ricke mit zwei kräftigen Kitzen im hohen Kraut, und auf dem Feldweg kam ein Reh mir entgegen gelaufen. Irgendwie lief es ungewöhnlich. Jetzt bog es ab, zu einem äsenden Schmalreh hin. Jetzt sah ich es deutlich: Es war ein Hirschkalb, das Anschluss beim Reh suchte. Sie waren gleich groß, aber von ganz unterschiedlicher Statur. Das Schmalreh wollte von einer Freundschaft nichts wissen, und das Kalb kam weiter in meine Nähe zum Lupinenacker. Wo mochte das Alttier sein? Es war schon ungewöhnlich, das einzelne Kalb hier.

Dort drüben im Roggen war wieder Wildbewegung. Zwei weibliche Stücke Rotwild wechselten langsam, immer wieder sichernd, zu den Lupinen. Als sie austraten, sah ich auch ein Kalb bei ihnen. Ob mein Einzelgänger zu ihnen gehörte? Jetzt bemerkte das einzelne Kalb die beiden Tiere mit dem Kalb und lief auf sie zu.

So richtig wollte es aber zu keinem Kontakt kommen. Ich hatte zum Fotoapparat gegriffen. Klick, machte es, und surrend wurde der Film weitertransportiert. Ich hatte sie im Kasten – aber sie mich auch, und so zogen sie, wenn auch nicht hochflüchtig, wieder in den Roggen zurück. Das Kalb hatte sich ihnen angeschlossen. Ich hoffte, dass es dazugehören würde, aber leider war es wohl nicht so. Nach zirka zehn Minuten kehrte es wieder aus dem Roggen zurück und ging suchend über die Brachfläche ab. Meine Annahme schien begründet, dass ein voreiliger Schütze statt eines Schmaltieres ein führendes Stück gestreckt hatte. Das Ergebnis lief hier vor mir. Ich habe bewusst „Schütze“ und nicht „Jäger“ geschrieben – für den heutigen Abend war mir die gute Stimmung verdorben, und ich trat den Heimweg an.

Einige Tage später hatte ich, etwa tausend Meter entfernt auf einer weiteren Brachfläche, noch einmal eine Begegnung mit Rotwild. Mit dem ersten Licht des neuen Tages war ich draußen gewesen. Die Nachtigallen waren im nahen Bruch noch aktiv, und in den Kiefern und Lärchen war ein lustiges Zwitschern im Gange. Mich da unten auf dem sandigen Waldweg nahmen sie gar nicht für voll.

Es war noch nicht sehr hell, und so bemerkte ich die großen dunklen Körper auf der Fläche erst, als ich schon fast an der Waldkante stand. Der Größe nach konnte es nur Rotwild sein. Die siebzig oder achtzig Meter, die zwischen uns lagen, waren so gut wie nichts bei der Empfindlichkeit des Rotwildes.

Was blieb mir übrig? Ich blieb wie eine Statue auf dem Weg stehen und hoffte, nicht bemerkt zu werden. Ich stand wirklich frei, wie auf dem Präsentierteller.

Mittlerweile hatte sich zu dem einen Tier noch ein zweites gesellt. Deutlich waren drei Kälber zu sehen, es wurde auch immer heller. Endlich, endlich gingen sie in der Nähe meiner Kanzel in den Bestand. Ich wartete noch einige Minuten, ehe ich mich in den Gelenken reckte und die letzten Meter zur Kanzel pirschte.

Mit dem Glas leuchtete ich die Brachfläche ab, aber schon knackte hinter mir wieder etwas auf dem Waldboden. Ich wagte nicht, mich zu bewegen. Nur dreißig Meter neben der Kanzel war ein Rot-Alttier ausgetreten. Ohne weiter zu sichern, war es gleich wieder auf der Fläche, und gleich nach ihr sprangen ihre beiden Kälber zu ihr. Nun folgte ein weiteres Tier mit einem Kalb. Die beiden Alttiere ästen hungrig, aber die Kälber tollten nur umher. Nach etwa zwanzig Minuten zog das Rudel endgültig in den Altholzbestand und war bald hinter dem nächsten Hügel verschwunden.

Nun vertrieben mir erst einmal wieder die vielen kleinen Vögel die Zeit, ehe plötzlich mitten auf der Fläche ein Reh aus dem hohen Gras aufstand und zu äsen begann. Genau so plötzlich stand ein Kitz neben ihr und verlangte seine Morgenmahlzeit in Flüssignahrung.

Die Zeit wurde mir nicht lang. Aber auf sechs Uhr hatte ich mich zu Haus zum Frühstück verabredet, da wurde es langsam Zeit, abzubaumen. Ein letzter Blick durchs Fernglas zeigte an der weiter entfernten Feldseite den alten Sechser mit der weiten Auslage. Er hatte sein Zielalter überschritten, aber für ihn ließ ich mir Zeit bis zum Ende der Brunft.

Ungewolltes Waidmannsheil

Der Winter war noch einmal zurückgekehrt. Er hatte auch alles Recht dazu, denn es war noch Februar, auch wenn sich der Monat schon seinem Ende zu neigte und alle sich nach dem Grün und der Sonne sehnten. Heftig fielen große Schneeflocken aus den Wolken und deckten alles noch einmal mit einer fast zwanzig Zentimeter dicken, weißen, kalten Decke zu. In der letzten Februarwoche schließlich musste der Winter aber langsam weichen. Ein fast zwei Tage andauernder Regen hatte den meisten Schnee weggespült.

Mit zunehmendem Mond zusammen hatten wir endlich ausreichend Helligkeit für die Jagd auf Sauen. Wochenlang hatte ich wegen der Witterung nur gefüttert, aber jetzt wollte ich doch mein Glück versuchen, einen Schwarzkittel zu erjagen.

Die Kirrung war angenommen, ich wollte am frühen Abend ansitzen. Weil sich Besuch angemeldet hatte, wurde es ein wenig später, als beabsichtigt. Kurz vor neunzehn Uhr pirschte ich dann doch den Weg zur Kirrung entlang. Es hatte an diesem Abend nicht mehr gefroren, so dass ich den Wasserpfützen ausweichen musste, um lautes Platschen zu vermeiden. Noch bevor ich die Kanzel erreichte, hörte ich, dass Sauen auf der Fläche waren. Ob ich es wohl schaffen würde, ungehört auf die Kanzel zu kommen?

Vorsichtig, jeden Fuß tastend aufsetzend, ging ich weiter. Endlich stand ich vor der Kanzelleiter. Wie würden die Leitersprossen auf mein Gewicht reagieren, würden sie nach dem Frost knarren oder quietschen?

Jedes Mal, wenn ich eine Sprosse erklommen hatte, legte ich eine Pause ein. Nach endlosen Minuten erreichte ich auf diese Weise den Kanzelboden. Die Sauen waren noch da, ich hatte sie mehrmals gehört, wenn sie sich gegenseitig bedrängten. Vorsichtig schob ich mich in das Kanzelinnere, stellte die Waffe in die

Halterung und das Glas ab. Ich nahm behutsam meinen Sitz ein, ehe ich lautlos die Lukenklappen öffnete. Auf der kleinen Freifläche schoben sich mehrere Wildkörper hin und her. Ich nahm das Glas hoch – und musste es erst einmal säubern, denn die Linsen waren sofort beschlagen. Nun waren die Sauen aber deutlich zu unterscheiden: Sechs stärkere Frischlinge standen fünfunddreißig Meter

vor mir im Gebräch. Eine Bache war nicht dabei, und auch im Bestand war nichts zu hören. Ich hatte Zeit und beobachtete die Rotte wohl mindestens zehn Minuten lang, ehe ich mich zum Schuss entschloss. In dieser Zeit kam kein weiteres Stück hinzu, und es war auch nichts zu hören.

Es war durchaus möglich, dass die dazugehörende Bache irgendwo im Kessel lag und bereits gefrischt hatte. Aber natürlich war es leider auch möglich, dass ich es hier mit den Frischlingen einer unlängst im Nachbarrevier gestreckten Bache zu tun hatte.

Einen wollte ich haben. Also nahm ich die Waffe hoch, legte sie auf die Brüstung und visierte einen der Frischlinge an, ehe ich die Waffe einstach. Die Schweine standen ungefähr jeweils einen Meter voneinander entfernt. So konnte ich mich auf den Frischling konzentrieren, den ich für den kleinsten hielt.

Ich wollte schon abdrücken, als er sich leicht drehte. Aber ich ließ ihn nicht mehr aus dem Zielfernglas, und als er endlich wieder breit stand, ging ich wieder Hochblatt und drückte ab.

Das Schwein quiekte auf und lag schlegelnd im Feuer. Auf Grund meiner Erfahrungen hatte ich es mir angewöhnt, so lange auf ein Schwein zu schießen, wie es sich noch bewegte. Also versuchte ich noch einmal, das Haupt freizubekommen und schoss ein zweites Mal mit dem Flintenlaufgeschoss. Rumms, der Schuss war heraus. Mein Schwein kam vorn hoch und schleppte sich in den Wald.

Aber da lag ja noch eines – schlug mit dem Haupt und drehte sich! Ich war einfach nur erstaunt. Ich hatte doch darauf geachtet, dass mein Schwein allein stand! Sicherlich war gerade zu der Zeit, als ich im Zielfernglas nur mein Schwein sah, ein zweites dahinter getreten; die Kugel hatte wohl das erste durchschlagen, und dann musste noch ein Splitter das Rückgrat des zweiten Schweines getroffen haben. So war die Lähmung im hinteren Körperbereich zu erklären, die ich beobachtet hatte.

Wie sollte ich mich verhalten? Beide Schweine waren noch nicht tot. Während ich von dem einen nur die schmale Rückenlinie und ab und zu das schlagende Haupt sah, war das zweite von Zeit zu Zeit in der Schonung zu hören.

Warten konnte nicht verkehrt sein. Also blieb ich noch etwa fünfzehn Minuten auf der Kanzel. Die Schweine lebten noch immer. Sie taten mir Leid, das hatte ich nicht gewollt. Man sollte immer einen schnell tötenden Schuss anstreben.

Ich stieg von der Kanzel und lud meine Pistole, die ich des Öfteren mit auf Ansitz nehme. Wo hatte ich eigentlich meine Taschenlampe? Ach, die hatte ich beim Hergehen auf dem Weg stehen lassen, weil ich Angst hatte, sie könnte irgendwo anschlagen und Geräusche machen.

Ich musste also erst einmal ein Stück zurück und dann mit gutem Licht zum ersten Frischling. Aus etwa einem Meter Entfernung wollte ich einen Fangschuss hinter dem Teller anbringen. Aber gerade als ich abdrückte, riss er den Kopf herum. Nach dem zweiten Schuss lag er endlich still, und ich konnte nach dem anderen schauen. Eine lange Suche war nicht erforderlich, schon nach etwa fünfzehn Metern sah ich ihn an eine Kiefer gelehnt stehen. Es war schlecht zu zielen, aber ich versuchte trotzdem, an einer Kiefer anstreichend einen Kopfschuss anzubringen, der freilich misslang. Die Folge war, dass sich das Schwein mir zuwandte. Mit dem zweiten Schuss traf ich auf etwa acht Meter Entfernung tödlich. War das eine Knallerei gewesen ...

Als ich beide Schweine auf der Fläche geborgen hatte und mich anschickte, mein Auto zu holen, kamen Lichter den Waldweg hoch. Ein Waidgenosse aus unserer Gemeinschaft kam nachsehen, ob mir vielleicht etwas passiert wäre. Gemeinsam luden wir die Schweine in mein Auto, aufbrechen wollte ich sie wie immer woanders.

Es war ein unverhofftes doppeltes Waidmannsheil – und ich war froh, dass keine weitere Nachsuche erforderlich war. Anstreben sollte man so einen Schuss aber natürlich auf gar keinen Fall.

Vögel

So kurz sich das Wort ausspricht, so lang ist die Palette der Gründe, die der Naturliebhaber und Jäger für die große Bedeutung der Vögel in der Natur finden würde. Und das sind nicht einmal nur biologische Gründe – es zählen auch die Gründe mit, die im menschlichen Gefühlsleben liegen.

Wer auf dem Lande aufwächst, kann sich einen Morgen ohne das laute Schilpen der Spatzen auf dem Hof gar nicht vorstellen. Frühjahr und Sommer wären nicht denkbar ohne das Zwitschern der Schwalben auf den Stromleitungen, ohne das Flöten der Stare im alten Birnbaum – alles Klänge, die das Frühjahr unumkehrbar machen. Das Klappern des Storchenpaares macht das Dorf zum Dorf und die über dem Feld aufsteigende Lerche das Feld zum Feld. Eine Zeit im Garten ohne das „Zit, zit" der Meisen macht ihn öde und leer, und das „Rugu, ruguu" des Ringeltaubers bringt Ruhe und Besinnlichkeit.

Für den Jäger ist das Rätschen des Eichelhähers wichtig, weil es ihm anzeigt, was und wem der Waldwächter etwas zu melden hat. Das weit klingende „Klong, klong" am Himmel zeigt den suchenden Kolkraben an. Wenn irgendwo ein Schuss fällt, ist er bald zur Stelle, denn er hat in den Jahren gelernt, dass dort oft ein Aufbruch zu finden ist. Wenn abends das Flöten der Amseln schlagartig aufhört, weiß man, dass es Nacht wird und bald das heimliche Wild austritt. Der nächste Laut ist erst wieder das Rufen der Eulen oder das Schlagen der Nachtigallen.

Die Laute der Vögel in der Natur sind eine stimmungsvolle Untermalung des Lebens, die wir erst wirklich bemerken, wenn sie einmal zeitweise fehlt.

Alles dies ging mir durch den Kopf, als ich mein Vogelbestimmungsbuch wieder zuklappte. Ich nehme so ein Buch immer wieder gern zur Hand, denn: „Man kann nicht alles wissen, aber man sollte wissen, wo man etwas darüber nachlesen kann."

Bei einem Rundgang durch meinen Garten war mir aufgefallen, dass unter meiner großen Fichte große weiße Kleckse im grünen Gras waren. Ein Blick nach oben zeigte mir den Verursacher: Nur

etwa zwei Meter über mir saß eine kleine Eule dicht am Stamm auf einem waagerechten Ast und schaute neugierig auf mich herunter. Zwei Federbüschel zeigten eine Ohreule an – aber sie schien irgendwie schlank und klein. Ich holte schnell ein Fernglas, um die geringe Entfernung noch besser zu überbrücken. Allerdings übertraf meine Neugierde die der Eule bei weitem, und sie strich ab zum Nachbargrundstück.

Ein Blick in mein Bestimmungsbuch zeigte an: „Zwergohreule, 19 cm, Irrgast in Deutschland." So flüchtig diese Begegnung war: Dieser seltene Gast sollte sich mir einprägen, so wie ich schon seit meiner Kindheit zahlreiche einprägsame Erlebnisse hatte, die nicht nur interessant, sondern auch lehrreich waren.

Meine erste Bekanntschaft mit Buntspechten beispielsweise verlief folgendermaßen. Ich war ein aufgeweckter Junge von sieben oder acht Jahren. Ich hatte lange, schlanke Hände – ein Umstand, der für das Weitere ausschlaggebend war. Einige ältere Spielgefährten kamen nämlich zu mir und erzählten, sie wüssten, wo kleine Spechte im Nest wären. Sie würden gern einmal einen sehen, aber leider seien ihre Hände zu groß, und ob ich denn nicht einmal ...? Natürlich konnte ich.

Das Nest befand sich in einer uralten niedrigen Kiefer, die schon meinen Eltern wegen ihrer starken waagerechten Äste als Schaukelbaum bekannt war. Die Kiefer hatte sicherlich schon mehr als hundertundfünfzig Jahre gesehen. Man half mir, den Stamm zu erklimmen, und ich schob meine Hand in das Spechtloch. Es war ganz knapp, aber mir gelang es doch. Ich griff tiefer, erfasste einen Jungvogel und versuchte ihn herauszuholen. Der Vogel kleckste mir verängstigt in die Hand. Auch ich war erschrocken und wollte meine Hand zurückziehen. Aber das ging nicht! Vielleicht war meine Hand durch den Schreck leicht angeschwollen – jedenfalls ging sie nicht mehr durch die kleine Öffnung zurück.

Nun bekam ich es mit der Angst zu tun. Denn auch mein Stand am Baumstamm war nicht mehr sicher und wurde anstrengend.

Gott sei Dank waren meine Spielgefährten, die alle schon ein paar Jahre älter waren, „auf Draht". Während einer meine Beine stützte, arbeitete ein anderer mit einem kleinen Taschenmesser an der Aufweitung des Flugloches, ohne meine Hand zu verletzen.

War ich froh, als ich endlich – wenn auch mit verschrammter Hand – wieder vor dem Baum stand! Von Spechten hatte ich erst einmal genug, und es interessierte mich vorerst auch nicht mehr, wie kleine Spechte aussehen.

Viele Jahre später hatte ich noch einmal ein außergewöhnliches Erlebnis mit einer alten Spechtwohnung. In etwa zwei Meter Höhe hatte sich ein Schwarzspecht eine Höhlung in einen Erlenstamm gezimmert. Der Wirt – der Baum – hatte aber den nächsten Sturm nicht überstanden, der Stamm war gleich oberhalb der Höhle abgebrochen. In dieser verlassenen Wohnung hatte im letzten Jahr ein Kauz seine zwei Jungen großgezogen. Jedes Mal, wenn ich sie besuchte, hatten sie mich mit lautem Schnabelknappen empfangen. Heute nun hing so etwas wie ein Klingelzug aus der Öffnung: Ein Marder hatte an diesem Baum seinen nächtlichen Beutezug beendet und Quartier bezogen. Sein Schwanz passte wohl nicht mehr hinein.

Wir Jungens waren in Versuchung, am „Klingelzug" zu ziehen, zumal er in greifbarer Höhe hing. Aber wir verzichteten dann doch, nicht zuletzt im Blick auf die nicht überschaubaren Auswirkungen.

Ein anderes Erlebnis hat sich in meinem Gedächtnis einen Platz bewahrt, gerade weil es sich niemals auch nur in ähnlicher Weise wiederholt hat.

Ich war gerade dabei, Nisthilfen zu kontrollieren, die wir im Wald aufgehängt hatten. Wir hatten sehr gute Ergebnisse mit diesen Einrichtungen – es war eine interessante Tätigkeit. Meine niedrige Leiter war an den Stamm einer starken Kiefer gelehnt, und ich wollte eben einen zweiten Nagel in die Halterung des Nistkastens schlagen, als mir der Nagel entglitt und förmlich wegsprang. Geistesgegenwärtig hatte ich mir die Fluchtrichtung des Nagels gemerkt und stieg wieder ab, um ihn zu suchen.

Ja, dort, neben dem alten abgebrochenen Ast, hatte er sich in das dicke Moospolster gebohrt. Als ich danach griff, flatterte mir etwas beinahe an den Kopf. Ich erschrak richtiggehend – ich hatte hier vorher keinen Vogel bemerkt. Aber um einen Vogel hatte es sich gehandelt, das sah ich jetzt, denn auf der Nadelspreu lagen jetzt zwei gesprenkelte Eier vor mir. Eine Nestmulde war nicht zu erkennen. Was mochte das für ein Vogel sein, der hier so lange ausgeharrt hatte? Ich merkte mir die Stelle und schaute später am Tag noch einmal vorbei. Da saß die Nachtschwalbe wieder auf ihren Eiern! Wenn ich mir die Stelle nicht gemerkt hätte, würde ich sie wegen ihrer guten Tarnfärbung übersehen haben – das hat die Natur schließlich auch so beabsichtigt.

Ich zog mich still wieder zurück und war froh über den Zufall, der mir dieses bis heute einmalige Erlebnis beschert hat.

Frühlingsanfang

Frühlingsanfang: für den einen ein bloßes Datum im Kalender, für den anderen eine ungestillte Sehnsucht nach Sonne, Wärme und Grün. Jeder interpretiert ihn ein wenig anders. Die drei genannten Sehnsüchte – ich möchte sie geradezu als Grundsehnsüchte bezeichnen – sind uns jedoch wohl allen gemeinsam.

Ich hatte schon die Mohrrüben gesät, die Steckzwiebeln in die Erde gebracht und die ersten Aussaaten in meinem kleinen Gewächshaus getätigt. Das Wetter war auch zu verlockend gewesen. Die Krokusse im Rasen blühten, die Vögel im Garten wetteiferten mit Gesang und Tätigkeit, es war irgendwie ansteckend gewesen.

Seit drei Tagen aber war es mit dieser geschäftigen Herrlichkeit erst einmal vorbei. Düstere Regenwolken hingen so tief, als wollten sie uns auf den Kopf fallen. Entsprechend tief sackte bei vielen Menschen auch die Stimmung. Nur bei den Tieren merkte man, dass das Jahr nicht mehr zurückzudrehen war. Die Spatzen saßen zwar dick aufgeplustert in den Rotdornbäumen, aber ihre lauten Reden drehten sich sicherlich nur noch um das Familiegründen und den Nestbau. Und richtig, da schleppte schon ein dicker Spatz eine große plustrige Hühnerfeder zum Hausgiebel hinauf.

Am Abend hatte ich noch Maiskolben zur Schwarzwildkirrung gefahren und den Mineralleckstein erneuert. Es war kühl geworden. Als ich den Leckstein in Brusthöhe auf einem abgesägten Baumstamm befestigte, fröstelte mir. Die Sauen hatten mich in den letzten Tagen nicht besucht, aber das Damwild hatte von den Mineralien genascht, wie seine Spuren unter dem Leckstein es verrieten. Was für mich ein herbes Bier zum Abendbrot ist, ist für das Schalenwild der Leckstein – ich bin jedenfalls froh, wenn Bier im Haus ist.

Ich wusste trotz der dicken Wolkendecke, dass der Mond halb voll sein musste und fährtete noch zwei sandige Wege ab. Es interessierte mich schon, wo die Sauen sein könnten. Dort hinten im Kiefernaltholz, die aufgeworfene Nadelstreu: Das war neu. Der umgepflügte Waldboden war hier dunkel, offenbar war er auch gründlich nach Engerlingen und Schmetterlingspuppen durchsortiert worden.

Schon bei der Heimfahrt war mir, als ob matschige Schneeflocken gegen die Frontscheibe geklatscht wären. Es war eben März, und man musste mit allem rechnen.

Das Kuriosum kam mit dem nächsten Tag. Die Sonne schien vom wolkenlosen Himmel auf eine geschlossene Schneedecke. Blaue und gelbe Krokusse schauten aus strahlendem Weiß in die Welt – und auf dem Kalender stand „Frühlingsanfang“. Bis zum Mittag hatte Sonne den Schnee weggeleckt, und ich wollte ins Revier fahren, um zu sehen, ob die Sauen an der Kirrung gewesen waren.

Als ich von der Straße abbog, sah ich auf dem Grün des Rapsackers viele dunkle Punkte, die dort nicht hingehörten. Diese Sache war es wert, weiter untersucht zu werden! Ich fuhr ein Stück weiter. Hinter einer Reihe Erlen glaubte ich genügend Deckung zu haben und stieg aus. Ich nahm nicht nur das Glas aus dem Wagen, sondern auch das Gewehr. Man konnte nie wissen. Zunächst blieb ich hinter den Erlen am Graben, tatsächlich ergab sich aber Deckung nur mehr oder weniger aus der bloßen Entfernung zum Feld. Um mehr Deckung zu erlangen, bewegte ich mich weiter zur Grabensohle hinunter. Es war zwar anstrengend, aber so konnte ich immerhin weitere fünfzig Meter ungesehen herankommen. Krötenlaich im Wasser zeigte an, dass das Gerede von den Frühlingsgefühlen doch nicht nur Gerede ist.

Als ich mich gerade wieder aufrichten wollte, flog ein Bussard von einem Koppelpfahl auf. Er war ziemlich hell im Gefieder, wirkte eher weiß als braun. Die Natur lässt hier diese Vielfalt zu. Ich hob das Glas an die Augen und hatte jetzt etwa sechzig oder siebzig Ringeltauben vor mir, die gierig an den grünen Pflanzen zupften. Lange Zeit war es her, dass ich zum letzten Mal auf eine Wildtaube geschossen hatte. Es lag nicht daran, dass es zu wenige gab – obwohl auch hier der Bestand zurückgegangen war –; es waren vielfältige Gründe. Zum einen fehlte mehr und mehr die Vielfalt im Nahrungsangebot der Tauben, zum anderen nahmen auch die Taubenbäume in der Landschaft immer mehr ab. Nur selten wurden noch große Bäume in den Wiesen ausgezäunt, obwohl es bekannt und jedem verständlich sein sollte, dass die unter dem Baum Schatten suchenden Viehherden den Wurzelraum dermaßen verfestigten, dass für den Baum selbst keine Wurzelatmung mehr möglich war. So vernichteten die Tiere selbst ihren Schattenspender. Nur dem Menschen ist es gegeben, zu lernen, nachzudenken und zu handeln – wenn er nur wollte!

Ich war mittlerweile bis zu einer alten, starken Weide gepirscht, hinter deren dickem Stamm ich eine kleine Pause einlegte. Ich schob eine Patrone in das Lager. Ich hatte bestimmt noch einen Abstand von sechzig oder siebzig Metern zu den Tauben, aber näher heran ging es nicht. Im Zielfernglas erschienen die Tauben noch nicht sehr groß, aber es würde schon gehen. Ein Anschießen war mit dem Kleinkalibergewehr kaum möglich: Es gab nur Treffen oder nicht Treffen. Ich hatte mich mit der Waffe an den Baum gelehnt und suchte im Zielfernglas eine Taube. Endlich wurde es blau-grau im Absehen, und das feine schwarze Fadenkreuz tanzte auf dem Wildkörper. Ich atmete mehrere Male tief ein und aus, um Hände und Gewehr zu beruhigen. Endlich glaubte ich den ruhigen Moment gefunden zu haben und ruckte am Abzug.

Pitsch, machte es, und siebzig Tauben erhoben sich, laut mit den Flügeln klatschend, in die Luft. Doch halt – es waren nur neunundsechzig. Eine lag mit ausgebreiteten Flügeln auf dem Acker. Mit einem großen Schritt trat ich über einen kleinen Graben. Der Boden war schmierig, und so konnte ich keine Meterschritte machen, wie ich es gern getan hätte, um die Schussweite zu bestimmen. Gleichgültig, es war auf jeden Fall ein guter Schuss gewesen. Nur als ich jetzt die Taube aufhob, ein Blutstropfen am Finger blieb und eine Feder zu Boden fiel, kam so etwas wie Wehmut auf. Aber gleich darauf war wieder ehrliche Freude in mir, und ich trat den Rückweg an. Wenn ich noch ein paar Haustauben dazu schlachtete, wäre dies ein schönes Sonntagsessen.

Wasser ist Leben

„Wasser ist Leben“ – dieser Ausspruch hat wohl immer seine volle Gültigkeit. Sicherlich hat jeder Lebensraum seine Bewohner, aber ihre Häufigkeit und Vielfalt nimmt mit dem Anteil von Wasser zu oder ab. Gern sitze ich an einer Suhle, an einem Tümpel oder an einem Flusslauf, hier gibt es immer etwas zu schauen.

Eigentlich hatte ich an diesem Juliabend am Roggenfeld sitzen wollen, wo eine Leiter in einer alten Samenkiefer einen guten Überblick über das Flusstal gestattete. Aber nun war ich erst einmal am Ufer eines kleinen Teiches verblieben. Die Erde war so warm, dass man sich auf den Boden setzen konnte, mehr noch, sie lud gerade dazu ein, sich auszustrecken und in den Himmel zu schauen. Weiße Haufenwolken kündeten weiterhin schönes Wetter an. Warzenbeißer und Heuschrecken fiedelten im Gras, dass man meinen konnte, es wären Hunderte. Libellen und Wasserjungfern tummelten sich über der Wasseroberfläche in der Luft und kamen sich immer wieder ins Gehege, so dass es dann laut knisterte. Über den lila gefärbten Distelblüten schaukelte ein Tagpfauenauge, und das Steinbrechwidderchen setzte mit seinen schwarz-rot gefleckten Flügeldecken farbliche Akzente. Man konnte die Welt um sich herum vergessen. Als irgendetwas aufs Wasser klatschte, schaute ich hoch, aber nur die sich schnell ausbreitenden Ringe auf der Wasseroberfläche zeigten an, dass sich hier irgendetwas ereignet hatte. Aber da war es wieder: Eine Schwalbe hatte im Tiefflug die Wasseroberfläche berührt und schwebte gleich darauf wieder hoch am Himmel.

Ich beobachtete einen grünen Teichfrosch, der sich mit wenigen Streckbewegungen zwischen die Wasserläufer treiben ließ. Für diese Gesellschaft war er jedoch zu langsam, was er auch bald einsah. Er steuerte wieder zum Ufer und hatte hier mit seiner langen flinken Zunge auch bald eine dicke Fliege vom Blatt geschnappt. So ließ es sich leben – er schloss wohlgefällig für einen Augenblick seine Augen. Für ihn war die Welt im Moment in Ordnung. Die letzten Sonnenstrahlen durchleuchteten die obere Wasserschicht und ließen vier große Karpfen mehr erahnen als sehen, die ruhig durchs Wasser zogen. Mein Freund hatte sie vor einigen Jahren eingesetzt, und sie hatten gewaltig an Größe zugelegt. So ein Karpfen war nicht mehr so einfach aus dem Wasser zu bringen. Als ich mich weiter aufrichtete, reichte die Bodenerschütterung aus, um sie in der Tiefe verschwinden zu lassen.

Aber eigentlich war ich wegen dem alten zurückgesetzten Sechser-Bock gekommen. Ich turnte über den schmalen Steg, der den Flusslauf der Milde überspannte, lud die Doppelflinte neu und stand bald darauf an den starken Stamm einer alten Kiefer gelehnt. Ich wusste den Einstand des Bockes in diesem Roggenfeld vor mir.

An einigen Stellen hatte ein Gewittersturm vor einigen Wochen die Getreidehalme zur Erde gedrückt und ein Teppich von Mühre hatte die liegenden Halme überwuchert. Hier erhoffte ich mir Anblick auf den Bock. Eben hatte ich noch zu dem „Klie, klie" eines rufenden Bussards hinauf gelauscht, als mich keuchende und knackende Geräusche aus dem Getreidefeld fesselten. Ein Bock trieb seine Liebste, die sich ihm immer wieder entzog. Jetzt bewegte sich die Ricke in einem engen Kreis auf der Lagerstelle kurz vor mir. Sie hatte ihr Tempo verlangsamt, ganz zurückbleiben sollte er auch wieder nicht. Nun hatte er sie wieder erreicht und versuchte sie mit weit ausgestrecktem Träger zu berühren, aber schon entzog sie sich ihm wieder.

Längst hatte ich gesehen, dass es mein gesuchter Bock war, ein sieben- bis achtjähriger zurücksetzender Sechser. Die Waffe ruhte in der Armbeuge. Immer weiter ging das Treiben der Liebenden, einmal betrug ihr Abstand zu mir weniger als zwanzig Meter. Dann hatte es der Bock geschafft: Er durfte die Ricke bespringen. Als er abgerutscht war, legte er sich einfach hin, um zu ruhen. Die Ricke naschte in der Nähe von Kräutern.

Wenn der Bock sich jetzt wieder erheben würde, wäre dies meine Chance. Ich hob langsam die Doppelflinte und strich sie am Baum an.

Da stand er wieder auf den Läufen. Aber gleich war er wieder bei der Ricke, die neckische Sprünge von ihm fort machte. Ich hob nochmals die Waffe und ließ sie wiederum sinken – nein, heute und hier nicht! Vielleicht würde ich den Bock in einigen Tagen versuchen zu strecken.

Als die Rehe wieder in der Deckung des Getreides verschwunden waren, ging ich, mit mir zufrieden, nach Hause.

Der Maibock von der Spechtkiefer

Es war ein Mai für die Landwirte: kühl und nass. Der Winter hatte kaum Niederschläge gebracht, und die Natur war dankbar für jeden Tropfen Regen. Ich persönlich hätte es mir ein wenig wärmer gewünscht, aber es wäre doch schlimm, wenn jeder nach Belieben an dem Wetterrad drehen könnte.

Am heutigen Abend wollte ich die Kanzel in der Grenzhecke aufsuchen. Das Auto hatte ich weit vorher in einem Waldweg abgestellt, und nun musste ich in die Bauchlage hinunter, weil ein Landwirt beim Einzäunen seiner Wiese an Ferkel und nicht an Kälber gedacht hatte – so tief über dem Boden war der unterste Stacheldraht angebracht.

Als ich die Kanzel bestiegen hatte, lud ich erst einmal die Waffe, um sie in der Halterung abzustellen. Nun wollte ich das Sitzbrett aufnehmen, welches wie immer schräg an einer Seitenwand lehnte, um trocken zu bleiben. Etwas Graues schwirrte hervor und verschwand schimpfend in der Hecke. Eine Bachstelze hatte sich hier einquartiert und im geschützten Nest sechs gesprenkelte Eier abgelegt. Hier durfte ich natürlich nicht stören – traf doch sicherlich das Mutterschutzgesetz in vollem Umfang zu.

Ein geordneter Rückzug war angebracht. Also beeilte ich mich, um zur „Schrägen Kanzel" zu kommen, von der man ebenfalls einen weiten Blick über Felder und Wiesen hatte.

Mein Kanzelsitz lag auf der Erde. Sicherlich hatte ein dunkelgrüner Tierliebhaber ihn entfernt. Gott sei Dank war er aber so stabil, dass er solchen kleinen Freundlichkeiten gutmütig standhielt, und so brauchte ich ihn bloß wieder mit nach oben zu nehmen. Die Sonne ging unter, und vor der schwarzen Wolkenwand, die am Horizont hochzog, sah es richtig gut aus. Diese Kanzel hatte wenigstens ein Dach. Wenn der Westwind nicht zu stark blies, konnte ich trocken bleiben.

Schon war die Wolke über mir und begann sich zu öffnen. Es prasselte bloß so herunter. Aber genau so schnell, wie die Wolke gekommen war, war sie auch vorüber, und die Vögel setzten ihr vielstimmiges Konzert fort. Am lautesten waren die Stare, die wie immer im alten Spechtbaum brüteten, und die Amseln, von denen ich ganz in der Nähe ein Nest in einer kleinen Kiefer wusste. Eine Spinne, der es in einer Kanzelecke zu nass geworden war, kam hervor und suchte ein neues Quartier. Meine Fernglastasche hielt ich nicht für angebracht, und so half ich ihr weiter.

Schlagende Geräusche an den Faulbaumsträuchern lenkten meine Sinne zurück, und ich erinnerte mich an den eigentlichen Grund meines Aufenthalts in der Kanzel. Mächtig schlug der Bock den Busch, aber so sehr ich mir den Hals verdrehte, ich konnte ihn nicht genau ansprechen. Die Schritte, die ich unmittelbar unter der Kanzel hörte, ließen mich den Bock vermuten – und da war er auch schon. Ein etwa dreijähriger Sechser begann auf der Brachfläche zu äsen. Immer wieder nahm er das Haupt hoch und sicherte. Er schien sich sicher zu fühlen, aber halt, da war doch was? Wieder beruhigt, suchte er weiter nach schmackhaften Kräutern. Ein schmuckes, schon verfärbtes Schmalreh gesellte sich zu ihm.

Nun war es an der Zeit, wieder einen Blick in die Runde zu schicken. Etwa zweihundertfünfzig Meter vor mir, in einem Wiesenschlauch, standen drei Rehe. Sie mussten dort im hohen Gras gelegen haben und hatten sich nun wieder erhoben, um noch ein wenig Nachtisch zu äsen. Ich stellte das Glas auf maximale Vergrößerung und sah es deutlich: Es war unser Starker, ein Sechser von etwa sechs oder sieben Jahren mit gut geperlten Stangen, daneben ein zartes Schmalreh und eine Ricke, die hoch voll ging. Sicherlich würde sie in den nächsten zwei Tagen setzen, zumindest hatten sich die Flanken schon gesenkt.

Hier war nichts für mich zu jagen. Also schaute ich weiter nach links zur Grenzwiese. Hier patrouillierte ein starker Fuchsrüde die bereits abgehütete Wiese auf und ab. Er konnte es sich nicht so leicht machen, denn immerhin hatte er seine Welpen allein aufzuziehen. Beim Nachbarn hatte man vor zwei Wochen seine Gefährtin geschossen. Von mir hatte er nichts zu befürchten – wenigstens so lange seine Jungen noch nicht selbständig waren, danach sah es natürlich wieder anders aus.

Mittlerweile war es dämmrig geworden. Ich wollte absteigen. Nur noch zweimal bis Hundert zählen, und dann noch einen letzten Blick in die Runde ... So pflege ich oft noch die Zeit vor dem Heimweg ein wenig hinzuziehen, immer in der Erwartung, dass doch noch etwas kommt.

Und tatsächlich kam heute noch etwas. Fünf, nein sieben schwarze Körper bewegten sich im Wiesenschlauch, und jetzt auch noch auf mich zu! Es trennten uns noch zweihundert Meter, noch hundertfünfzig, und nun waren sie schon auf fünfundsiebzig Meter heran. Sie wollten zum Wald hinter mir. Die Waffe lag längst auf der Brüstung, aber noch war das Fernglas wichtiger. Es war eine stärkere Bache mit sechs gut gleichmäßigen Überläufern, aber im höheren Kraut der Brachfläche war nicht zu sehen, ob Frischlinge mitliefen. Auch an Hand des Haarwechsels waren keine Schlüsse zu ziehen.

Es gab nur eins: die Sauen ziehen lassen. Das taten sie auch – in den Wald. Nachdem hinter mir wieder Ruhe eingekehrt war, stieg ich von der Kanzel und strebte dem Auto zu. Kurz vor dem Dorf sah ich einen Bock auf eine verwilderte Wiese wegspringen. Den würde ich mir vielleicht morgen einmal anschauen. Für heute war erst einmal Schluss, es war ein erlebnisreicher Tagesausklang gewesen.

Schon am Nachmittag des nächsten Tages stellte ich eine Eisenleiter an eine abgestorbene mächtige Spechtkiefer. Hoffentlich gab es in den vielen großen und kleinen Höhlen keine Untermieter, die mit mir nicht einverstanden wären. Schon zeitig am Abend saß ich vier Meter hoch auf meinem runden Schalensitz. Bequem war es nicht, aber für zwei oder drei Stunden sollte es gehen.

Zwei Stunden später war immer noch kein Stück Rehwild ausgetreten. Eigentlich, so wusste ich es vom vorigen Jahr her, waren hier immer mehrere Stücken Rehwild zu erwarten.

Ein leises Knacken von Dürrholz ließ mich zusammenzucken. Ich drehte den Kopf immer weiter nach hinten, bis er fast schmerzte. Endlich sah ich in einer brachliegenden Spargelanlage etwas Braunes. Ein Bock, nicht zu stark im Wildbret und mit dünnen langen Stangen, mehr war zunächst nicht zu sehen. Der Kopf musste erst wieder zurück, sonst hätte ich ihn mir womöglich noch verdreht. Nach einigen unendlich lang scheinenden Minuten gab es Bewegung unter der Leiter, und nun stand er dicht neben dem linken Leiterholm, vier Meter unter mir. Am liebsten hätte ich die Augen geschlossen, damit er mich nicht sah. Endlich bewegte er sich langsam nach links an der Waldkante entlang. Er hatte schon fast verfärbt. Die langen Stangen schienen sehr spitz und fast endenlos. Ein richtiges Dolchgehörn, kein Wunder, dass hier in diesem Jahr kein zweiter Bock stand. Die Waffe konnte ich noch nicht heben, aber als er zirka zehn Meter weiter nach rechts gezogen war, verschwand er plötzlich mit einem Satz im Unterwuchs des Hochwaldes. Nur einmal schreckte er noch, dann war ich allein.

Er war wohl doch älter und erfahrener, als er aussah.

Diesem Bock sollten meine nächsten Ansitze gelten. An den nächsten Abenden blieb ich aber allein, bis ich der Sache fürs Erste überdrüssig war und ich mir mit meinem Sohn in einem anderen Revierteil einen Schirm für einen Erdansitz baute.

Schon zeitig war ich am Abend draußen. Der Stuhl war recht niedrig, aber bequem. Die Sicht zur Wiese war ausreichend, und ich war hoffentlich nicht zu sehen. Hinter den alten Erlen, die mir Dach und Rückendeckung gaben, gurgelte und rauschte das Wasser über ein Stauwehr. Der kleine Quellgraben hatte vor dem Wehr eine Breite von über zwei Metern. Aber links von mir strömte er in seinem normalen schmalen Bett.

Hier flitzten die Bachforellen noch stromaufwärts, und der Eisvogel fischte vom überhängenden Ast aus. Oft hatte ich ihn beobachtet, wie er auf dem Gestell des Wehres saß.

Heute Abend saß ich allein hier, doch allein ist man in der Natur nie. Eine Amsel stocherte auf der Wiese nach Würmern, ein Bussard saß auf einem der Koppelpfähle, und aus den Randbäumen des Heidwinkels rief ein Kuckuck herüber. Immer wieder schaute ich nach links. Von dort erwartete ich Wild, welches aus dem Wald des Heidwinkel austreten sollte.

Da erschien auch schon der erste rote Wildkörper. Mit einem Sprung war er über den Graben, und bald stand das zweite Reh daneben.

Uns trennten nur knapp achtzig Meter. Auch ohne Glas konnte ich sehen, dass es sich um zwei junge Böcke handelte. Durch die starke Vergrößerung des Glases erkannte ich, dass es Geschwister waren, die sich gut vertrugen. Beide hatten die Gabelstangen wenige Zentimeter über lauscherhoch geschoben. Der eine war schon rot, nur am Träger war noch ein wenig graues Winterhaar, und der andere war noch fast grau. Da konnte man einmal wieder sehen, dass die Altersansprache anhand des Zeitpunkts des Verfärbens ihre Mängel hatte.

Spielerisch zogen die Böcke von mir weg. Aber schon gab es neue Wildbewegung: noch zwei Jährlingsböcke, und wiederum

Geschwister. Und wiederum war der eine Bock fast rot, während der andere noch fast vollständig sein graues Winterhaar hatte. Dieser hier färbte jedoch am Träger schon durch. Der Rote hatte lauscherhohe Spieße, der andere zeigte bei gleicher Länge Gabelansätze. Es schien ein Jahr der Böcke zu sein. Alle vier Böcke waren für den Abschuss aber erst einmal zu schade.

Und wieder leuchtete es rot über den Graben. Diesmal war es eine junge Ricke, die den Graben ganz in meiner Nähe übersprang. Es waren wohl nur zwölf Meter, die uns trennten – und sie kam noch näher. Jetzt äste sie auf etwa sechs Meter Entfernung an mir vorbei. Ich wagte kaum zu atmen und war froh, als sie zu den Böcken weiter wechselte. Ich lehnte mich entspannt zurück.

Aber was war das? Wohl weniger als fünf Meter von mir entfernt war Bewegung in den Brennnesselstauden. Jetzt waren zwei schwarze Spitzen darüber zu sehen, die sich in Richtung Wiese bewegten. Nach weiteren zwei Metern stand ein Fuchs auf einer kleinen Fläche mit niedrigem Kraut und schaute unverwandt zu mir. Ich war ihm nicht geheuer, und er überlegte nur kurz, ehe er nach einer schnellen Drehung wieder verschwand.

Wieder war es ein Ansitzabend voller Leben. In der nächsten Woche suchte ich des Öfteren den Schirm auf, aber das Gras wurde von Tag zu Tag höher. Die Rehe schauten meist nur noch mit Haupt und Träger heraus, und es waren immer dieselben Stücke. Eigentlich war es klar: Wo so viel junges „Gemüse“ stand, konnte es keinen alten Knaben geben – der würde sein Gebiet behaupten.

Ein anderes Mal war es für einen Ansitz auf Rehwild schon etwas spät geworden. Ich wollte es deshalb an der Waldkante auf Sauen versuchen. Trotzdem verzögerte ich meinen Aufbruch und ließ mich im Dorf noch in Gespräche verwickeln – eigentlich lohnte es sich wirklich nicht mehr. Aber ist man immer vernünftig?

In langsamer Fahrt kam ich an der Brachwiese vorbei, wo ich einige Abende vergeblich auf meinen Bock gewartet hatte. Stand er dort nicht? Tatsächlich, etwa dreißig Meter von der Waldkante entfernt stand der Bock und schaute zu mir herüber. Ich griff nach der Waffe, öffnete die Autotür und schob mich halb kniend nach draußen. Schnell wurde eine Kugel in den Lauf geschoben und im Entengang die drei Meter bis zu einem Betonpfahl genommen. Dem Bock wurde es aber zu dumm. Er war zum Waldsaum zurück gewechselt und zeigte mir seinen Spiegel. Es wurde zur Qual. Ich versuchte auf dem Pfahl aufzulegen, aber entweder war der zu hoch – oder ich zu klein. Ich legte den Lauf der Waffe auf den alten morschen Maschendraht. Das wackelte. Ohne Auflage zu schießen war zu riskant: Es waren bis zum Bock zirka hundertfünfundvierzig Meter. Aber er stand immer noch schön frei, ein wenig erhöht ohne störende Halme. Er musste sich nur noch breit stellen! Endlich drehte er sich herum, und der Schuss war heraus.

Der Bock sprang scheinbar gesund in den Wald zurück. Ich konnte ihn noch etwa dreißig Meter mit den Augen verfolgen.

Ich musste mich entspannen. An den Pfahl gelehnt, ließ ich zirka zehn Minuten verstreichen, ehe ich den Anschuss aufsuchte. Die Stelle, an der der Bock gestanden hatte, ehe ihn meine Kugel verjagte, hatte ich mir gemerkt. Hier ging der Wechsel über herabgedrückten morschen Maschendraht. Genau da hatte er gestanden.

Aber ich fand nichts. Vielleicht war ich noch zu aufgeregt? Hier im Hochwald war gute Sicht, und ich beschloss, noch ein Stück in Fluchtrichtung nachzugehen. Nirgends war etwas zu entdecken. Noch zehn Meter weiter, in Sichtweite der alten Spargelanlage, kam aber kurz etwas Braunes aus dem hohen Gras – und war schon wieder verschwunden. Hier war schneller Rückzug angesagt.

Ich fuhr erst einmal wieder nach Hause. Vierzig Minuten später wollte ich in Begleitung meines Bruders die Nachsuche fortsetzen – ich war zu der Zeit nicht so sicher auf den Läufen. Wir steuerten unverzüglich die Stelle an, an der ich das Braune huschen gesehen hatte. Schon aus ein paar Metern Entfernung sah ich meinen Bock mausetot liegen. Da war ich doch froh – und noch froher wurde ich, als ich den Äser aufschärfte und bestätigt fand, dass mein Bock mit den dolchscharfen, einundzwanzig Zentimeter langen Spitzen das sechste Lebensjahr schon überschritten hatte. Und das, obwohl er am 30. Mai schon fast vollständig verfärbt hatte!

Die vierzehn Kilo trug ich mit Leichtigkeit.

Kein Tag ist wie der andere

Es war Juli. Schon vor der Blattzeit hatte ich einen alten Bock gestreckt. Aber ich wollte einfach hinaus in die Natur. Am schönsten ist es immer, morgens wenn die Natur erwacht und die meisten Menschen mit ihrer Geschäftigkeit und Hast noch schlafen. Mitte der Woche war ich an zwei Tagen draußen gewesen, hatte aber nur wenig Anblick gehabt. Ich hatte mir vorgenommen, es am Sonntag früh noch einmal zu versuchen. Ich nutze diese Jahreszeit gern, um den Fuchsbestand ein wenig zu regulieren – jetzt sieht man die Jungfüchse, welche noch recht unselbständig sind, oft bei gutem Licht.

Nur einmal ließ ich den Wecker klingeln, dann hatte ich ihn schon ruhig gestellt. Wenn ich so früh hinaus wollte, war das meine Sache, aber ich musste nicht unbedingt das ganze Haus wecken. Mit Glas und Flinte behangen, verließ ich noch bei Dunkelheit den Hof und fuhr mit dem Auto ins Revier. Als ich in einen Feldweg abbog, schaltete ich aufs Standlicht um. Es wurde schon dämmrig, und meine Augen mussten sich an das Licht gewöhnen.

Leise ließ ich das Auto ausrollen. So – von hier hatte ich noch dreihundert Meter bis zur Kanzel an der Grenzhecke zu gehen, die ich mir für den Morgenansitz ausgesucht hatte. Meine Beine wollten an manchen Tagen nicht so, wie ich es gerne wollte, und so einigte ich mich mit ihnen auf weniger lange Strecken.

Langsam wurde es heller. Als ich die Kanzel bestieg, konnte man schon etwas sehen. Ich hob das Glas und leuchtete die Gegend ab. Auf der frisch gemähten Brachfläche war nichts Ungewöhnliches, und auf der Wiese vor mir auch nichts. Aber dort im Weizen, etwa zweihundertfünfzig Meter vor mir, stand ein großer dunkler Körper. Mehr war noch nicht zu sehen.

Zaghaft meldeten sich die ersten Vogelstimmen, und es wurde

merklich heller. Ein erneuter Blick durchs Glas bestätigte mir einen Rothirsch, der von den Weizenähren äste. Das Geweih war noch nicht anzusprechen, aber vom Habitus her war es ein junger Hirsch. Bis ich mehr sehen konnte, galt mein Interesse natürlich hauptsächlich ihm. Bald konnte ich schon das Geweih ausmachen, das heißt, die Länge und die Auslage der Stangen war zu sehen. Wenn ich das Zoomglas auf stärkere Vergrößerung stellte, wurde es gleichzeitig dunkler – damit war mir nicht gedient.

Immer wieder schaute ich auch mein weiteres Umfeld an und wurde damit rechtzeitig des Fuchses gewahr, der den Wald verließ und über die Brachfläche geschnürt kam. Hier gab es anscheinend wenig für ihn zu holen, denn er verweilte nur zwei Mal kurz und hatte bald die Wiese erreicht.

An einem Koppelpfahl wurde es für ihn aber doch interessant. Er kratzte im Erdreich und bewegte mehrere Male ruckartig den Kopf. Nein – es war wohl doch nichts. Reinecke zeigte wieder mehr Interesse für die Wiese, und ich für meinen Hirsch.

Deutlich war nun bei zwanzigfacher Vergrößerung das Geweih anzusprechen. Augsprosse, Mittelsprosse und drei Vereckungen in der Krone zierten jede Stange. Bei der Form und Länge der Auslage war es ein guter Zukunftshirsch.

Ich wandte mein Interesse wieder dem Fuchs zu. Er war ja der eigentliche Grund meines frühen Aufbruchs. Ich glaubte einen alten Bekannten vor mir zu haben, den Rüden vom Schwarzen Berg. Heute Morgen sollte mir der hochbeinige Rotrock nicht wieder auskommen, wie es ihm schon so oft gelungen war! Aber noch trennten uns wenigstens neunzig Meter Entfernung, und eigentlich wollte ich auch den Hirsch nicht verjagen. Der Fuchs hatte ein Einsehen und hielt sich eine weitere Viertelstunde auf der Wiese auf, freilich ohne die Entfernung zu verringern. Es war ein sehr trockenes Jahr mit wenig Zuwachs, und so war er wohl schon des Öfteren auf die Suche von Tauwürmern angewiesen gewesen. Langsam wechselte der Hirsch in den Wald zurück. Ihm wurde es wohl zu hell und damit zu unsicher auf der freien Fläche.

Einige Minuten verstrichen, nachdem der Hirsch im Wald

untergetaucht war. Als der Fuchs partout nicht näher kommen wollte, beschloss ich, ihm eine Kugel entgegenzuschicken. Vorsichtig hob ich die Bockbüchsflinte und legte sie auf der Kanzelbrüstung auf. Ich suchte den Fuchs im Zielfernglas, was nicht schwer war, weil er sich nur ruhig bewegte. Nachdem das Fadenkreuz den Fuchs erfasst hatte, ließ ich fliegen. Im Knall riss es Reinecke von den Läufen. Ich sah durchs Glas, dass er noch einige Male den Fang aufriss, dann war er verendet.

Nach dem harten Knall war mir, als ob in der Natur alles für einen Moment verstummt wäre. Aber rasch waren die Vögel wieder munter im Konzert vereint.

Ich lehnte mich zurück und hatte wieder Sinn und Muße für die Feinheiten. Ich sah wieder die Schwebfliege auf dem Eichenblatt sitzen und den Nachtfalter zwischen den Zweigen im schaukelnden Flug.

Weit vor mir in einem Wiesenschlauch stand eine Ricke mit ihrem Kitz, da würde der starke Sechser nicht weit sein. Ansonsten war wenig Rehwild zu sehen. Freilich war es noch früh am Tag, es würde schon noch etwas dazukommen. Wie um meine Gedanken zu bestätigen, stand jetzt ein Schmalreh aus dem hohen Gras unter dem Koppelzaun auf, und gleich darauf der starke Bock. Sicherlich hatten sie hier eine Weile von der Liebe ausgeruht.

Es waren weitere sechzig Minuten vergangen, als aus dem Kiefernholz ein Altfuchs kam, dem zwei Jungfüchse folgten. Zielstrebig zog es die Fähe zum Weizen. Dass die beiden Jungfüchse noch immer folgten, schien ihr gar nicht recht zu sein. Jedes Mal, wenn sie ihr zu nahe kamen, biss sie sie weg.

Die Jungen waren alt genug und sollten sich ihren Weg und vor allem ihr Futter allein suchen können. Ich vermutete, dass die Fähe noch die Grenzhecke inspizieren wollte, und nahm die Waffe hoch. Ich hatte richtig vermutet. Schon tauchte sie aus dem Weizen auf und schnürte über die Wiese auf mich zu. Wieder kam ihr ein Jungfuchs zu nahe und wurde abgebissen. Die Fähe legte sich ihm entgegen und entblößte das Gebiss.

Der Jungfuchs verstand die Welt nicht mehr. Warum sollte er

nun allein bleiben, wo es im Verband der Familie viel lustiger gewesen war?

Mittlerweile war die Fähe bis auf dreißig Meter herangekommen, und ich krümmte den Finger. Im Knall sprang sie hoch und brach zusammen. Die Kugel schickte ich einem der Jungfüchse entgegen, aber er war zu klein, sie fand ihn nicht. Schnell lud ich nach und streckte noch mit den Schroten einen der beiden Jungfüchse, die sich wieder näherten. Der zweite kam direkt auf die Kanzel zu und verschwand unter mir in der Hecke. Mit Kugel und Zielfernglas hatte ich keine Chance – aber der Fuchs hatte eine, und er nutzte sie. Es reichte wohl auch.

Wenige Minuten nach der Knallerei löste sich eine schwarze Perlenschnur aus dem Weizen. Eine Bache mit vierzehn Frischlingen strebte dem Wald zu: Bei diesem Krach konnte man sich dort offenbar nicht mehr sicher fühlen. Kurz vor der Waldkante sonderten sich fünf Frischlinge ab, drehten auf dem Acker noch eine Runde und verschwanden dann ebenfalls im schützenden Wald. Die hatten schon die Größe für die Pfanne. Aber warum war nur eine Bache bei dieser großen Frischlingsschar? Das war schon ungewöhnlich, und es war wohl noch nicht lange so.

Ich stieg nun erst einmal von der Kanzel und suchte meine Füchse zusammen, um sie später einzugraben. Der Erstgeschossene war wirklich ein alter Rüde – vielleicht mein alter Bekannter. Das würde sich noch herausstellen. Vorerst wollte ich sehen, was den Fuchs dort am Koppelpfahl so interessiert hatte. Da hatten wir es schon: Die Sauen hatten ein Erdbienennest halb ausgegraben, in dem einige Bienen noch schlaftrunken herumkrabbelten.

Im nahen Dorf wachten nun nicht nur die Hähne auf. Ich begab mich auf den Heimweg. Der Sonntag hatte ereignisreich begonnen, er konnte nun ruhig etwas ruhiger weitergehen.

Einmal doch!

Gern sitze ich abends an der Feld-Waldkante und schaue weit ins Land. Man kann dann schön ins Träumen kommen, wenn die Sonne im Westen hinter dem Wald verschwindet oder morgens im Osten über den Wiesen aufgeht.

Aber eigentlich wollte ich vom Wald erzählen. In jedem Revier gibt es Ecken, in denen man selten ein Stück Wild gesehen hat. Meist sind es Waldstücke, die nicht immer oder überhaupt nicht viel Anblick bieten.

Eine solche Stelle sind bei uns die Waldstücke um die Sandbergdickungen. Hier hat die letzte Eiszeit den leichten Sand in vielen Hügeln zurückgelassen. Die Kiefern wachsen auf dem kargen Boden recht langsam, und außer hellen Flechten und einigen Moosen gibt es kaum Unterwuchs. Nur am Rand eines breiten Weges hat sich seit einigen Jahren die Traubenkirsche angesamt und vermehrt. Obwohl sie vom Förster nicht so gern gesehen wird, ist sie ein schöner heller Farbklecks im dunklen Wald.

Diesen breiten Waldweg – der Überlieferung nach eine alte Heerstraße – ging ich gern entlang, um im losen Boden abzufährten. Die Sandbergdickungen selbst waren ein beliebter Fernwechsel von Rot-, Dam- und Schwarzwild, nur leider zu Unzeiten. Obwohl ich etliche Male angesessen hatte, morgens und abends, war ein Dachs das einzige größere Wild gewesen, das sich zeigte.

Aber es musste hier doch auch ein Bock wechseln! Ich fand frische Fegespuren an den schwachen Kiefernstämmchen, und noch mehr auf der anderen Wegseite, an den Sträuchern der Traubenkirschen.

Am Wochenende half mir mein Sohn, eine Ansitzleiter aufzustellen. Recht steil ragte sie an einer alten Kiefer etwa fünf Meter empor. Wir hatten sie außerdem auf einem Hügel platziert – so hatte ich nicht nur gute Sicht, sondern hoffte auch, von den hier oft küselnden Winden verschont zu sein.

Schon der erste Abendansitz brachte ein schönes Erlebnis. Noch bei gutem Licht weckten mich laute Geräusche aus meinem Dahinträumen. In der nur zwanzig Meter entfernten Schonung waren deutlich quierende Frischlinge zu hören. Sie ließen sich Zeit, doch langsam kamen sie in meine Richtung.

Da – jetzt stand ein dunkler Wildkörper am Schonungsrand. Gleich darauf schoben sich links und rechts von ihm gestreifte Frischlinge vorbei. Die wohl dreijährige Bache hob immer wieder den Wurf, um Wind zu holen. Es war ja noch helles Tageslicht und somit doppelte Vorsicht geboten. Ohne die muntere Schar hätte die Bache sicherlich noch im schützenden Kessel gelegen.

Die Frischlinge kümmerte dieses alles nicht. Sie wühlten mit ihren Schnäuzchen im Moos nach Würmern, oder sie taten zumindest so als ob. Als sie weiterzogen, folgte eine weitere, jüngere Bache. Neun Frischlinge konnte ich zählen, die sicherlich nicht älter als drei Wochen waren.

Die Sauen fühlten sich inzwischen sicher, die Frischlinge ohnehin. Durcheinander quirlend waren sie endlich unter meiner Leiter angekommen. Wie so oft hatte ich den Fotoapparat dabei, den ich jetzt langsam hervorholte. Bald hatte ich eine der Bachen und mehrere Frischlinge im Sucher und drückte auf den Auslöser. Das Klicken und nachfolgende Summen des Filmtransports ließ die Bachen grunzend zusammenfahren. Uns trennten doch nur wenige Meter, alle Geräusche waren überdeutlich. Noch einmal suchte ich mir ein gutes Motiv und drückte ab. Nun hielt es die Sauen nicht länger. Laut knackend stürmte die Rotte in die Schonung zurück.

Das war ein mehr als erfolgreicher Ansitz, dem aber leider dann mehrere ohne viel Anblick folgten. Ich hatte aber im Feld noch einen schwachen Jährlingsbock gestreckt – so war es genug für dieses Jagdjahr.

Auch im Jahr darauf versuchte ich – nicht ohne Erfolg – mein Glück an der Wald-Feldkante. Immer wieder fährtete ich aber auch die Heerstraße ab. In der trockenen Zeit hatte der Sand fünf

Wochen lang auf dem Weg nur noch gestaubt. Keine Regenwolke filterte den Staub aus der Luft. Aber endlich, etwa eine Woche vor Beginn der Blattzeit, tränkten mehrere Gewitter den durstigen Boden. Die Natur wurde noch einmal grün, und ich konnte wieder abfährten.

In der nächsten Woche waren mehrmals die Trittbilder eines starken Rehbockes und einer Ricke mit einem Kitz zu finden. Ich beschloss, auf einem Hügel einen ebenerdigen Ansitzschirm zu bauen. Meine Frau half mir dabei.

Irgendwie begann alles wie im letzten Jahr. Am ersten Abend kam mit dem letzten Licht ein junger Rothirsch durch den Hochwald. Ich hatte ihn an einem anderen Morgen schon einmal bei gutem Licht vorgehabt und als guten Kronenzehner vom vierten Kopf eingestuft. Danach saß ich jedoch wieder einige Abende vergebens, zumindest ohne Anblick von Wild, auf meinem Stuhl.

Am heutigen Abend wollte ich mich auf eine Leiter auf dem anderen Hügel ansetzen. Ansonsten musste ich es wohl mit Morgenansitzen versuchen.

Schon in den frühen Abendstunden pirschte ich mich zur Leiter. Das Moos war schon wieder trocken und raschelte unter jedem Schritt weit lauter, als mir lieb war. Aber dann war es geschafft, ich saß auf meinem Aussichtssitz. Viel Platz war leider nicht, und so ließ ich das Fernglas um den Hals hängen. Eine muntere Schar Meisen unterhielt mich mit ihrem „Zit, zit". Es hatte in diesem Sommer wenig Insekten gegeben. Die Meisen ließen es bei zwei Bruten bewenden und hatten so mehr Zeit für die Jungen. Ein Schwarzspecht kam im typischen Bogenflug und hakte an einer Kiefer an. Nur wenige Male klopfte er an den Stamm, dann flog er laut lachend weiter in Richtung Milde-Niederung. Im sumpfigen Ufergelände des Flüsschens mit den vielen abgestorbenen Erlen würde wohl mehr zu holen sein.

Ich saß wohl zwei Stunden, ohne dass sich mein Bock oder ein anderes Stück Wild zeigte. Aber dort zwischen den hellgrünen Traubenkirschen, war da nicht etwas Rotes gewesen? Ich hob das Glas an die Augen und leuchtete den Unterwuchs ab. Ja, es war ein starkes Reh. Mehr war im Moment nicht zu sehen, Haupt und Träger blieben noch verdeckt. Jetzt bewegten sich Zweige ruckartig und wurden hin und her geschlagen. Es war ein Bock, soviel stand fest, der mächtig auf den Strauch einschlug.

Ich ließ das Fernglas sinken und hob die Waffe. Auf die fünf undvierzig Meter, wo der Bock nun austreten musste, sollte ich ihn durch das 9-fach vergrößernde Zielfernglas ansprechen können. Endlich ließ er vom Strauch ab, kam aus einer unvermuteten Ecke heraus und bewegte sich in Richtung Sandbergdickung, in der ich ihn eigentlich vermutet hatte. Denken und Wirklichkeit sind oft unterschiedliche Sachen – nun, ich war froh über den Zufall, der mir in der Blattzeit den Bock präsentierte.

Eine hohe Sechserkrone zierte das Haupt, und das Erntealter hatte er anscheinend längst erreicht. Es galt zu handeln. Hier im Wald dauerte jede Gelegenheit nur einen Augenblick, und den musste man nutzen.

Der Zielstachel suchte das Blatt, aber der Bock wollte nicht stehen bleiben. Doch dann verhoffte er noch einmal vor der Schonungskante und stand breit. Rumms, der Schuss war heraus. Der Bock steilte auf, um davon zu stürmen, brach aber hintenüber zusammen.

Der rote Wildkörper lag auf der braunen Nadelstreu und rührte keinen Lauf mehr. Er war mein. Da meldeten sich die leisen Stimmen im Hinterkopf: Ist es wirklich der Bock?, hast du ihn richtig angesprochen?, ist er wirklich alt genug? Dennoch hielt ich meine obligatorische halbe Stunde auf der Leiter aus, ehe ich mit großen Schritten zum Stück eilte.

Ein Griff zur Krone und ein rasches Ertasten der Zahnleiste ließen die leisen hinterhältigen Stimmen verstummen. Vor mir lag ein etwa siebenjähriger, strammer Erntebock. Ich hielt ihm eine lange Totenwache. Einmal doch – wenn man genügend Ausdauer aufbringt: So etwa waren meine Gedanken.

Das unrühmliche Ende des Wasserbockes

Auf so einen interessanten Bock hatte ich schon einmal, vor über zehn Jahren, gewaidwerkt – und ihn nie strecken können. An diesem Abend in den ersten Apriltagen hatte ich plötzlich wieder einen solchen Bock vor. Wieder schlug mir das Herz bis zum Hals.

Eine Stange hatte er normal ausgebildet, das heißt, mit der für einen älteren Bock typischen Vereckung nach hinten und nach vorn. Die zweite Stange jedoch hatte die Form eines tief angesetzten V. Der Bock kam mir bei bestem Licht und auf eine Entfernung, auf die ich ihn hätte totwerfen können. Aber es waren noch gut vier Wochen, bis der Bock aufging.

Zielübungen waren aber gestattet, und die machte ich ausgiebig.

Den Bock schien es nicht zu interessieren – und das brauchte es auch noch nicht. Ich aber wusste es genau: Das sollte in diesem Jahr mein Bock werden!

Noch einmal, an einem anderen Abend, suchte ich die Revierecke auf, in der mein Bock stand, und wieder kam er pünktlich mit seinem Schmalreh. Ich beschloss, diese Fläche nicht mehr zu beunruhigen. Aber zu Hause konnte ich die sich begrünende Natur zu Haus auch nicht erleben, und so saß ich am heutigen Abend am Kleinen Hohen Feld, einer seit fünf Jahren brachliegenden Ackerfläche.

Brachflächen haben für unser Wild nur noch wenig Anziehungskraft. Der arme Sandboden bringt ohne Hilfe nur wenig schmackhafte Äsung hervor, und so hatte ich auf einem schmalen Streifen Hafer und Lupinen eingesät. Reichlich Zwischenraum im Bestand ließ Platz für allerlei Kräuter. Vor einer Woche hatte ich den Boden mit mineralischen Düngern versorgt. Die Pflanzen wachsen dadurch nicht nur schöner, sie schmecken dem Wild auch viel besser. Auch wir mögen keinen Salat ohne jedes Gewürz.

Unsere Tierwelt hat sich über einen langen Zeitablauf auf die

Umwelt eingestellt, die der Mensch geschaffen hat. Nun sind wir verpflichtet, sie lebensfähig zu erhalten. Eine Brachfläche versteppen, versumpfen oder verbuschen zu lassen, ist nicht in jedem Fall aktiver Naturschutz. Das nimmt oft den Lebewesen den Lebensraum, die ihn zur Zeit besiedeln.

Solche Gedanken gingen mir durch den Kopf, als ich auf meiner Kanzel saß und den vielen Geräuschen lauschte. Ein Bussard hatte auf einem waagerecht abstehenden Ast einer Randkiefer seinen Beobachtungsposten eingenommen. Er wartete auf Bewegung unter sich – und ich auch. Unter meinem Sitz war jetzt Leben, es tappte etwas und raschelte. Mein Hase „Emil" kam pünktlich wie immer. Er wusste, dass er von mir nichts zu befürchten hatte. Wenn ich auf dieser Kanzel saß, wartete ich schon immer auf ihn. Heute lief er ein Stück auf dem Weg entlang, ehe er zum Wildacker abbog.

Dem Bussard wurde das Warten auf Beute zu lang. „Klie, klie", rief er und flog schwerfällig auf. Bald war er meinen Blicken entschwunden, aber schon gab es wieder Neues zu sehen. Ein Kolkrabe kam hoch am Himmel auf mich zugeflogen. Schon hatten seine scharfen Augen mich erspäht, und er schwenkte ab auf eine ihm sicher erscheinende Entfernung.

Ein Blick zum Horizont beunruhigte mich: Eine recht dunkle Wolke schickte sich an, den Himmel zu bedecken, und was wesentlicher war, sie schien voller Regen.

Noch war sie nicht da. Ich griff zum Fernglas, denn zwei Rehe waren auf die Brachfläche gekommen. Ricke mit vorjährigem Kitz, konnte ich rasch feststellen und ließ das Glas wieder sinken.

Die Regenwolke kam schnell näher, und die ersten Tropfen platschten auf mich herunter. Gott sei Dank hörte es gleich wieder auf. Aber mein Glaube war nicht stark genug, denn der Regen setzte von neuem, und dieses Mal stärker, ein. Auch den Rehen wurde es ungemütlich, und sie verschwanden wieder im Wald.

Es regnete sich ein. Das Wasser floss zwar nicht mehr so heftig, aber nieselte dafür ohne Unterlass. Ich zog den Kopf zwischen die Schultern und versuchte zunächst, in die Poesie zu flüchten:

Ein Jägersmann saß unverdrossen
oberhalb der Leitersprossen,
als eine dunkle Wolke kam
und ihm die Sicht auf Sonne nahm.
Der Regen rauschte auf ihn nieder –
da ging er wieder.

Schließlich machte ich mir diese meine eigene Erkenntnis zunutze und verließ meinen Sitz, zumal es schon recht kühl auf dem Rücken wurde.

Die Tage vergingen. Himmelfahrt kam und ging, und die Vorbereitungen für ein Dorffest hatten Zeit in Anspruch genommen und mich nicht so oft an meinen Bock denken lassen.

Aber heute Abend wollte ich wieder hinaus. Nur wohin? Ich hatte eine Idee. Ein Freund hatte mir angeboten, an seinem Teich ein paar Fische zu angeln. Ich wollte sie in meinen eigenen, neu angelegten Teich umsetzen. Der Teich meines Freundes hatte eine wunderschöne Lage am Rande eines Laubwaldes, und wenn die Fische vielleicht nicht beißen wollten, war es dort doch herrlich zu sitzen.

Ich versuchte, meine Frau zu überreden, mich zu begleiten, aber ihr waren die Mücken zu aktiv. Ich beharrte darauf, dass es heute Abend nicht so schlimm werden würde und packte meine Angelsachen.

Wenig später saß ich auf einem bequemen Sitz am Wasser. Schnell war eine kleine Teigkugel auf dem Haken befestigt, die Angel ausgeworfen. Die Pose richtete sich auf. Gespannt starrte ich auf das rot leuchtende Stäbchen, welches doch zucken und nach Möglichkeit unter der Wasseroberfläche verschwinden sollte.

Aber es tat sich gar nichts, statt dessen war ich bemerkt worden – von den Mücken. Jede einzelne kam und versprach mir: „Nurr ich, nurr ich“. Ich wollte mich nicht anzapfen lassen und schlug um mich. Aber es half nichts, ich musste zum Auto zurück und die Schutzsalbe holen. Nachdem ich mich eingerieben hatte, hatte ich zwar immer noch keinen Biss an der Angel, aber den nötigen Abstand zu den Mücken.

Nun konnte ich die Umwelt genießen. Ich sah die Schwalbe, die bei der Insektenjagd das Wasser berührte, sah den Tanz der Libellen und hörte es knistern, als ihre Flügel sich berührten. Ein Tauber rief seine Liebste mit einem zärtlichen „Ru ... guu, ru ... guu", und in den alten Eichen saß der Kuckuck und rief seinen Namen. Ich hörte ihn in diesem Jahr zum ersten Mal – da sollte man ein wenig Geld in der Tasche haben, sonst hat man das ganze Jahr über keines, sagt ein altes Sprichwort. Meine Taschen waren leer. Das fing ja gut an.

Aber dann hatte ich doch noch Glück. Die Pose zuckte und ging unter. Aber schon kam sie wieder hoch, ich hatte den Anhieb verpasst. Ich holte die Schnur ein und köderte neu. Die Fische waren aber immerhin auf den Geschmack gekommen, denn wenige Augenblicke nach dem Einwurf war die Pose wieder weg. Dieses Mal hatte ich aufgepasst und kurz angehauen. Der Fisch wehrte sich und zog die Schnur zum Grund und zur Mitte des Teiches. Ich ließ nicht zu viel Schnur, denn der Fisch schien nicht groß. Vorsichtig spulte ich auf. Silbrig platschte es im Wasser. Die Rotfeder wehrte sich, aber es half ihr nichts. Schon hielt ich sie in der Hand und entfernte vorsichtig den Haken.

Bald hatte ich eine neue Teigkugel am Haken und im Wasser. Eine ganze Zeit lang geschah nichts, dann kamen zwei mächtige Karpfen kurz unter der Oberfläche herangeschwommen und kreisten um meine Pose. Ich hoffte, dass sie meinen Köder nicht annahmen, denn zum einen wollte ich die großen Karpfen nicht, und zum anderen waren Schnur und Angel für diese Fischgröße – ich schätzte beide auf ein Gewicht von über zwei Kilo – nicht geeignet. Aber sie zogen langsam weiter und machten einer weiteren Rotfeder Platz. Und noch eine dritte holte ich aus ihrem nassen Element, ehe ich den Heimweg antrat.

Ich hatte eine interessante Fischwaid erlebt und gleichzeitig Besatz für meinen neuen Teich.

Nun waren es bloß noch zwei Tage, bis der Bock aufging. War er noch da? Es war der 16. Mai, und ich saß draußen. Selten hatte ich den Aufgang der Jagd so erwartet wie in diesem Jahr. Ich war zeitig hinausgefahren, um eine Kanzel inmitten der Feldmark aufzusuchen, aber schon auf dem Weg dorthin gewahrte ich zwei Rehe auf der Wiese, die ich anstrebte. Sofort saß ich in der Hocke und versuchte jetzt das Glas zu heben.

Ja, es war mein Bock. Er war nicht mehr in den Wald zurück gewechselt: Die Gerste auf dem nahen Feld hatte bei der warmen Witterung einen wahren Schuss nach oben getan und bot auf diese Weise den Rehen genügend Deckung.

Diese Situation war ein wenig unerwartet – es würde also doch nicht so einfach werden. Für heute war erst einmal nichts zu machen, und ich spielte mit dem Gedanken, das Feld zu räumen.

Aber es war zu schön, hier zu sitzen und die Seele baumeln zu lassen, und so stieg ich auf die Kanzel am Waldrand. Zwei, nein drei Lerchen stiegen in die Luft und tirilierten, dass einem das Herz überging. Jetzt zog eine Ringeltaube schnell am Himmel dahin, und eine Krähe landete in der Wiese auf einem Koppelpfahl. Ich hob das Glas und schaute sie mir genauer an. Es war eine Nebelkrähe. Ich hatte nicht viel für diese grauen Räuber übrig, aber sie gehörten zum Naturhaushalt dazu und hatten wohl ihre Daseinsberechtigung.

Immer wieder schaute ich durchs Glas und beobachtete meinen Bock und sein Schmalreh. Inzwischen hatte sich noch eine mittelalte Ricke dazugesellt. Ein Blick nach links zeigte mir einen Fuchs auf der Brachfläche. Sein Fell war schön glatt, es war wohl der Rüde, der für Nahrung zu sorgen hatte, denn die Jungfüchse am Schwarzen Berg waren sicherlich hungrig.

In dieser Zeit, wo Jungfüchse zu vermuten waren, beschoss ich keinen Altfuchs. In zwei Monaten, wenn die Jungen selbständig waren, würde ich wieder regulierend eingreifen.

Aus dem Wald war mittlerweile ein Reh getreten. Es war der Jährling, dessen lauscherhohe Spieße noch vom Bast verhüllt waren. Wenn er hier so vertraut zu äsen begann, würde kein älterer Bock mehr kommen. Die Jünglinge wussten zu dieser Zeit schon, wo sie geduldet waren und wo es aufzupassen galt. Plötzlich warf er auf und stürmte auf den Fuchs zu – aber es war nur eine Scheinattacke. Der Fuchs sprang zwei Schritte zur Seite, und der Bock nahm keine Notiz mehr von ihm.

Weit hinten in der Wiese war ein weiteres Reh ausgetreten, ein weibliches Stück, wie es schien. Der Fuchs hatte meine Richtung eingeschlagen, und ich beobachtete ihn. Immer wenn er etwas spürte, streckte er die Lunte gerade weg, und kurz vor jedem Sprung richtete er sie kerzengerade auf. Er tat wieder einen Sprung und gleich noch einen, dann drehte er aber den Kopf hin und her – es war wohl kein Erfolg gewesen.

Das Leben um mich herum wurde ruhiger, und auch die Vögel merkten, dass der Tag zur Neige ging. Ich schaute gerade wieder nach rechts, als ich drei schwarze Körper aus dem Wald trudeln sah. Drei Überläufer überquerten die Brachfläche und verschwanden im Gerstenfeld, aus dem nur noch ihre Rücken herausschauten. Sie wollten wohl zum Heidwinkel, um zu suhlen und dann in den feuchten Wiesen zu weiden. Um diese Jahreszeit hatte ich die Sauen schon oft wie Kühe grasen sehen. Gras und Kräuter waren noch zart und saftig.

Dann wurde es immer dämmriger. Ich stieg von der Kanzel, um heimzufahren. Morgen war wieder ein Tag.

Es vergingen einige Tage mit gutem Wetter und welche, an denen es regnete. Ich saß jeden Abend draußen, obwohl die Regentage in der Überzahl waren. Der Bock hatte mittlerweile den Standort gewechselt und war von keinem erhöhten Ansitz mehr zu erreichen. An einen Schuss von ebener Erde war nicht zu denken. An einem Abend hatte ich es versucht und mir eine Pirsch in der Bauchlage zugemutet. Ich erreichte, wenn auch mit nassem Bauch, den nötigen Abstand und visierte meinen Bock längere Zeit an. Aber immer waren Grashalme im Zielfernglas sichtbar gewesen.

So ging es also nicht. Mein Sohn half mir, einen alten Ansitzbock zu reparieren und mitten in die Wiesen zu stellen. Wenn der Bock wie gewohnt austreten würde, müsste er günstig kommen. Der Abend kam heran und mit ihm, wie schon so oft, ein Gewitter.

„Schau mal zum Himmel," sagte meine Frau, „da kannst du doch nicht mehr fahren." – „Ach, wir bekommen schon nichts ab", sagte ich und glaubte fest daran.

Nun saß ich seit einer halben Stunde auf meinem zwei Meter

hohen Ansitzbock und kam mir vor wie auf dem Präsentierteller. Rehwild kam nicht, aber zwei dicke Gewitter, die aber dank meines starken Glaubens wirklich nördlich von mir vorüberzogen. Zackige Blitze fuhren aus den dunklen Wolken, und einige Male krachte es auch gehörig. Aber alles hat einmal ein Ende, und so kam noch einmal die Sonne hervor. Sofort waren die Lerchen wieder am Himmel und jubilierten um die Wette. Bisher war der Abend für mich trocken verlaufen – aber was wurde es denn nun! Es fing aus hellen Wolken an zu regnen, und gar nicht einmal so sachte.

Was sollte ich tun? War dies das Ende des heutigen Jagdtages? Aber der Zufall kam mir zu Hilfe. Als wir den Ansitz bauten, hatten wir nicht genügend kleinere Nägel dabei gehabt. Eine Hartfaserplatte, die mir seitlichen Sichtschutz geben sollte, hatten wir deshalb nur zwischen zwei Latten geschoben. Diese Platte zog ich heraus, legte sie über zwei Ecken des Sitzes und kauerte mich samt Flinte darunter.

Man muss sich zu helfen wissen! Das Wetter zog vorüber, und ich blieb fast trocken. Nach einer halben Stunde konnte ich mich wieder aufsetzen und harrte der Dinge, die da kommen sollten. Es kam auch etwas – und zwar nahe bei der nächsten Kanzel der junge Spießer, und vor mir das bekannte Schmalreh.

Aber wo blieb mein Bock? Erst als es dunkler zu werden begann, sah ich zweihundert Meter entfernt an einem Feldgehölz einen, meinen!, Bock. Er hatte wieder einmal den Standort gewechselt.

Wieder musste mein Sohn mir helfen, ein Ansitzbock musste verrückt werden. Beim Probesitzen fiel mir auf, dass ich nach vorn eine Auflage brauchen würde, um sicher schießen zu können. Die Auflage wurde pünktlich fertig, nur das Wetter war zum ...!

Nichtsdestotrotz saß ich, als es Abend wurde, wieder draußen. Das heißt, erst musste ich eine Bilderbuchpirsch hinlegen, weil nur etwa hundert Meter vor dem Ansitzbock eine Ricke im hohen Gras stand und äste. Ich konnte mich immer nur dann bewegen, wenn sie das Haupt herunternahm. Aber endlich saß ich oben und konnte die Waffe laden. Die Ricke war satt und legte sich hin.

Nun war erst einmal Ruhe. Aber dort hinter den Erlen am Graben, das Rote: Das war doch etwas? Ja es war ein Reh, und was für eines. Es hatte das Haupt oben, aber es war durch Zweige verdeckt. Es war einfach zum Auswachsen. Der Nieselregen stäubte ohne Unterlass, er war eher noch stärker geworden. Aber dann stieg das Reh in der Grabenböschung weiter nach oben, und ich konnte auch erkennen, dass es ein Bock war, und zwar der junge Spießer.

Von dort sollte doch eigentlich mein Bock kommen! Warum stand jetzt der Spießer an einer Stelle, wo er sonst nicht geduldet wurde? Fragen über Fragen. Eine junge Ricke erhob sich aus dem Gras und äste friedlich auf mich zu. Jetzt stand sie auf einer Stelle mit niedrigem Graswuchs, und als sie einen Hinterlauf hob, um sich zu lecken, sah ich an der ausgeprägten Spinne und den eingefallenen Weichen, dass sie bereits gesetzt hatte. Auch die alte Ricke stand wieder auf. Auch bei ihr war zu erkennen, dass sie schon gesetzt hatte – sie hatte ich bereits mit ihrem Kitz gesehen. Plötzlich hörte ich ein Flügelrauschen über mir, und schon krächzte die Krähe gewaltig los. Beide Rehe hatten sofort unruhig aufgeworfen, während die alte Vettel weiter über mir kreiste und krächzte. Wenn sie mir heute den Ansitz verderben würde, musste ich doch eine Schrotpatrone opfern. Aber die Rehe beruhigten sich wieder, und auch die Krähe sah ein, dass ich eigentlich gar nicht da war.

Die jüngere Ricke wechselte unter mir in den Wald. Sicherlich hatte sie ihr Kitz irgendwo im Unterholz liegen. Langsam wurde es ungemütlich, denn der Sprühregen ließ nicht nach. Die Zeit verging, die Lichtverhältnisse nahmen ab. Aber dort rechts auf der Wiese, immer wieder von den Ästen der Nachbareiche verdeckt, wechselte ein Reh. Ein Blick durchs Glas bestätigte meinen Bock, aber es waren gut einhundert Meter bis dahin, und immer wieder waren Äste vor ihm. Ich musste mich schnell entscheiden, denn gleich würde noch dichteres Laubwerk ihn verbergen. Ich hob die Bockbüchsflinte auf die Brüstung, visierte den Bock an, stach ein, hielt die Luft an und ruckte am Abzug. Klick, sagte es. Hatte sich denn alles gegen mich verschworen? Ich hatte in der Aufregung das Entsichern vergessen.

Noch einmal visierte ich den Bock an. Gott sei Dank stand er noch einmal still – nur wenige Schritte weiter wäre er nicht mehr zu sehen. Wieder rührte ich am Drücker. Im Knall sah ich den Bock davon stürmen. Mehr nicht.

Es vergingen ewig lange Minute, ehe ich mich entschloss, abzusteigen und im nassen Gras wenigstens den Anschuss zu suchen. Die Wiese war leer, als ich in die Richtung ging, in welcher der Bock gestanden hatte. Plötzlich, etwa zehn Meter vor mir, kam ein Rehhaupt aus dem Gras hoch. Ich wollte sofort schießen, aber es war nichts weiter vom Reh zu sehen. Also vorsichtiger Rückzug und warten. Da stand der Bock auf und quälte sich weiter. Auf so kurze Entfernung und mit dem Zielfernglas konnte ich nichts ausrichten. Da lag er auch schon wieder an der Grabenböschung, und als er wieder aufstand, war er von Erlenruten verdeckt.

Schließlich war er fort, wohin eigentlich? Ich wollte gerade zurückgehen, als der Bock wieder zurückkam, nur dieses Mal schneller. Schnell hatte ich die Waffe wieder oben und visierte ihn an. Gott sei Dank sah ich im Zielfernglas gerade noch rechtzeitig, dass es der falsche Bock war! Die mühsame Flucht des Alten hatte mir den Jungen zugetrieben. Man soll eben immer erst genau schauen, und dies rettete mich nun vor einem Fehlabschuss. Nun war für heute aber wirklich Schluss. Ich suchte noch das erste Wundbett auf, in dem sehr viel dunkler Schweiß zu finden war, und verschob alles Weitere auf den nächsten Morgen.

Ich schlief sehr unruhig und war sehr zeitig mit meinem Sohn wieder im Revier. In der Nacht hatte es noch einmal geregnet, und wir waren, noch ehe wir das Wundbett erreichten, klitschnass.

Trotz des Regens war die Schweißfährte deutlich, und wir standen kurze Zeit später vor meinem Bock, den ... die Sauen in den Graben gezogen und zum größten Teil aufgefressen hatten. Die Fährte deutete auf ein großes einzelnes Schwein. Ich musste wohl noch weiter ansitzen, wenn ich an meinen Braten kommen wollte.

Es blieb mir nichts weiter, als das Haupt abzuschärfen und den Rest einzuroden. So war Traumbock Nummer Zwei fast wieder zu einem Alptraum geworden. Die Trophäe des sieben- bis achtjährigen Bockes sollte aber auf jeden Fall einen Ehrenplatz an der Wand bekommen.

Eine Morgenpirsch, wie ich sie liebe

Seit Tagen brannte die Sonne unbarmherzig vom Himmel. Die Wiesen wurden grau, im Wald knackte alles vor Trockenheit. Auch im Haus kühlte es sich nicht mehr ab, und man schlief unruhig.

Ich war um drei Uhr in der Früh aufgewacht und vollkommen munter. Nicht etwa ausgeschlafen oder ausgeruht, aber nicht mehr in der Lage, ruhig weiterzuschlafen. Behutsam schlich ich mich aus Schlafzimmer und Haus, um keinen zu wecken, und war schon bald darauf im Revier. Mein Ziel war die Wald-Feldkante. Hier auf der Brachfläche konnte ich auf einen Fuchs hoffen.

Ich stellte das Auto in einer Schneise ab und pirschte vorsichtig zur Kanzel. Die Meisen wisperten in den Kiefern, und im nahen Laubwald schlug noch eine Nachtigall. Es war die Stunde, in der sich die Nacht verabschieden muss, und der neue Tag sich ankündigt.

Im Osten in der Krone alter Eichen schimmerte es rot und formte sich bald zu einem Glutball, der sich höher und höher schob. Bald stand er, nun auch schon größer und blendend hell, hoch und frei am Firmament.

Die ersten Lerchen stiegen über der Brachfläche auf und besangen mit aller Kraft den neuen Tag, als ob er nichts Übles bringen könnte. Ich ließ mich gern von der Stimmung einfangen und leuchtete mit dem Glas die Umgebung ab. Nicht weit entfernt hatte sich jetzt eine Amsel auf die höchste Spitze einer kleinen Kiefer gesetzt und stimmte mit ihrem Gesang in das große Jubilieren ein. Zwei Hasen suchten einander, und als noch ein dritter störend hinzukam, gab es Ohrfeigen. Aus dem weiter entfernten Gerstefeld war ein Schmalreh ausgetreten und suchte auf der Brachfläche nach frischen Kräutern. Es sicherte immer wieder zurück ins Getreide. Ob da wohl ein Bock folgen würde oder sogar die Sauen im Getreide steckten? Die Ungewissheit kann Spannung erzeugen. Aber endlich schob sich ein weiteres Reh aus dem gelben Halmenmeer. Ich stellte das Fernglas auf stärkste Vergrößerung und legte die Arme auf die Kanzelbrüstung. Ganz nahe holte ich mir den guten, jungen Sechser vor die Augen. Es war ein prachtvoller Anblick, dieses kräftige Rot der Decke im Grün der Gräser vor dem gelben Hintergrund der reifen Gerste. Eine prächtige Sechserkrone zierte sein Haupt, geperlt bis hoch zur Mitte. Es war zu merken, dass er seinen Wintereinstand in einem Waldrevier hatte, in dem es Brombeere, Himbeere, Ginster und andere gute Dinge in Fülle gab. Einige Male versuchte der wohl vierjährige Bock, sich dem Schmalreh verliebt zu nähern. Aber es war ihm noch nicht zu Willen, und so trieb er es mehrere Male im Kreis, ehe er sich wieder ins Gras legte, um zu ruhen.

Die Blattzeit ist eine der schönsten Zeiten im Jahr. Ich hatte mir einen Bock mitten im Wald ausgesucht, den ich in dieser Zeit erjagen wollte. Er wollte es mir nicht leicht machen, denn er stand inmitten größerer Kiefernwaldungen teilweise mit Unterwuchs von Traubenkirschen. Einen festen Wechsel hatte er nicht, und bis zur Feldkante kam er nicht. Die einzige Kanzel hier konnte mir nicht viel helfen – aber kommt Zeit, kommt Rat.

Ein Krähenpaar zog über mich hinweg, und ein Rotrückenwürger verspeiste seine Beute im nahen Busch. Es war nie langweilig. Aber es kam kein Fuchs.

Es wurde sechs Uhr und helllichter Tag. Hier an der Wald-Feldkante würde sich nicht mehr groß etwas tun. Das Rehwild war wieder ins Getreide gezogen, und nur der eine Hase saß noch unter meiner Kanzel. Ich beschloss, den Morgenansitz zu beenden und stieg von der Kanzel. Als ich am Auto stand, fiel mir ein, dass im Kofferraum die Minerallecksteine lagen, die ich gestern gekauft hatte; die konnte ich doch gleich noch herausbringen. Gesagt, getan. Den ersten hatte ich bald auf einem abgesägten Baum platziert. Den vorigen Stein hatte das Wild hier sehr gut angenommen, und es war immer wieder Betrieb, wie die Fährten zeigten. Dann fuhr ich über einen breiten Gemarkungsweg zur anderen Revierseite. Ich fuhr leise, im ersten Gang mit Standgas, und schaute nach links und rechts. So kam ich zu den Sandbergdickungen, zu dem Revierteil, wo mein Bock stehen sollte. Aber da, vorn auf dem Weg, noch dreihundert Meter entfernt, stand doch ein Reh! Ich trat die Kupplung, und der Wagen stand. Ich versuchte das Glas auf das Lenkrad aufzustützen, aber das ging nicht, solange der Motor lief. Als ich den Schlüssel herumgedreht hatte, konnte ich sehen, dass es ein Bock war, und gleich darauf konnte ich vermuten, dass es mein Bock war. Die sehr eng und gerade stehenden Stangen waren geradezu sein Markenzeichen.

Hatte ich hier eine Chance? Ganz gleich – ein Versuch konnte nicht strafbar sein. Ich ließ das Auto mitten auf dem Weg stehen, stieg aus und lud eine Kugel. Der Bock stand an der rechten Wegseite und tauchte förmlich ein in das Meer der samentragenden Schwingelgräser, welche den Waldboden in ein zartes Rot hüllten. Ich war ohne jede Deckung und konnte nur hoffen, dass der Bock sich nicht zu mir umdrehen würde. Mit den Schuhen war ich mir zu laut. Ich streifte sie schnell ab – und nun schnell weiter. Es war angenehm, so auf Strümpfen auf dem festen Sand, aber halt, hier war irgendwas gar nicht angenehm. Ich war auf einen Kiefernzapfen getreten. Ich nahm dies alles aber nur am Rande wahr, denn ich wollte den Bock nicht aus den Augen verlieren, der jetzt auf die andere Wegseite wechselte und stetig von mir weg zog. Auf diese Weise kam ich immerhin etwa dreihundertfünfzig oder vierhundert Meter weiter – immer frei auf dem Weg, mit dem Gefühl auf dem Präsentierteller zu stehen.

Etliche Male, wenn der Bock sich seitlich gedreht oder aufgeworfen hatte, ging ich auf die Knie hinunter, als ob ich mich dadurch hätte unsichtbar machen können. Aber zum Nachdenken war keine Zeit. Nun ging der Weg über einen kleinen Hügel, und ich konnte den Bock des Öfteren kaum noch sehen. Immer weiter ging er auf dem Weg entlang – und ich ihm nach, immer noch in der Mitte des Weges, weil dort wenigstens nichts unter meinen Füßen knacken konnte.

Plötzlich war rechts vom Weg Bewegung im hohen Gras, und

zehn Meter vor mir wuselte ein Dachs auf den Weg. Mir blieb fast das Herz stehen. Hoffentlich nahm mich der Dachs nicht wahr und verjagte mir durch seine Flucht den Bock! Aber meine Gebete wurden erhört, und er verschwand auf der anderen Wegseite, ohne mich zu sehen. Die große Samenkiefer links vom Weg: Bis dahin müsste ich kommen, um die Waffe anzustreichen, denn stehend freihändig traute ich mir nach dieser Pirsch keinen Schuss mehr zu. Und ich schaffte es. Der Bock äste mittlerweile zirka hundert Meter vor mir, ebenfalls auf der linken Wegseite.

Ich lehnte mich mit der Waffe gegen die raue Borke der Kiefer und suchte den Bock im Fadenkreuz, aber immer zeigte er mir nur die Hinterpartie. Endlich drehte er sich etwas, und ich krümmte den Finger. Klick, machte es ernüchternd. Ich wurde fast närrisch nach der Anspannung, hatte ich doch gestochen, aber nicht entsichert. Der Bock hatte von all dem Gott sei Dank nichts mitbekommen. Ich ging auf die Knie hinunter und lehnte mich gegen den

Baum. Das Herz schlug mir im Hals, und der Bock zeigte mir wieder nur die Kehrseite und zog weiter von mir weg. Die Waffe wurde schwer wie Blei, lange konnte ich sie nicht mehr ruhig halten. Endlich drehte der Bock sich, um den Weg noch einmal zu überqueren. Der Schuss war heraus, und der Bock sprang steil auf, um noch auf dem Weg zusammenzubrechen.

Dieses Mal wartete ich nicht länger, sondern lief sofort hin. Die Hinterläufe zuckten noch, aber die Lichter hatten schon den grünen Schimmer der anderen Seite. Ich setzte mich erst einmal auf die kleine Wegböschung, um zu verschnaufen. Wie viel Zeit war eigentlich vergangen vom Abstellen des Motors bis jetzt? Ich wusste es nicht – es kam mir vor wie eine Ewigkeit. Langsam kam ich wieder zu mir selbst, und ich freute mich über meinen Erfolg. Vor mir lag ein sechs- bis siebenjähriger Bock mit sehr langen engstehenden Stangen mit nur geringer Vereckung. Es war der Bock, an den ich vor einer Stunde noch so intensiv gedacht hatte. Er war mir, wenn ich die letzten anstrengenden Minuten nicht rechnete, förmlich in den Schoß gefallen.

Nun hatte ich wieder den Blick frei für alles andere, sah mit viel Freude das prächtig gefärbte Dompfaffmännchen mit seiner Frau auf dem Weg und zu meinen Füßen den Ameisenlöwen, der seinen Fangtrichter reparierte, den ich ihm mit meinen großen Füßen wohl eingetreten hatte.

Ein schöner Morgen und eine erfolgreiche Pirsch hatten den Tag beginnen lassen. Nun konnte es mit dem täglichen Allerlei weitergehen.

Wenn man schon einmal plant ...

Es war März, und der Mond wurde immer runder. Ich hatte Bewegung an der Kirrung und beschloss, einige Abende anzusitzen. Der bleiche Schein des Mondes macht es doch oft möglich, noch mehr vom Leben in Wald und Feld zu sehen. Heute zeigte sich die Mondscheibe erst halb, und es würde noch zu dunkel sein, um jagdlich zu Erfolgen zu kommen. Aber eigentlich wollte ich auch meine Neuerwerbung ausprobieren, und für diesen Zweck war es gerade richtig. Sternenklarer Himmel, und eine gut erkennbare Mondsichel sollten ausreichen, um mein kleines, handliches Nachtsichtgerät zu testen.

Wie ich in nordwestlicher Richtung zum Himmel schaue, fällt mir ein großer heller Schweif auf. Es ist kein Flugzeug, keine Sternschnuppe; er zeigt sich einfach riesig und scheinbar stillstehend, dieser hell scheinende Keil. Da erinnere ich mich an die Nachrichtensendungen der letzten Tage, in denen immer von einem Kometen mit dem Namen „Hale Bopp" die Rede war. So sah der also aus! Es war schon ein ergreifender Anblick, wenn man sich so seine Gedanken machte, während man mit dem einfachen Jagdglas in den Himmel schaute.

Ein leises, knackendes Geräusch riss mich aus meinen Träumereien. Da war doch was? Und noch einmal war etwas zu hören, so etwas wie leise Tritte auf dem Waldboden.

Jetzt trat vorsichtig, immer wieder sichernd, ein Reh aus dem Dunkel des Kiefernwaldes. Ich hatte längst das Glas an den Augen und konnte das Stück als mittelalten Bock ansprechen. Nun sollte sich aber zeigen, ob mein Weihnachtsgeschenk auch nützlich war. Ich legte vorsichtig das Glas auf die Ablage und hob mit der rechten Hand das Nachtsichtgerät ans Auge. Die Schärfe hatte ich schon vorher auf die Entfernung von fünfundzwanzig Metern eingestellt. Relativ gut konnte ich die Sechserstangen zwischen den Lauschern ansprechen und auch das Spiel der Lauscher beim weiteren Sichern erkennen.

Wenn man vor dem Kauf keine Wunder erwartet hatte, konnte man durchaus zufrieden sein. Zum Beobachten des nächtlichen Lebens war das Gerät schon eine Bereicherung. Der Bock ging sichtlich beruhigt zum Mineralleckstein und knabberte an der getränkten Baumrinde. Ich schien mit dem neuen Leckstein eine gute Wahl getroffen zu haben, denn die Fährten um den Stamm herum zeigten einen regen Betrieb an.

Nun kam von der anderen Seite der Kirrfläche neuer Besuch. Zwei Kaninchen saßen wenige Augenblicke still vor der Schonungskante, ehe sie anfingen, sich zu jagen und allerlei muntere Spiele zu spielen. Ich hatte immer etwas zu schauen, und die Zeit wurde nicht lang. Mittlerweile hatte der Bock die Fläche wieder verlassen, und bald hatten auch die Kaninchen sich wieder zurückgezogen. Im entfernten Dorf bellte ein Hund.

Im Schein meiner kleinen Taschenlampe sah ich, dass ich doch schon drei Stunden hier saß. Sauen würden wohl heute nicht mehr kommen, und so trat ich, zufrieden mit dem Erlebten, den Heimweg an.

An den nächsten drei Abenden war es mir nicht möglich, ins Revier zu fahren. Nur zum Füttern am späten Nachmittag war ich draußen gewesen und hatte gesehen, dass auch die Sauen meine Kirrung regelmäßig besucht hatten. So herrschte wenigstens auf einer Seite Zufriedenheit.

Morgen Abend, der Mond schien fast voll, würde ich Zeit haben. – Aber ... wenn man schon einmal plant!

Eine geschlossene Wolkendecke hing am Himmel und ließ den Mond nur erahnen. Gleichviel, ich fuhr hinaus. Es könnte ja besser werden und wenn, ... dann war ich vor Ort.

Es mochte etwa eine Stunde vergangen sein, als links von mir in der Kieferndickung Bewegung war. Nun quiekte ein Schwein auf, und es war klar, was sich dort näherte. Sofort baute sich eine schöne Spannung auf, die wohl kein Jäger missen möchte. Es waren mehrere Sauen, soviel stand fest. Aber welche Zusammensetzung würde die Rotte haben? Würden vielleicht schon Frischlinge mitlaufen? Von der Zeit her war es möglich. Es vergingen weitere, endlos lange Minuten, ehe erneute Geräusche das Näherkommen der Sauen anzeigten. Da, der dunkle Fleck vor der Schonung war doch neu! Jetzt bewegte er sich auch und war schon wieder verschwunden. Längst hatte ich wieder das Glas an den Augen, als sich gleich drei Überläufer auf die Fläche drängten. Aber sie blieben unruhig und waren auch schon wieder im Wald untergetaucht.

Es war nun wirklich nicht hell; aber die Sauen hatten wohl schon zu viele schlechte Erfahrungen mit den Kirrflächen gemacht. Es kamen immer nur einzelne, schnappten sich einen Maiskolben oder eine Zuckerrübe und verschwanden damit im schützenden Wald.

Ich versuchte sie zu zählen und kam auf eine Bache mit fünf Überläufern. Frischlinge waren noch nicht dabei.

Das Licht war für das zehnfache Glas gerade noch ausreichend, für das Zielfernglas jedoch eher mangelhaft. Da – eben kamen wieder drei Überläufer heraus, um sich etwas zu suchen! Ich ging mit dem Flintenlauf mit und versuchte mit dem Zielfernglas Hinten und Vorne zu unterscheiden. Das gelang mir noch, aber um nun auch sicher sagen zu können: Er steht richtig breit, dazu reichte das Licht nicht.

Die Zeit verging, die Wolkendecke blieb. Mehrmals noch versuchte ich das Spiel mit dem Zielfernglas, hatte auch das Fernglas noch gleichzeitig auf der Fensterbrüstung, aber es wurde einfach nichts Vernünftiges daraus.

Schweren Herzens nahm ich die Waffe zurück und sicherte sie. Aber ich war gleichzeitig froh, dass ich mich so entschieden hatte, denn für einen möglichen Schlumpschuss ist jede lebende Kreatur zu schade.

Ich blieb noch mindestens weitere dreißig Minuten, ehe die Sauen gesättigt weiterzogen. Nach meiner Entscheidung hatte ich sie, entspannt und so gut es bei dem Licht noch ging, weiter beobachtet. Ich wollte hier an der Kirrfläche keine unnötige Beunruhigung.

Endlich konnte ich die Kanzel verlassen. Ohne Beute, aber auch ohne Bürde trat ich den Heimweg an. Das Wetter blieb, aber es kam ja ein neuer Monat und damit ein neuer Mond.

Eine Neujahrsfahrt

Etwa eine Woche vor Weihnachten hatte der Winter uns in seine Fänge bekommen. Kahlfrost drang in den Boden ein und zog tiefer und tiefer. Wenn man einen Waldweg oder Feldweg befuhr, staubte es, als wäre es Sommer. Alle hofften, dass endlich Schnee fallen würde, um die Natur einzuhüllen. Nacht für Nacht fielen die Temperaturen auf minus acht oder sogar zehn Grad.

Die Woche vor den Weihnachtsfeiertagen schien der Mond so hell vom Himmel, dass ich unbedingt heraus musste. Ich hatte ja meine Kanzeln an den Kirrungen recht gut abgedichtet, und wenn man die nötige Kleidung anzog, konnte man schon einmal zwei oder drei Stunden sitzen. Betrieb war an den Kirrungen, wenn auch bei weitem nicht mehr so, wie wir es gewohnt waren. Die leider nicht mehr zu kontrollierenden Abschüsse hatten die Wildbestände drastisch reduziert. Es gab zu viele Jäger, die große Sauen oder Hirsche schießen wollten und dabei nicht bedachten, dass ein grober Keiler als Frischling geboren wird und erst nach Jahren ein Hauptschwein wird. Eine Bache dagegen wird nie ein Keiler, auch dann nicht, wenn sie auf einer Drückjagd geschossen wird.

An zwei Abenden war es so still gewesen, dass man glaubte die Stille hören zu können. Nur ab und an kläffte in einem entfernten Dorf ein Hund, und einmal zogen am nächtlichen Himmel Gänse vorbei, die noch nicht recht wussten, wo Süden war. „Gag, gag", schallte es überlaut durch die Nacht. Da hatten es die Hausgänse in ihren warmen Ställen besser – zumindest bis Weihnachten.

Am dritten Abend sollte es hinaus gehen, denn in zwei Tagen war Weihnachten. Am Vormittag hatte ich beim Streuen von Rüben und Getreideabfällen drei Damhirsche an der Kirrung bei der Sandbergdickung vorgefunden, auch sie hatten herausgefunden, wo es zusätzliche Nahrung gab. Zwei der Hirsche hatten stärkere

Geweihe, der dritte war ein sehr gut veranlagter Jährling mit hohen Spießen. Die sprichwörtliche Neugierde, die ihnen leider oft zum Verhängnis wird, ermöglichte mir hier ein kurzes Ansprechen. Nach wenigen gehopsten Sprüngen verhofften sie noch einmal im Stangenholz, ehe sie im langsamen Troll davonzogen.

Nachdem ich das Futter ausgestreut hatte, ging ich zur Kanzel und bestieg jede Leitersprosse mit wiegendem Schritt, um die Frostspannung im Holz zu lösen – auf diese Weise vermied ich allzu laut quietschende und knarrende Geräusche am Abend beim Besteigen der Kanzel. Denn hier wollte ich heute Abend ansitzen, so viel stand fest.

Ich fuhr dann recht zeitig hinaus, denn es war damit zu rechnen, dass die eine oder andere Bache rauschig sein könnte – dann sind die Rotten oft schon sehr früh auf den Läufen.

Es mochte dennoch wohl schon eine Stunde vergangen sein, und ich hatte erst einmal einen Schluck Heizöl auf meinen inneren Ofen gegossen. Ich hoffte, dass ich nicht noch einmal nachlegen musste und dass die Sauen bald kommen würden.

Irgendwie war mein Wunsch erhört worden. Rechts von mir in der Sandbergdickung knackte es und gleich darauf noch einmal. Eigentlich hätten die Sauen noch ein wenig warten können, denn ein Blick zur Kirrfläche zeigte, dass der Mond noch nicht hoch genug stand und die Fläche noch nicht ausreichend beschien.

Aber im Hochwald, um die Kanzel herum, schickte er überall sein Licht zwischen den Baumkronen hindurch. Dieses Aber bestimmte alles Weitere.

Ich sah zwei Frischlinge durch den Hochwald in Richtung der Kirrfläche ziehen, jedoch als ich das Fenster langsam – und vor allem leise! – öffnete, sah ich meinen Atem in Form einer kleinen Wolke in Richtung der Kirrfläche davon schweben. Na, wenn das man gut ging … und natürlich ging es nicht gut. Mit einem deutlichen „Pfff …" holte die Führungsbache Wind ein und brammte gleich darauf mahnend. Ich wagte mich nicht mehr zu bewegen, denn die Tritte bewegten sich zu meiner Kanzel hin. Laut knirschte die dicke Schicht des gefrorenen Mooses unter den Schalen der Sauen.

Den Schweinen war die Sache nicht geheuer, gleichzeitig schien es, als konnten sie ihre Angst nicht richtig deuten. Es vergingen bange Minuten, bis ich hörte, dass sie sich doch wohl nach hinten entfernten.

Jetzt konnte ich mich zunächst wieder entspannen. Gleichzeitig spürte ich, wie die Kälte wieder an mir hochkroch. Na, noch einmal brauchte ich den Ofen nicht aufzugießen, lange würde ich nicht mehr bleiben.

Es waren wohl fünf oder zehn Minuten vergangen, als das Knacken wieder zurückkam – wieder bis fast an die Kanzel. Aber es entfernte sich auch wieder, und diesmal endgültig. Nach einer weiteren Viertelstunde stieg ich von der Kanzel und sah an den Abdrücken im Moos, dass einige Frischlinge wirklich bis zu meinen Leiterholmen herangekommen waren.

Na, das war's nun für diesen Mond. Erst im neuen Jahr würde ich wieder jagen, falls es bis dahin schneien würde. Aber es war doch schön hier draußen gewesen; die Minuten voller Geräusche und Spannung konnte mir so leicht kein Fernsehprogramm ersetzen.

Und es kam Schnee, gleich nach dem Weihnachtsfest. Der Frost blieb nicht nur, sondern er zeigte uns, was er konnte. Am Tag ging das Thermometer auf minus zehn oder zwölf Grad, aber in der Nacht wimmerte der Schnee unter tiefen zwanzig oder sogar vierundzwanzig Grad.

Nun war es erst einmal aus mit der Jagd. Jetzt galt es das Wild nicht unnötig zu beunruhigen und auch ein wenig zu füttern. Die Zuckerrüben, die ich jetzt täglich auf die Kirrungen warf, waren am folgenden Tag immer fort. Damwild und auch ein kleines Rudel Rotwild hatten sich als ständige Gäste eingefunden.

Der zehn Zentimeter hoch liegende Pulverschnee ermöglichte es noch jedem Wild an Heidekraut oder Blaubeersträucher zu gelangen. Nur leider war unser Nutzwald nicht immer wildfreundlich in der Menge und Vielfalt seiner Gaben.

Am Neujahrsmorgen stellte ich fest, dass mein Vogelfutterhaus im Garten schon einige Gäste bekommen hatte, die sonst lange in

Wald und Feld aushalten. Die Blau- und Kohlmeisen sowie die frechen Spatzen waren natürlich die ersten, die gemerkt hatten, wo es etwas gab. Die Amseln hatten noch in den Gärten nach vergessenem Obst gesucht, aber das war nun auch untergeschneit und nicht mehr so einfach zu finden. Ich war am Vormittag mit der Futterschüssel in den Garten gegangen, um das Futterhäuschen nachzufüllen und schaute natürlich vorher, ob Betrieb wäre. Neben dem Volk der Meisen saßen zwei Buchfinkenmännchen und ein Rotkehlchen am Haus. Ein Wendehals und ein Buntspecht saßen auf einem nahe stehenden Apfelbaum.

Weil meine Frau mich begleiten wollte, verschob ich meine Fahrt ins Revier auf die Stunde nach dem Mittag. Die Eimer mit Zuckerrüben wurden gefüllt, und auch Heu sowie Kastanien waren an Bord. An den ersten beiden Futterstellen war nur mäßiger Betrieb von Rehen und Hasen sowie Kaninchen. Das Rehwild hatte an den Waldrändern versucht, Heidekraut freizuschlagen.

Wir fuhren einen breiten Waldweg entlang, um noch zwei weitere Fütterungen zu beschicken, und ich musste meine Blicke meist auf den Weg konzentrieren, als meine Frau plötzlich sagte: „Dort oben im Wald ist Wild.“ Ich hielt langsam an und musste einige Meter zurücksetzen, ehe auch ich das Rotwild im Hochwald ausmachen konnte. Langsam fuhren wir weiter und erreichten bald darauf eine Fütterung. An einer Stelle, wo der Weg einen Knick machte, konnte ich einen Blick nach vorn werfen und sah bereits einige größere Gestalten auf der Fläche stehen. Ich machte meine Frau darauf aufmerksam, und kurz darauf hatten wir die Fläche frei vor uns.

Ein mittelalter Damschaufler und ein Tier mit Kalb räumten nur ungern die Stelle und würden sich auch wohl nicht zu weit entfernen. Sie hatten schon mitbekommen, von wo die täglich angefahrenen Rüben kamen.

Die Sonne strahlte vom blauen Himmel, und der Schnee glitzerte auf den Zweigen. Ein schöner Wintertag für uns Menschen.

Ein Jagdtag, der morgens begann

Der Januar neigte sich dem Ende zu. Wir hatten starken Frost und auch reichlich Schnee gehabt. Jetzt war ich froh, dass das einsetzende Tauwetter den gesamten Schnee fortnahm und kein Harsch entstand, der immer viele Opfer unter den frei lebenden Tieren fordert. Der Winter hatte noch gut einen Monat, da konnte er gern noch einmal neuen Schnee bringen.

Es war zehn Uhr, und ich ging zum hinteren Hofgelände, um den Tauben und dem übrigen Federvieh den Stall zu öffnen. Die erste Mahlzeit bekamen sie im Stall, weil seit einigen Wochen ein besonderer Liebhaber von Tauben und Hühnern regelmäßig bei mir vorbeischaute und nachsah, ob nicht was für ihn dabei sei. Dieses alte Habichtsweibchen war aber auch zu dreist, hoffentlich würde es im Frühjahr weiterwandern, sonst musste ich mit ihm deutlich werden.

Die Hühner drängelten sich an mir vorbei, kaum dass ich die Stalltür geöffnet hatte. Dem stolzen Hahn war der Kamm ein wenig verfroren, und er drehte oft den Kopf, weil es ihn juckte. Ich hatte den Kamm mit einer Salbe eingerieben, mehr konnte ich im Moment nicht tun. Mein Hund stelzte zwischen den Hühnern herum, die ihm nur widerwillig Platz machten. Er hätte sie so gern ein wenig gescheucht, aber er wusste, dass er das nicht durfte – er respektierte das, wenn auch immer wieder mit einem Blick zu mir, der wohl fragen sollte: Darf ich nicht doch? Nachdem ich den Taubenschlag geöffnet hatte, wurde ich beim Füttern nur so umflattert. Eine Taube versuchte es sogar mit einer Zwischenlandung auf meinem Hut.

Jetzt ging mein Blick hinüber zum Vogelfutterhaus. Hier war wohl ebenfalls Nachschub fällig. Eine Blaumeise hing am Futterring und ließ sich eben von einem Buntspecht wegjagen. Auf der Zwischenplattform des Futterhauses saß ein Rotkehlchen einträchtig neben einem Buchfinkmännchen und öffnete Sonnenblumenkerne.

Ein schöner sonniger Wintermorgen. Gleich nach dem Füttern wollte ich ins Revier fahren, um an den Kirrungen nachzuschauen, und dabei auch dem Schalenwild einige Zuckerrüben aus der Miete hinzuwerfen.

Plötzlich schackerte eine Amsel entsetzt im Nachbargarten. Ein großer grauer Schatten strich dicht über dem Boden heran, kam einmal kurz hoch, um den hohen Maschendrahtzaun zu überqueren und glitt dann weiter im Tiefflug auf mich zu. Die zeternde Amsel, die von den erfrorenen Äpfeln fort unter die Johannisbeerbüsche geflüchtet war, interessierte ihn nicht. Sie war ihm wohl zu klein; er hatte es auf meine Tauben abgesehen.

Ich riss die Arme hoch und machte Lärm. Die Tauben stürmten erschrocken in den Schlag zurück, und der Habicht drehte ab.

Erschrocken wirkte er nicht, nur gestört. Ich musste zugeben, ich war nun bald überzeugt, dass hier nur eine Zwangsumsiedlung half – und wer umsiedeln musste, stand auch fest.

Nun, jetzt wollte ich aber erst einmal ins Revier. Mein Sohn begleitete mich, wie schon so oft. An der Rübenmiete war zu erkennen, dass zumindest die Kaninchen ständige Gäste waren. Aber auch die anderen Stellen, an denen wir immer wieder Rüben ausstreuten, waren leer. Auf dem Rückweg fuhren wir bei der Kirrung am Schwarzen Berg vorbei. Hier hatte ich neulich bemerkt, dass eine Leitersprosse ausgewechselt werden müsste. Nachdem der Frost nun aus dem Holz war, ging die Reparatur schnell vonstatten.

Auf der Kirrfläche sah ich die Fährten von Rotwild, und einige Haarbüschel lagen am Malbaum der Sauen und am Leckstein. Die Sauen selber glänzten schon längere Zeit durch Abwesenheit – wo mochten sie bloß stecken?

Die Luft war lau und der Mond halb voll; wenn bis zum Abend keine dicke Wolkenwand kommen würde, könnte man hier ein paar schöne Stunden versitzen, in die Nacht heraushören und vielleicht dem Rotwild zuschauen. Ich stieg also noch einmal auf die Kanzel hinauf und sorgte für Durchzug. Große Mengen kleiner

Fliegen hatten hier ihr Winterquartier bezogen und hätten sich am Abend, wenn sie die Kanzel mit mir teilen sollten, rebellisch gezeigt. Da war es besser, ich zeigte ihnen schon jetzt, wem die Kanzel gehört.

Der Nachmittag verging mit einigen kleinen Arbeiten, und der Abend wurde wie erwartet schön. Ich machte mich waldfertig, und meine Frau meinte noch: „Willst du wirklich hinaus? Es ist doch dunkel!“

Aber ich wollte, und dunkel war es nur für Nichtjäger.

Nach kurzer Zeit hatte ich die Stelle an der Waldkante erreicht, an der ich sonst mein Auto abstellte, aber heute wollte ich weiter fahren. In den alten Fahrspuren war jetzt das blanke Eis unter einer dünnen Wasserschicht, das war ein mühseliges und unsicheres Gehen. Noch bevor ich in den Waldweg einbog, der zu meiner Kirrung führte, schaltete ich auf Standlicht. So gewöhnten sich meine Augen an das Licht, und der Scheinwerfer geisterte nicht durch den nächtlichen Wald.

In einer Bodensenke stellte ich den Wagen ab, es waren nur noch etwa zweihundert Meter zur Kanzel. Vorsichtig schlurfte ich zur Kanzel, stieg hinauf und machte es mir im Stuhl bequem. Die Decke über die Knie gelegt, lehnte ich mich zurück und träumte vor mich hin, bis ein Fuchs mich mit seinem Bellen wieder in die Wirklichkeit zurückbrachte.

Ja, die Liebe – er fühlte sich wohl allein und bellte den Mond an, aber der würde ihm auch nicht helfen können. Er musste schon weiter schnüren, bis er mit seiner empfindlichen Nase die Spur einer Fähe fand und ihr folgen konnte.

Wie lange saß ich eigentlich schon hier? Gerade wollte ich meine Uhr auf dem Arm freikrempeln, als es in den Kiefernstangen mir gegenüber knackte. Und wieder knackte ein Ast unter einem schweren Tritt, aber war das Rotwild?

Ich steckte den Kopf ein wenig aus der Luke, um noch besser hören zu können. Rotwild würde wohl in dem durchforsteten Wald lauter sein.

Die Spannung wuchs.

Mir war, als ob sich die Geräusche weiter näherten und setzte mich zurück, um das Fernglas zu greifen. Da stand auch schon ein dunkler Schatten am Malbaum. Ein weiterer folgte, und dann standen vier Frischlinge auf dem alten Schnee und suchten Körner auf. Ich beobachtete sie weiter mit dem Glas; ich hatte keine Eile, keinen Erfolgszwang. Würde noch etwas folgen? Es knackte ja noch im Wald. Nach einer langen Minute schob sich eine Bache auf die hellere Fläche, jetzt hatte ich einen Größenvergleich. Die Frischlinge waren nicht zu groß und auch die Bache war wohl nicht zu alt.

Im Moment waren die fünf Sauen beschäftigt, und mehr wurden es nicht. Nun regte der Jäger sich in mir und griff zur Waffe. Einen Frischling wollte ich mir holen, aber welchen? Mit dem Fernglas hatte ich alles unterscheiden können, aber im Zielfernglas sah es nicht so gut aus. Immer wenn ich glaubte, es stünde einer frei, und die Waffe oben hatte, schubsten sie sich durcheinander.

So ging es eine Weile hin und her. Ich wurde nun doch ein wenig nervös, denn das Glück hält nicht ewig. Da – jetzt ging ein Frischling wieder nach rechts heraus, um sich eine Rübe zu holen. Schnell die Waffe hoch, und nun sah ich ihn auch im Zielfernglas. Der Zielstachel ging hinunter zum Blatt, der Finger krümmte sich.

Mit dem Knall war die Bühne leer. Aber links in den Stangen brach etwas, floh Bäume an – ein gutes Zeichen. Ein Stück weiter im Wald stand wohl noch immer die Bache und brammte mehrere Male. Sie sammelte die Frischlinge zusammen.

Ich unterdrückte meine Ungeduld und blieb weitere fünfzehn oder zwanzig Minuten auf der Kanzel, aber eine richtige Andacht wollte nicht aufkommen. Wenn ich ein beschossenes Stück nicht im Feuer bleiben sehe, habe ich keine Ruhe, bis ich es im Besitz habe. Zu allem Unglück hatte ich meine starke Taschenlampe nicht bei mir. Beim Auto angekommen, beschloss ich, erst einmal nach Haus zu fahren und Hilfe zu holen. Ich war zwar überzeugt, dass mein Frischling nicht weit gekommen war, aber bei der Glätte war jede zusätzliche Hilfskraft willkommen.

Meine Frau war sofort bereit, mitzukommen. Wohl dem Jäger, der so eine Frau hat!

Ich fuhr dieses Mal bis auf die Fläche und suchte den Anschuss beim hellen Licht der Lampe. Aber trotz der hellen Eisschicht fand ich keinen Schweiß. Das konnte doch nicht sein, ich war doch gut abgekommen! Irgendwie wurde ich unsicher. Ich stand auf, um einige Meter weiter im Wald noch eine Kontrollsuche durchzuführen.

Eine Nachsuche mit Taschenlampe und ohne Hund war zwecklos. Schade, ich hatte meiner Familie versprochen, dass es wieder einmal Wildschweinleber geben würde; aber die würde morgen früh verhitzt sein. Ich suchte an den Bäumen nach abgestreiftem Schweiß, aber auch da fand ich nichts.

Der Schein der Taschenlampe fuhr noch einmal hilflos in den Wald. Aber da war doch was! Ja, da lag er. Nur fünfzehn Schritt vom Anschuss lag mein Frischlingskeiler mausetot.

Mir fiel ein Stein vom Herzen, und das nicht nur wegen der geretteten Leber. Gemeinsam zogen wir den Wutz aus dem Holz und verstauten ihn im Auto. Aufbrechen würde ich ihn später, weit entfernt von der Kirrung. Als ich ihn mir beim Aufbrechen genauer ansah, wusste ich auch, warum ich keinen Schweiß gefunden hatte. Der Frischling war sehr feist und hatte wohl beim Schuss ein wenig schräg gestanden, so dass die Kugel den Körper schräg durchschlagen hatte. Der Ausschuss war von einem Darmende verschlossen worden.

Ein Jagdtag, der wirklich morgens begonnen hatte, war zu Ende.

Dezembermond

Ich sitze am Ufer der Milde, habe die Augen geschlossen und träume. Eigentlich sitze ich hier auf Schwarzwild an, welches die Treiber aufspüren sollen. Mein Nachbar sitzt angespannt auf seiner niedrigen Kanzel. Ich kann ihn sehen, aber es herrscht nur das übliche Leben in diesem noch naturbelassenen Winkel. Das Flüsschen schlängelt sich in vielen Windungen durch die Niederung. Mächtige Erlen säumen die Ufer. Eine dünne Schneedecke hat die Flächen eingepudert. Dort drüben sind tiefschwarze Krater, hier haben die Sauen wohl in der letzten Nacht gesuhlt.

Vor mir ist ein kleiner Zufluss zum Wasser. Quellen im moorigen Boden schicken ihre Rinnsale, um aus dem Flüsschen einen Fluss zu machen. Ich denke an meine Kindheit zurück, an die unzähligen Erkundungsgänge eines Jungen in dieser noch so erlebnisreichen Natur.

Hundert Meter weiter oben stand die abgefaulte Erle, in deren hohlem Stamm die Käuze ihr Junges großzogen. Gefährlich hörte sich das Schnabelknappen an, wenn ich in die Höhlung schauen wollte. Und dahinter im Knick waren die beinstarken Quelllöcher im Flussgrund, nur am sprudelnden Kies zu erkennen.

Wie oft haben wir an den im Wasser liegenden Steinen nach Schlammpeitzkern oder Steinbeißern gegriffen oder versucht, sie in Marmeladengläsern zu fangen. Es war immer ein Erfolg, wenn wir eines dieser bärtigen Fischchen gefangen hatten. Und Krebse gab es in den Löchern der Uferböschung. Ich weiß noch, wie ich einmal einen gefangen hatte, der zwischen den Hinterbeinen viele, viele Eier hielt. Ich hatte so etwas noch nie gesehen, und als der Krebs, den ich mit zwei Fingern auf den Rücken gedreht hielt, kräftig mit dem Schwanz schlug, ließ ich erschrocken los und er fiel ins Wasser zurück.

Ich kann mich noch genau erinnern, wie ich meine erste Bachforelle mit den Händen gegriffen habe. Es war ein schöner Frühlingstag. Am Rande der Moorlöcher blühten blaue Leberblümchen. Ich hatte die Schuhe ausgezogen, sie mit den Bändern verknotet und um den Hals gehangen. Die Strümpfe steckten rechts und links in den Hosentaschen. Es war bitterkalt, aber nicht für einen Jungen. Meine Mutter wäre da sicherlich anderer Meinung gewesen, aber Mütter sind Gott sei Dank nicht immer bei den Entdeckungsreisen ihrer Söhne dabei.

Ich ging flussaufwärts, um klares, nicht von Wellen getrübtes Wasser vor mir zu haben. Schon einige Male hatte ich die silbernen Pfeile davonhuschen sehen. Gerade eben war einer nicht unter der Böschung verschwunden, sondern im Kraut der Wasserpest, welche sich an einem Stein in der Strömung hielt.

Vorsichtig schob ich einen Fuß vor den anderen. Nun stand ich vor dem Stein. Die Forelle musste noch darunter sein. Ich schob die Hände von links und rechts heran und griff zu. Ich hatte sie! Zwar noch zusammen mit dem ganzen Kraut, aber sie war mein. Ich konnte gar nicht so schnell an das Ufer und warf den Fisch schon einmal voraus. Aus irgendeinem Grund wollte ich mein Taschentuch greifen und wühlte dabei einen Strumpf aus der Tasche, der gleich stromab trieb. Mit Riesenschritten eilte ich hinterher und wurde nun natürlich selber nass, ehe ich den Strumpf greifen konnte. Aber ich hatte ihn glücklich wieder und dachte nun wieder an meinen Fisch. Er warf sich am Ufer hin und her. Flugs war ich bei ihm und betrachtete stolz meine Beute. Ich weiß noch, dass meine Mutter mir den – nicht sehr großen Fisch – gebraten hat und dass er einfach köstlich schmeckte.

Von weit her hallen Schüsse herüber, und ich rufe mir ins Bewusstsein, warum ich eigentlich hier bin. Ein Eichelhäher schaukelt rätschend durch die kahlen Baumkronen. Fest halte ich die Flinte in den Händen, als jetzt Dürrholz unter schweren Tritten knackt. Schwarze Körper versuchen den Fichtenunterwuchs zu erreichen. Die Flinte schwingt mit, und im Knall sehe ich einen Wutz zusammenrutschen. Ich bin wieder in der Gegenwart.

Wenn man Jahrzehnte in einem Revier jagt, ist bald jede Ecke mit irgendwelchen Erinnerungen behaftet, und es gibt Tage, an denen diese Erinnerungen sich besonders lebhaft einstellen. So ging es mir heute. Ehe ich das Mildebruch verließ, schaute ich noch zu meinem alten Fallenbaum, einem mächtigen Erlenstamm, den ich vor etwa zwanzig Jahren über den Flusslauf fallen ließ. Ich selbst benutzte ihn gern als Brücke, aber auch manches Stück Raubwild ging mir auf diesem Stamm ins Eisen. Im Winter fing ich einmal in einer Woche vier Füchse. Es war Ranzzeit, und die Füchse liefen weit. Ein anderes Mal fing ich einen Baummarder, an dem aber das Interessanteste die Beute war, die er mitschleppte: Dicht neben dem gefangenen Marder lag ein frisch abgeschnittenes Rehhaupt. Wo hatte er das her? Ich suchte im Umkreis von dreihundert Metern das Terrain ab, fand aber das dazugehörige Reh nicht. Wo der Marder hinwollte, war mir klar. Nur fünfzig Meter neben meinem Fangbaum wuchs eine mächtige, alte Lärche, in die der Schwarzspecht mehrere Höhlen gezimmert hatte. In einer von ihnen wohnten immer wieder Marder, und wenn sie auch nicht gern am Tage springen, ein Kratzen an der Baumrinde, welches scheinbar den Baum hochsteigt, halten sie selten aus.

Am Waldessaum angekommen, erinnerte ich mich an die erste Rebhuhnhenne, die mich von ihrem Gesperre weglocken wollte. Obwohl jetzt Winter herrschte, stand mir die Situation deutlich vor Augen. Ich hatte nach einer Frühpirsch den Wald an eben dieser Stelle verlassen wollen, als ein Rebhuhn mit scheinbar gebrochenem Flügel vor mir aufflatterte. Der rechte Flügel wirkte irgendwie verdreht und war weit abgespreizt. Der schwer behinderte Vogel piepste erbärmlich und versuchte sich in Sicherheit zu bringen. Ich fiel aber nicht darauf herein. Gerade dort, wo ich stand, fing ich an zu suchen, und nachdem ich Grashalme heruntergebogen hatte, fand ich nach und nach fünf winzige Küken, die ihren gesprenkelten Körper an den Boden drückten. Ich wollte die Familie nicht weiter beunruhigen und zog mich wieder zurück. Die Henne war mittlerweile aufgeflogen, solch ein Gegner war ihr nicht geheuer.

Das Umfeld hat sich seither nicht viel verändert, aber Rebhühner gibt es hier nicht mehr. Bei der Heimfahrt schaute ich noch einmal zu den Wiesen hinunter. Dort unten am Erlenbusch war ein dunkler Fleck vor den Bäumen. Im Glas sah ich den Graureiher am Mildeufer stehen. An dieser Stelle war der Flussgrund moorig, und gerade dort hatte mein Bruder einmal ein Wildschwein hineinfallen lassen.

Es war wohl der Dezembermond gewesen. Ich hatte einige Tage zuvor an der Kirrung einen großen Keiler verpasst und war noch ganz geknickt, obwohl ich immerhin zwei Schweine bei diesem Mond hatte strecken können. Aber mit den reifen Keilern ist es eben eine ganz andere Sache. Wie auch immer – ich war an diesem Abend schon zu Haus, und es war um die Mitternachtsstunde, als mein Bruder von der Pirsch heimkam: „Ich hab' ihn! Aber du musst mitkommen, um ihn zu bergen."

Auf der Fahrt berichtete er den Hergang: Auf dem Lupinenacker war die Rotte im Gebräch gewesen. Ein großer Keiler hatte sich scheinbar erschöpft auf dem Acker niedergelegt, und erst nach einiger Zeit war hinter der Milde – in eben diesem Erlenbruch – das Knacken von Dürrholz zu hören gewesen. Scheinbar verfolgte ein weiterer Keiler die Rotte, in der wenigstens eine rauschige Bache sein musste. Sein Keiler stand jedenfalls plötzlich auf den Läufen und bekam die Kugel. Leider war noch so viel Leben in dem Bassen, dass er die sechzig Meter bis zum Flüsschen schaffte. Inmitten des drei Meter breiten Wasserlaufs war es dann mit ihm zu Ende.

Und dort lag er noch. Jetzt war Kraft gefragt. Mein Bruder war zu allem Unglück in dieser Zeit noch von einem Hexenschuss geplagt; nur der Vollmond hatte ihn überhaupt herauslocken können. Wir zogen dem Keiler ein Strick durchs Gebrech, und ich versuchte ihn ans Ufer zu ziehen, während mein Bruder von hinten nachschob. Wir schafften es wirklich, den hundertdreißig Kilo schweren Keiler ans Ufer zu bekommen – aber anschließend waren wir fix und fertig, ganz abgesehen davon, dass mein Bruder sich die Gummistiefel mit Wasser gefüllt hatte. Und das alles bei Temperaturen um die null Grad! Im Eifer des Gefechts verblasst dies alles jedoch, und in der Erinnerung bleibt das Schöne, das Aufregende.

Machtlos

Es gibt Situationen im Leben, da ist man einfach machtlos. Aber nicht alle haben einen schlechten Beigeschmack, man denkt allenfalls in Wehmut zurück. Von so einer Sache will ich erzählen.

Ich war mit dem Moped von der Arbeit gekommen, und wie so oft war am Bahnübergang die Schranke geschlossen. Ich hielt etwa achtzig Meter vor dem Übergang auf einer Bachbrücke, um im Schatten alter Erlen zu warten. Mein Blick folgte dem Bachlauf. Wohl zweihundert Meter entfernt zeigte eine Stockente ihrem Nachwuchs, wie man richtig gründelt.

Der Anblick weckte in mir die Lust, wieder auf Flugwild zu jagen, und ich war heute früh dran.

Zu Haus angekommen, griff ich zur Zwölfer Doppelflinte und spickte den Gurt mit Schrotpatronen. Wenig später war ich wieder im Feld.

In der Nähe des Bachlaufes stellte ich mein Moped ab, lud die Flinte und versuchte vorsichtig das Bachufer zu erreichen. Aber wie sich zeigte, war ich nicht vorsichtig genug. „Paak, paak“, stiegen fünf Enten auf, und ich bekam die Flinte nicht hoch, weil ich auf einen Zaun achten musste. Dann eben die nächsten, tröstete ich mich, aber als ich um den Knick des Bachlaufs kam, stieg ein weiteres Schof weit vor mir auf. Es waren noch gut zweihundert Meter bis dahin – die konnten doch gar nicht mich gemeint haben! Sie kreisten einige Male und kamen dabei auch ziemlich nahe an meinem Stand vorbei, aber für einen Schuss waren sie mir zu hoch. Man verschätzt sich da zu leicht.

Ich schien aber Glück zu haben. Die Enten beruhigten sich, kreisten ziemlich tief und setzten gar zur Landung an. Dieses Mal wollte ich aber schlauer sein. Ich wollte eine Baumgruppe umrunden und dann im Schutz einer alten Strohmiete den Bachlauf gerade angehen. Der Bachlauf war dort tiefer gelegen, und sie konnten mich nicht sehen.

Gedacht, getan. Ich hatte meine Ente schon ziemlich sicher, vielleicht sogar zwei. Ich ging noch ziemlich achtlos. Vor mir war zwischen Bachlauf und Feldweg eine kleine Baumgruppe. Irgendjemand hatte hier vor langer Zeit ein paar Fichten gepflanzt und daneben einige Pappeln. Die Pappeln hatten den Fichten aber gezeigt, was man aus Wasser und Lehmboden machen kann, und überragten die Fichten in Länge und Stärke um ein Mehrfaches. Darunter hatte sich weißer Holunder angesiedelt, und zugleich mit seinem Samen war vielleicht auch der große Brennnesselbusch angekommen.

Ich stand noch auf dem Feldweg und schaute in dieses lichte Wirrwarr, als es darin knackte – und gleich darauf wieder.

Das konnte doch nicht wahr sein! Da trollten sich fünf, sieben, nein noch mehr Schweine durch die Büsche und verließen nicht einmal hochflüchtig den kleinen Baumfleck. Uns trennten oft nur zehn, fünfzehn Meter voneinander, und ich hatte eine geladene Doppelflinte in der Armbeuge – aber leider nur Vogeldunst dabei. Damit muss man erst einmal fertig werden. Nun überquerte die Rotte etwa zweihundert Meter entfernt eine Wiese. Wie auf einer Perlenschnur liefen zwei Bachen und zehn Frischlinge dem entfernten Wald zu. Jetzt wendeten sie noch einmal, um zu einem weiteren Feldgehölz zu kommen. Dabei mussten sie aber den Bachlauf überqueren und trieben dadurch meine Enten wieder hoch.

Da stand ich nun mit dem Gurt voller Schrot. Alle Schweine lebten noch, und von den Enten war keine tot!

Es gibt Schlimmeres, sagte ich mir und trat für heute den Heimweg an.

Der Mai ist gekommen

„Der Mai ist gekommen, die Bäume schlagen aus" – wer kennt nicht die erste Zeile dieses schönen Liedes. Und wer liebt sie nicht, diese Zeit mit dem vielen unterschiedlichen Grün in der Natur, die Frische, die von allem ausgeht. Eigentlich wollte ich heute Morgen im Garten arbeiten, aber es hatte in der Nacht geregnet, und so hatte ich frei. Ich beschloss, noch durchs Revier zu fahren. Mein grünes Auto schlich im Kriechgang mit heruntergedrehten Scheiben auf dem Waldweg entlang. Seit ich meinen Beinen keine ausgedehnten Pirschgänge mehr zumuten kann, nutze ich mein leises Auto des Öfteren auf den Hauptwegen als Pirschwagen.

Eben erreiche ich den Waldrand. Nur vierzig Meter vor mir äst ein Reh auf der Brachfläche. Ich halte und stelle den Motor ab. Ohne den Blick abzuwenden, greife ich zum Fernglas. Mit dem Zoomglas hole ich mir das Stück dicht heran. Jetzt wirft es auf, und der Bock schaut in meine Richtung. Nicht sehr starke Sechserstangen zieren sein Haupt; über sein Alter bin ich mir noch nicht ganz im Klaren. Seine Naivität in dieser Morgenstunde lässt auf einen jungen Bock schließen, aber Gehörn und Habitus deuten auf ein Alter von wenigstens fünf Jahren hin.

Ich werde ihn mir noch des Öfteren anschauen können und mir dann ein Urteil bilden. Immer wieder das Haupt neigend und von irgendwelchen Kräutern naschend zieht er in einen nahen Lärchenbestand.

Ich schaue einigen Meisen zu, die in den Randkiefern nach Kerfen suchen und blicke nach oben, als ein Kolkrabe mit lautem „Korr, korr" über mich hinweg fliegt. Seine bessere Hälfte sitzt sicherlich schon fest auf dem Gelege in einer Altkiefer.
Ich glaube den Bock nun weit genug entfernt und starte wieder das Auto, um weiterzufahren, da stellt ein Hase seine Löffel auf und

macht jetzt einen Kegel. Den hatte ich auf der Brachfläche gar nicht gesehen. Steif wirkend, hopst er weiter zur Ackermitte hin und hat sich auch schon wieder beruhigt. Ich bin eben auf den Feldweg eingebogen, als ich am anderen Feldrand, etwa dreihundert Meter entfernt, ein weiteres Reh bemerke. Schon schweigt der Motor wieder, und die Hände halten das Glas.

Ein Bock mit mächtig was drauf, das ist gleich zu sehen. Aber er hat auch mich gesehen, zumindest bin ich ihm nicht geheuer. Nachdem er noch einige lange Sekunden in meine Richtung geschaut hat, springt er ab.

Nun wende ich aber endgültig und verlasse den Wald. Über den Feldern steigen die Lerchen jubilierend in den Himmel, und die Bachstelzen laufen mit wippendem Schwanz über den frisch gepflügten Acker. In der Nähe des Dorfes verhalte ich noch einmal eine Weile und schaue einem Roten Milan zu, der, die Thermik ausnutzend, sich immer höher in den Himmel schraubt. Und noch ein Pärchen nutzt die Aufwinde, um ganz nach oben zu kommen: Unsere Dorfstörche sind in diesem Jahr spät gekommen, aber jetzt kreisen sie dort hoch am Himmel. Nun schweben sie herab und landen einer nach dem anderen auf dem alten Horst, wo sie auch gleich Hochzeit halten. Sie legen ihre Köpfe weit hintenüber und klappern laut und lange. Bald wird wohl das erste Ei im Nest liegen.

An den nächsten Tagen habe ich keine Zeit, aber heute Abend will ich wieder hinaus, um mir den Bock am Kleinen Hohen Feld genauer anzuschauen. Ich werde mich auf die kleine Scherenkanzel setzen, wo mir die Kiefernkronen Deckung geben. Ich kann hier bis auf hundert Meter heranfahren und dann den Steig durch die dreißigjährigen Kiefern nehmen.

Nun sitze ich auf dem Brett. Die Waffe habe ich geladen, ehe ich sie ablegte. Das Fernglas bleibt dicht neben mir; es ist mir heute noch wichtiger als das Gewehr. Es ist wohl schon eine halbe Stunde seit meinem Kommen vergangen, aber die Zeit ist mir nicht lang geworden. Zwei Kohlmeisen wispern durch die Zweige und suchen alles nach Nahrung ab. Immer wieder segeln abgestreifte Rindenstückchen nach unten.

Nun erscheint ein brauner Strich auf der Brache. Das Glas holt mir einen starken Fuchs heran. Im Zickzack schnürt er über das Feld und sucht nach Mäusen. Ich versichere mich noch einmal, dass auch eine Schrotpatrone im Lauf ist; man kann ja nie wissen.

Ich konzentriere mich jetzt ganz auf den Fuchs. Es ist ein stattliches Exemplar und so glatt, dass es wohl ein Rüde sein wird. Er hat sich auf die Keulen niedergelassen, aber dann scheint wieder ein Geräusch sein Interesse geweckt zu haben. Die buschige Lunte ragt gerade in den Himmel, nun macht er einen krummen Buckel und springt. Es scheint kein Erfolg gewesen zu sein, denn er schnürt schon weiter, mir entgegen. Uns trennen wohl nur noch hundert Meter. Ich habe das Gewehr näher herangenommen, aber noch ist mir das Glas wichtiger, denn auf eine Fähe schieße ich zu dieser Jahreszeit nicht. Reinecke kommt näher und näher. Jetzt kann ich erkennen, dass er schon Beute trägt. Einige Mauseschwänze hängen aus dem Fang. Er legt sie wieder ab und versucht, mit einem Sprung eine weitere zu erhaschen, und dieses Mal hat er Glück.

Nein, auf diesen treu sorgenden Familienvater werde ich heute nicht Dampf machen. Wie um mir meine Entscheidung zu erleichtern, entfernt sich der Fuchs wieder, und ich bin froh.

Nun ist aus dem gegenüberliegenden Wald ein Reh gekommen. Eine ältere Ricke, hoch voll, wie ich gleich sehen kann.

Als es jetzt dicht neben mir im Wald knackt, sitze ich wie eine Eins. Es schien so nahe zu sein, dass ich mich nicht zu rühren wage. Nun sind deutlich Schritte im Moos zu hören. Es ist schon wieder sehr trocken, und über allem liegt wie Puder der Blütenstaub der Kiefern.

Nur etwa zehn Meter neben mir verlässt ein Reh den Wald. Auch ohne Glas kann ich den jungen Bock ansprechen. Lauscherhoch sind die Gabelstangen und noch von der feinen Basthaut umschlossen. Seine Jugend, seine Unbekümmertheit lässt ihn gleich äsen. Hier und da findet er manches Kraut, das ihm schmeckt.

An einer Blütenstaubwolke sehe ich, dass sich die Windrichtung verändert hat. Wenn der Bock seine Richtung beibehält, kommt er bald in meinen Wind. Aus der linken Waldecke kommt jetzt ein zierliches Schmalreh, es ist die Schwester meines Böckchens hier, und er zieht auch gleich in seine Richtung.

Plötzlich wirft er auf, nun hat er Wind von mir bekommen. Er springt ab und nimmt natürlich das Schmalreh mit.

Ich steige ab. Noch kann ich mich verkrümeln, ohne weiteres Wild zu vergrämen. Beim nächsten Westwind werde ich hier wieder sitzen.

In der nächsten Woche mied ich das Kleine Hohe Feld. Der trockene Ostwind machte ein Pirschen in dieser Waldecke nicht ratsam, und man kann ein Revier unter ungünstigen Voraussetzungen auch leerpirschen.

Die Genossenschaft hatte Mais gedrillt, ihn galt es bis zum Keimen zu beschützen. Ich hatte mir vorsorglich beim Friseur Haare bestellt und an der Waldseite des Feldes ausgestreut. Die Haare so vieler verschiedener Menschen hatten meist eine abschreckende Wirkung auf die Schwarzkittel, und sie halfen mir auch dieses Mal, den Wildschaden abzuwenden.

Der Mais hatte gekeimt und bildete lange grüne Reihen auf dem Acker. Nun war er für die nächsten Wochen vor den Sauen sicher, und ich konnte mich wieder meinem Bock widmen. Gestern Abend hatte ich wieder auf der Scherenkanzel gesessen, und der Bock hatte vor der Lärchenkanzel den Wald verlassen. Heute Abend wollte ich schlauer sein und saß rechtzeitig auf der Lärchenkanzel an.

Der Tag war sehr warm gewesen, aber ich merkte, dass ich für den Abendansitz eine Jacke zu wenig an hatte. Als die Sonne blutrot im Westen unterging, wurde es empfindlich kühl. Der Wetterbericht hatte vor Bodenfrost gewarnt, er würde wohl Recht behalten.

Das erste Wild am heutigen Abend war wieder mein Fuchsrüde. Er pirschte auf dem Weg lang und ein Sprung ab und an ins hohe Gras brachte ihn in Besitz von Beute, oder auch nicht.

Aus den Lärchen kam heute Abend nicht wie erhofft der Starke, sondern der kleine Gabler mit seiner Schwester. Mein Bock kam sehr viel später aus einer anderen Ecke, wobei er oft zu den Lärchen hin sicherte. Was mochte ihn da heute Abend vertrieben haben? Ich sollte nicht lange im Unklaren bleiben. Vier Stücken Rotkahlwild kamen aus der Schonung hinter den Lärchen und zogen langsam durch den Hochwald hinter meiner Kanzel.

Ein einzelner Rothirsch, der schon etwas geschoben hatte, verließ den Wald und stand bald auf dem Acker, ohne sich um das andere Wild zu kümmern.

Ich verließ vorsichtig die Kanzel und strebte meinem Fahrzeug zu. Dass ich ein wenig zu lang angesessen hatte, merkte ich am folgenden Morgen, als mir mein Halsinneres wie ein Reibeisen vorkam und die Glieder merkwürdig schwer und schmerzhaft reagierten. So hatte mein Bock wenigstens eine weitere Woche für sich gewonnen!

Aus der einen Woche Abstinenz wurden sogar noch fast zwei – aber heute, nachdem ein Gewitter nach der Hitze des Tages eine angenehme Temperatur gebracht hatte, musste ich einfach hinaus.

Die Luft war wie Seide. Das Wasser in den Pfützen war gelb vom abgeregneten Kiefernblütenstaub. Ich war recht zeitig hinausgefahren und erfreute mich nun am vielfältigen Leben in der Natur. Auf der Fläche war Reinecke schon eifrig beim Mausen, es schien wieder der Rüde zu sein. Er bestätigte mir das, als er an einem größeren Stein das Bein hob, um ihn zu markieren. Er wollte wohl allen vorbeikommenden Artgenossen sagen: Das ist mein Revier, bleibt weg!

In kurzer Zeit markierte er auf diese Weise über zehn Punkte auf dem Acker und anschließend auf dem Weg. Man kann nur staunen, wie viel Markiermittel in so einer Fuchsblase ist – oder, wie sparsam man damit umgehen kann.

Mittlerweile trat aus dem gegenüberliegenden Wald das bekannte Rehgeschwisterpaar aus, und plötzlich war auch im schütteren Roggenauswuchs auf dem Wildacker ein brauner Rehrücken zu erkennen. Ja, was war es nun? War es ein Schmalreh, dem bald mein sehnlichst erwarteter Bock folgen würde, oder ...?

Ich hatte das Fernglas auf maximale Vergrößerung gestellt und beobachtete nur die Stelle, wo das Rehhaupt hochkommen musste. Ein jüngeres Stück musste es offenbar sein, denn der Wildkörper schien schon voll verfärbt zu sein. Endlich ruckte das Haupt hoch, und was war es? Ein mir völlig unbekannter Spießbock.

Wo kam der denn auf einmal her? Er hatte noch keinen Muffelfleck und einen sehr kindlichen Ausdruck; es war wohl ein Jährling. Aber wenn der hier stand, war doch sicherlich in den letzten Tagen mein Alter Knabe hier nicht ausgetreten. Als es überlaut an der Kanzelwand schrapte, schaute ich erst beim zweiten Mal hinunter. Eine Wespe knabberte sich von den trockenen Brettern Baumaterial ab. Es verging eine weitere halbe Stunde, ehe endlich mein Bock austrat – natürlich nicht von der Lärchenkanzel her erreichbar, sondern in der Nähe der Scherenkanzel. So ist es bei der Jagd: Oft kommt es anders, als man denkt oder hofft. Ich harrte noch bis zum Hereinbrechen der Dunkelheit aus, aber es veränderte sich nichts zu meinen Gunsten. Es lief auf einen weiteren Ansitz oder weitere Ansitze hinaus: Ich wollte nun einmal diesen Bock.

So ging der Mai dahin, und der Juni begann. Eigentlich war es an den letzten Tagen sehr warm gewesen, aber die Meteorologen sagten die Schafkälte voraus, die mit dem Tief „Sibylle“ kommen sollte. Ich wollte dennoch heute Abend zum Kleinen Hohen Feld, wo ich meinen Bock erhoffte.

Ich war schon ein wenig spät dran; auf der Brachfläche bewegte sich schon ein Reh. Ich erreichte vorsichtig pirschend die Lärchenkanzel und lud die Waffe, ehe ich die Fläche in Augenschein nahm. Das Stück, welches da so friedlich äste, war weiblich. Ich lehnte mich zurück und wartete.

Plötzlich stand ein weiteres Reh aus dem Grünen auf. Es war ohne Zweifel mein Bock, die breite Auslage der Stangen war für ihn typisch. Ohne sich um das weibliche Stück zu kümmern, begann auch er zu äsen, aber irgendwie lustlos, wie mir schien. Und da legte er sich auch schon wieder hin. Nur ab und zu spielten die Lauscher. Er hatte die Ruhe weg. Es waren gut vierhundert Meter bis zu ihm – da war auch für mich Ruhe angesagt und Hoffnung groß geschrieben! Es verging eine halbe Stunde. Mittlerweile war vor mir der junge Gabler ausgetreten, dem immer noch seine Schwester folgte. Die Spinne, die sich an einem Faden vom Kanzeldach abseilte und vor meinem Gesicht pendelte, verfolgte ich nur mit halbem Auge. Aus dem gegenüberliegenden Hochwald kam ein weiteres weibliches Reh und sicherte zurück.

Endlich stand mein Bock wieder auf. Das zuletzt ausgetretene Stück trippelte nervös und sprang einige Meter in meine Richtung. Im Hochwald huschte etwas Schwarzes, und nun stand ein Schwein auf der Fläche, dem noch zwei kleinere folgten. Das musste die Bache mit den beiden Überläufern sein – ob wohl Frischlinge dabei waren? Als die Rotte jetzt eine Stelle des Ackers überquerte, an der der Bewuchs nur niedrig war, konnte ich eine Perlenschnur von über zehn Frischlingen ausmachen. Ein schöner Anblick.

Sie überquerten nur etwa dreißig Meter hinter meinem Bock den Acker, und ich hatte schon die Waffe auf der Brüstung. Es blieb ihm eigentlich nur meine Richtung, aber er schaute den Sauen nur nach, bis sie verschwunden waren. Dann nahm er das Haupt herunter und äste weiter.

Resigniert setzte ich die Waffe wieder ab. Aber was schnaufte da unten so? Ein stattlicher Dachs kam eben aus den Lärchen und lief in der festen Fahrspur des Weges weiter. Ihn hatte ich hier lange nicht sehen können.

Die Lichtverhältnisse nahmen merklich ab. Ich hatte nur noch wenig Hoffnung, meinen Bock schussgerecht zu bekommen – da tauchte an der gegenüber liegenden Feldseite ein großer Wildkörper auf. Im schon schwindenden Licht konnte ich im Glas einen guten Rotspießer ausmachen. Ob wohl nun mein Bock kommen würde? Nein, es tat sich nicht mehr viel, und ich schlich mich zurück.

Es war ein ereignisreicher Ansitz gewesen, aber um meinen Bock zu bekommen, würde ich wohl noch mehr Zeit benötigen. Ich hatte bemerkt, dass er in der letzten Zeit oft aus den dreißigjährigen Kiefernstangen kam. Leider gab es an der Stelle keinerlei Möglichkeit für eine höhere Leiter. Ich wollte mir morgen Vormittag die Waldkante anschauen und vielleicht einen Schirm bauen, der mir Deckung geben könnte.

So fuhr ich am nächsten Tag nach dem Frühstück mit einem Beil und mit Nägeln bewaffnet in den Wald. Unter einer Stromleitungstrasse stand, jetzt um neun Uhr, ein Reh. Schnell hatte ich das Glas oben und sprach es als Ricke an. Ich fuhr langsam weiter; das Stück blieb. Im Kriechgang ließ ich das Auto weiterlaufen und stand bald darauf an der Brachfläche. Und da stand mein Bock!

Nur gut hundertzwanzig Meter von der Waldkante entfernt äste er ruhig – und ich hatte nur ein Beil mitgenommen. Sollte ich noch einmal nach Haus fahren und die Flinte holen? So lange würde der Bock mit Sicherheit nicht auf der Fläche verweilen. Aber ich konnte es wenigstens versuchen.

Auch wenn ich mich beeilte, würden zwanzig Minuten vergehen, ehe ich wieder hier sein könnte. Egal – wer's nicht wagt, kriegt keinen Bock.

Es wurden dann doch dreißig Minuten, ehe ich mit geladener Bockbüchsflinte der Waldkante zupirschte. Wenn es denn klappen sollte – und wirklich, der Bock stand noch auf der Fläche, vielleicht sogar zwanzig Meter näher. Dort drüben am Baum könnte ich anstreichen; stehend freihändig traute ich mir den Schuss nicht zu. Die Schuhe hatte ich schon abgestreift, es durfte nichts knacken. Au ... der Kiefernzapfen drückte doch empfindlich durch die dünnen Strümpfe. Aber dann hatte ich den Baum erreicht. Nur mein Flintenlauf kam an dem dünnen Stämmchen nicht zur Ruhe, und im Zielfernglas sah ich plötzlich große Halme auf der Brachfläche. Vor dem Bock waren es sogar noch mehr.

Da – drei Meter weiter stand ein Bäumchen mit niedrigen Ästen, da könnte man die Waffe hineinlegen, und von dort stand mir auch der große Grasbusch nicht im Wege.

Der Bock hielt noch aus, und ich schaffte auch diese letzten drei Meter. Der Zielstachel suchte das Blatt, wenn bloß keine Halme dazwischen kamen! Der Schuss war heraus und ich hörte Kugelschlag.

Der Bock lag im Feuer, und ich setzte mich erst einmal ins Gras. Ich war wochenlang diesem Bock nachgepirscht; nun kam es auf eine halbe Stunde auch nicht mehr an.

Tanz der Mücken

Der Sommer ist in diesem Jahr spät gekommen. Aber nun ist er da. Tagestemperaturen von neunundzwanzig und dreißig Grad und warme Abendwinde locken Myriaden Insekten heraus. Die Luft ist ein einziger Tummelplatz.

Schon recht zeitig war ich hinausgefahren und sitze nun am Saum einer breiten Hecke auf der Wiese.

Die Mutterkuhherde wurde vor einigen Tagen auf eine neue Wiese abgetrieben. Ich warte hier auf Füchse, die die Wiese gern nach Fressbarem absuchen. In dieser Zeit, in der die Jungfüchse gezwungen werden, ein eigenes Revier zu suchen, nutze ich immer einige Ansitze, um ihren Bestand auf ein vertretbares Maß zu bringen. Im Schutz dieser breiten Hecke, welche Wiesen und Äcker teilt, aber zwei Waldstücke verbindet, wechselt alles Wild gern. Das erste größere Tier, welches in meiner Nähe durchs Gras buckelt, ist denn auch ein Wiesel. Immer wieder setzt es sich auf, um sein Umfeld besser überschauen zu können. Es muss mich eigentlich längst gesehen haben, hat mich aber wohl nicht als Gefahr eingeschätzt. Nun trennen uns nur noch fünfzehn Meter, und der kleine Räuber macht einen Sprung ins alte Laub. Pieps, klagt eine helle Stimme. Ein Mäuseleben scheint beendet, denn mein Hermelin verschwindet mit etwas Grauem im Fang im Schatten der Hecke.

Ich wage mich wieder zu rühren und setze mich erst einmal aufrecht. Das gefällt einer Amsel nicht, die schackernd ebenfalls in der Hecke verschwindet.

Ein Neuntöter sitzt auf einem nahen Koppelpfahl und legt sich irgendein Insekt schnabelgerecht. Die Zeit vergeht wie im Fluge, und ich merke erst auf, als fernes Donnergrollen mich in die Wirklichkeit zurückholt. Dort über den alten dunklen Kiefern türmen sich dunkle Wolken auf, und ein Blitz zackt zwischen den finsteren Schwaden. Es dauert einige lange Sekunden, bis das Grollen des Donners folgt. Das Gewitter ist noch weit entfernt und scheint um mich herum zu ziehen.

Ein Schwarm Mücken tanzt über meinem Kopf und summt: „Siii, siii – nur iiich, nur iiich“. Ich habe für sie kein Gramm Blut zu verschenken und schlage um mich, natürlich ohne Erfolg. Es hilft nichts, ich hole die kleine Sprühdose hervor und besprühe Hut und Schultern. Diesen Duft mögen sie nicht, und sie steigen höher hinauf, sodass ihr Lied leiser, nicht mehr so bedrohlich klingt.

Aber dort vorn kommt etwas Neues, Rotes aus der Hecke. Gleich folgt noch ein zweiter roter Schelm. Zwei Jungfüchse kommen, sich immer wieder balgend, direkt auf mich zu. Noch sind sie etwa hundert Meter entfernt, aber ich stehe schon einmal auf und greife die Waffe fester. Immer näher kommen sie. Mit der Kugel könnte man es schon versuchen, doch bei dieser Körpergröße vertraue ich mehr der Schrotpatrone.

Sie laufen oft nahe beieinander, vielleicht könnte ich sie mit einem Schuss …? Aber nein, jetzt nähert sich mir der eine bis auf

etwa fünfunddreißig Meter, während der andere zurückbleibt. Der erste setzt sich auf die Keulen und schaut mich an. Soll ich? Irgendwie ungern rucke ich am Abzug, und der Jungfuchs macht seinen letzten Sprung. Automatisch öffne ich die Waffe und schiebe eine neue Schrotpatrone nach. Der andere Jungfuchs war nach dem Schuss in die Hecke abgesprungen, aber nun kommt er wieder heraus und nähert sich auch noch. Noch einmal hallt ein Schuss, und er rührt sich nicht mehr.

Es ist mir oft Leid, auf Jungfüchse zu schießen, aber es muss sein. Wir Menschen – auch die besonders Naturliebenden – haben so weit in die Natur eingegriffen, dass sie sich aus eigener Kraft nicht regulieren kann. Mit diesem Wissen gehe ich zu den erlegten Füchsen, um sie einzuroden und den heutigen Jagdtag zu beenden. Als ich mich umschaue, sehe ich noch, wie ein Altfuchs aus der Gerste kommen will, mich aber dann gewahrt und wieder in dem gelben Halmenmeer verschwindet.

In den nächsten Tagen wird man die Gerste mähen. Dann werde ich mich auf der Kanzel in der Nachtweide ansetzen müssen.

Tatsächlich zeugen bald nur noch kurze Stoppel davon, dass hier goldene Gerste gestanden hat. Das Stroh ist schon zu großen Rollen gebunden und wartet auf den Abtransport.

Heute Abend ist meine Frau mitgekommen, und wir sitzen auf der Kanzel in der Nachtweide. Woher mag der Flurname stammen? Hat man hier in Dorfnähe das Vieh nachts zusammengetrieben, als in grauer Vorzeit der Dorfhirte das Vieh hütete? Wir müssen die Frage unbeantwortet lassen. Vor dem Dorf weidet jetzt die Mutterkuhherde. Munter springen die Kälber auf der Wiese.

Meine Frau sieht als erste den Altfuchs am Grabenrand. Es mögen dreihundert Meter bis zu ihm sein, und er zieht auch weiter zu einer frisch gemähten Wiese. Immer wieder springt er nach Mäusen und scheint auch des Öfteren Glück zu haben. Aber um satt zu werden, müssen es wohl noch ein paar mehr sein. Vor uns liegt ein schmaler Wiesenstreifen mit frischem Aufwuchs. Ein tiefer Graben bildet die Grenze zum Wald. Von hier erhoffe ich mir noch Wild – und da kommt auch schon ein Hase auf einer ausgetretenen Spur auf uns zu. Seit der Hasenbestand sich in den letzten Jahren so verringert hat, freut man sich über jeden Hasen, den man sieht.

Da erscheint an der Grabenkante etwas Rotes, und jetzt ist der Dreieckskopf des Jungfuchses zu sehen. Ich hebe die Waffe, lasse sie aber gleich wieder sinken – ich will ja noch sehen, was hier an Rehwild austritt. Wenn ich jetzt schon schieße, ist für heute Abend alles vorbei. Der Jungfuchs erleichtert mir meine Entscheidung, indem er sich aus der Schrotschussentfernung verzieht.

Rechts von uns hat jetzt eine Ricke den Wald verlassen, gefolgt von einem Kitz. Es gehört eigentlich noch ein zweites Kitz dazu – da ist es ja auch. Es hat an der Grabenböschung noch länger genascht.

Plötzlich wirft die Ricke auf und springt in den Wald zurück. Die Kitze folgen ihr augenblicklich. Sie waren sicherlich ahnungslos, aber die Mutter wird's schon wissen. Ich prüfe den Wind. Ja, sie kann von uns Wittrung bekommen haben.

Und wieder vergeht Zeit, in der meine Frau in ihrem Buch liest und ich den vielen Stimmen in der Natur lausche. Die Sonne ist lange untergegangen, und so verabschiedet sich eine Vogelstimme nach der anderen. Eben landet ein ziemlich gelber Vogel in der alten Eiche. Ich hebe das Glas und stelle auf maximale Vergrößerung. Ich muss die Arme aufstützen, sonst bekomme ich kein klares Bild. Es ist ein Goldammermännchen, welches sich einen Platz für die Nacht sucht. Ein heiserer krächzender Schrei lässt uns nach oben schauen. Ein Graureiher streicht ab zum fernen Horstrevier. Früher nannten wir sie Fischreiher, aber mittlerweile haben sich die Reiher bei uns auf Mäuse und Insekten umstellen müssen; Fische sind wohl nur noch angenehme Zukost.

Im Unterholz, zwischen den alten Eichen und Eschen knackt es. Was mag es sein? Neulich kam mir hier eine Bache mit acht Frischlingen. Meine Frau stößt mich an und flüstert: „Ein Schwein!" Jetzt sehe ich es auch. Ein mehr als schlanker Wildkörper schiebt sich in die Wiese, deutlich sind am abgesäugten Körper die Striche zu sehen. Acht Frischlinge wollen ernährt werden! Hinter ihr reihen sich die Frischlinge und kommen auf unsere Kanzel zu. An der

Ackerkante verhoffen sie. Was ist denn hier los? Gestern war da noch gelber Stoppel, und jetzt ist hier schon geschält. Sie drehen ab und folgen der Wiesenkante. So kommen sie zum Maisschlag, in den sie nun alle eintauchen.

Die Frischlinge sind mir noch zu klein. Zwölf bis fünfzehn Kilo müssen sie schon auf die Waage bringen, das Fleisch ist mir sonst zu weich. Aus der Hecke kommt jetzt ein Rehbock und zieht in unsere Richtung. Es ist der junge Gabler, über dessen Alter ich mir nicht klar werden kann. Eigentlich haben Jährlinge keinen Muffelfleck, und für einen Zweijährigen zeigt er nicht genug. Aber keine Regel ohne Ausnahme – und im Zweifelsfall zu Gunsten des Angeklagten.

Über uns beginnt es jetzt ganz bedrohlich zu surren. Ein riesiger Mückenschwarm tanzt auf und ab. Meine Frau schaut sehr bedenklich nach oben, während ich noch zu beschwichtigen versuche:

„Die stechen nicht", sage ich. Aber hier ist die Hoffnung wohl größer als der Glaube. Ich möchte so gern noch ein wenig bleiben; es muss doch noch Rehwild austreten. Vielleicht ein Bock, der die Kugel wert wäre? Was kann einem Unwissenheit und Hoffnung alles vorgaukeln.

Jetzt steht die Ricke mit den beiden Kitzen wieder draußen und zieht bis vor die Kanzel. Über uns geht es lauter und lauter: „Siii, siii – nur iiich, nur iiich!" Ich schaue nach oben, wie viele mögen es sein, hundert, tausend? Wenn sie tiefer kommen, hört es sich gefährlich an. Und ich habe kein Mittel dabei, um ihnen den Geschmack an uns zu vermiesen.

Der Bock hat begonnen, die Ricke zu treiben, und nun haben sie sich in den Wald entfernt. Die Gelegenheit ist günstig – für einen geordneten Rückzug. Und so steigen wir ab. Ich hege natürlich die Hoffnung, morgen Abend wieder hier zu sitzen, und nehme mir vor, das Mückenspray nicht zu vergessen.

Daheim habe ich erst einmal Literatur gewälzt. Es ging mir eigentlich um eine mir unbekannte große Holzwespe, aber ich habe bei der Gelegenheit gleich weiter geblättert und weiß nun, dass bei meiner Kanzel wahrscheinlich Kriebelmücken kommen, die nicht stechen. Hoffentlich kennen die Mücken das Buch.

Das Brutgebiet der Mücken ist ein Hügel in der Wiese. Hier hat über Jahrzehnte hinweg aufsteigendes Quellwasser aus dem moorigen Untergrund Erde nach oben gebracht und mit der Zeit den sumpfigen Hügel gebildet.

Als ich am nächsten Abend wieder auf der Kanzel saß, hatte ich das Mückenspray dabei. Es kamen keine Mücken, aber auch keine Rehe. Sollten die Schweine im nahen Busch und die Rehe wegen der Störung ausgewichen sein? Wie um meine Überlegungen zu bestätigen, knackte es einmal laut im Busch.

Es wurde langsam dunkler. Endlich kamen zwei Rehe an die Grenzhecke, aber ich konnte sie nicht mehr ansprechen. Und nun waren auch wieder die Mücken über mir und sangen ihr Lied. Ich glaubte schon keine anderen Geräusche mehr hören zu können. Ich griff zur Sprayflasche, hielt sie über mich und drückte ein paar Mal kräftig auf den Knopf. Die Wolke verzog sich nach oben. Es sollten eigentlich nicht-stechende Kriebelmücken sein, aber in diesem Augenblick traute ich weder den Mücken noch dem Buch.

Das Licht nahm immer mehr ab. Bald würde ich selbst einen Frischling nicht mehr anvisieren können. Ich leuchtete mit dem Glas die Grabenkante ab. Halt, was war das? Da hüpfte doch etwas Weißes. An dem Weißen hing ein mäuselnder Fuchs. Seine überdurchschnittlich große, weiße Luntenspitze hatte ihn verraten. Er schnürte auf mich zu und war auf dem ausgetretenen Kuhpfad deutlich auszumachen. Längst hatte ich das Gewehr auf der Brüstung. Reinecke schnürte immer näher, jedoch immer spitz auf mich zu. Da – irgendetwas hatte er gehört und drehte sich zur Seite. Der Schuss war heraus, und Reinecke tat seinen letzten Sprung.

Nun hörte ich auch wieder den Gesang der Mücken, aber für heute war es mir gleichgültig. Ich stieg von der Kanzel, um meinen Fuchs zu holen. Kein Gramm Blut hatte ich hergegeben, oder doch? Es brannte auf dem Handrücken und juckte. Es war wohl doch eine andere Mücke beim Tanz gewesen!

Genau hundert Kilo

Der August ging seinem Ende entgegen. Der nächste Monat brachte hoffentlich nicht nur spannende Brunfterlebnisse; der Septembermond war meist auch hilfreich bei der Jagd aufs Schwarzwild. Die Frischlinge hatten schon eine lohnende Größe, und das Mondlicht wurde wieder intensiver, es war nicht mehr so rötlich bleich wie im Sommer.

Ich hatte den Sonntag wegen häufiger Regenschauer in der Wohnung verbracht, aber zum Abend hellte es noch einmal auf. Ich beschloss ins Revier zu fahren, um die Malbäume mit einer frischen Lasur von Buchenteer zu versehen.

Auf dem Sandweg im Wald konnte ich den Wagen fast im Standgas laufen lassen und schaute dabei zu einer Feldfläche hinüber. Ein paar Kaninchen liefen in den Wald zurück. Sie gehörten zum Restbestand von den vielen, die wir einmal gehabt haben. In allen feldnahen Wäldern waren sie heimisch gewesen, und die Kaninchenjagden im Herbst waren seinerzeit sehr beliebt, musste man doch bei diesen kleinen grauen Flitzern mächtig aufpassen. Aber da es gleichzeitig so viele waren, bekam jeder mehrere Chancen. Dann kam vor zirka fünfzehn Jahren die Myxomatose, und es blieb von den Hunderten weit und breit nur hier, weitab im Wald, eine Familie von fünf oder sechs Kaninchen. Auf Grund der recht kargen Vegetation und ihrer zahlreichen Freunde wie Fuchs, Marder und Habicht wurden es über die Jahre hinaus nicht viel mehr, und es gelang ihnen nicht, sich weiter zu verbreiten.

Dort hinten, weiter auf der Brachfläche, sah ich mehrere Rehe. Ich hielt das Auto an. Die Entfernung war den Rehen groß genug, sie fühlten sich noch nicht gestört. Rechts stand eine Ricke mit ihren zwei Kitzen, und mehr zur Mitte der acht Hektar großen Brachfläche eine weitere Ricke mit einem Kitz, ein Schmalreh und ein Stück, welches wie ein Bock wirkte. Zwischen seinen Lauschern war jedoch auf Grund der Entfernung nichts zu sehen. Ich stellte mein Glas auf maximale Vergrößerung und sah die kurzen, nur halb lauscherhohen Spieße. Dieses Böckchen hatte sich noch durchmogeln können. Ich schaute noch zu den drei Rehen, die mir am nächsten standen. Es war die Ricke mit ihren zwei strammen Kitzen. Aber nein, die Ricke war ja ein Bock mit lauscherhohen Gabelstangen! Wo aber war die Ricke? Ich beschloss zu warten, um weiter zu beobachten. Die Kitze fühlten sich zu dem Bock hingezogen, als wäre es ihre Mutter. Sollte es eine gehörnte Ricke sein? Aber nein, als sich das Stück drehte sah ich deutlich den Beutel – oder war es doch das Gesäuge? Ich wollte mir Klarheit verschaffen und fuhr mit dem Auto weiter. Nun sprangen die drei Rehe in den Wald zurück. Die Kitze folgten dem Bock, und eine Ricke kam nicht dazu. Dieses Trio wollte ich in den nächsten Tagen weiter beobachten.

Ich bog in den Weg ein, der zu meiner Kirrung führte. Unter dem Stamm mit dem Salzleckstein waren deutlich die Fährten von Rehen zu sehen. Am Malbaum jedoch war ein Schwein gewesen. Ein paar Borsten hingen in der rissigen Borke der Kiefer, und an mehreren Stellen hatten die Zähne der Sau helle Wunden im Baum hinterlassen. Hier oben am Stamm waren ein paar Haare vom Rotwild zurückgeblieben. Auch sie liebten den Duft vom Buchenteer. Nur meine Frau liebte ihn nicht – sie hatte neulich geschimpft, als mein Kanister im Auto aufgegangen war und sein Parfüm verströmte. Ich gebe zu, auch für meine Nase war es nicht unbedingt angenehm.

Rasch hatte der Baum einen neuen, schwarz glänzenden Anstrich. Ich wollte nur noch schnell auf die Kanzel, um dort nach dem Rechten zu schauen.

Es war alles in Ordnung. Nur eine größere Anzahl von Florfliegen bevölkerte das Kanzelinnere. Ich öffnete das Fenster, um sie herauszulassen. Ein Blick nach draußen zeigte mir, dass die Kiefern in der Schusslinie seit dem Frühjahr ein Stück gewachsen waren und beim Ansitz stören würden. Als ich nun so dasaß und überlegte, wann ich mit einer Leiter bewaffnet wieder hinausfahren könnte, gingen meine Gedanken einige Jahre zurück, zu einer ähnlichen Situation, die mir kribbelige Augenblicke beschert hatte.

Es war in der zweiten Novemberhälfte gewesen, und wir hatten zunehmenden Mond. An der Kirrung wurden ausgebrachte Maiskörner und ähnliche Leckerbissen regelmäßig aufgelesen, wobei sich Damwild, Rehwild, Sauen, Kaninchen und Eichelhäher das Futter teilen mussten. Zu Beginn hatte ich das Futter immer sehr breit gestreut, um die Sauen mit dem Aufsuchen möglichst lange zu beschäftigen, aber es waren bald so viele Eichelhäher gekommen, dass mein Mais nicht bis zum Abend reichte. Also baute ich eine einfache Falle und dezimierte am Wochenende den Bestand. Außerdem grub ich auch immer einige Hände voll Mais ein.

Jeden Morgen waren frische Fährten da, und ich beschloss, an jenem Abend meine Gäste zu beobachten und, wenn möglich, einen Frischling zu strecken. Schon um achtzehn Uhr hatte ich mich in der geschlossenen Kanzel eingerichtet – das heißt, ich musste erst einmal den Sitz und die Ablage säubern: Ich hatte beim letzten Ansitz das Fenster offen gelassen, und eine Eule hatte den Lukenrand als ständigen Ansitz genutzt und etliche Gewölle hinterlassen. Beute und Verdauung waren vorzüglich gewesen, wie die Menge bekundete.

Als ich mit den Hinterlassenschaften der Eule fertig war, lud ich die Waffe und legte das Glas ab. Um besser den Geräuschen der Nacht lauschen zu können, stützte ich die Arme auf die Brüstung und schob den Kopf aus der Fensteröffnung. Plötzlich streifte mich etwas am Kopf, und ich fuhr erschrocken zurück. Die Eule hatte sich bei ihrem Landeanflug wohl genau so erschrocken, denn sie rüttelte erst einige Sekunden in der Luft, ehe sie abdrehte und auf einem starken Ast einer Altkiefer in der Nähe aufbaumte. Weil ich mich ruhig verhalten hatte, versuchte sie nun einen erneuten Anflug, den ich ihr aber verwehren musste. Die Eule verstand die Welt nicht mehr. Sie saß wieder auf dem ins Mondlicht getauchten Ast und drehte den runden Kopf hin und her. Nach einigen unentschlossenen Minuten strich sie lautlos über der Schonung ab.

Die Eule hatte mich so beschäftigt, dass ich förmlich erschrak, als jetzt an der entfernten Waldkante ein Reh schreckte. Nun meldete sich noch ein zweites ärgerlich, schon etwas näher zu mir.

Ich griff zum Glas und beugte mich noch weiter hinaus. Nun knackte es auch deutlich in dem zimmerhohen Kiefernbestand. Es konnte sich nur um Sauen handeln. Deutlich hörbar holte ein Stück Wind, aber immer noch war kein Schwein draußen auf der freien Kirrfläche. Nur kein Geräusch machen – wie ging eigentlich der Wind? Bei meiner Ankunft kam er aus westlicher Richtung, ich hoffte doch, dass er stabil blieb. Und immer noch blieb das Knacken in den Waldrändern. Sicherlich versuchte die Bache sich Wind zu holen. Dann flitzen aber zwei Frischlinge über die Fläche, und bald darauf kamen noch welche aus dem Schatten der Bäume.

Rasch hatten die Frischlinge die ersten Körner und Eicheln gefunden. Die knackenden Geräusche, mit denen sie das Futter zerbissen, ließen die Bachen nicht kalt. Immer noch vorsichtig, aber schon nach dem Futter drängend, erschienen zwei Überläuferbachen und nun auch noch eine stärkere Bache auf der Fläche. Es quirlte ganz schön durcheinander. Etwa fünfzehn Frischlinge mochten bei den drei Bachen sein. Ich griff schon behutsam nach der Doppelflinte, um mir einen Frischling auszusuchen, aber immer noch war Bewegung im Wald.

Jetzt brammte ein Stück, und dann kam – immer noch sehr vorsichtig – ein weiteres, großes Schwein auf die vom Halbmond beschienene Fläche. Sollte dies das letzte gewesen sein? Wieder wollte ich zur Waffe greifen, als ein weiterer mächtiger Wildkörper am Waldrand erschien.

Mann, war das ein Koffer! In der zehnfachen Vergrößerung des Glases erschien der Keiler, der nur dreißig Meter entfernt stand, geradezu gewaltig.

War er alt genug, und hatte er schon starken Brunftgeruch? So viele Fragen, die in Sekunden beantwortet werden mussten – und mein Herz schlug im Hals.

Nein, stärkerer Brunftgeruch wehte nicht herüber, und bei dem Größenverhältnis musste das Alter einfach stimmen. Die quirligen

Frischlinge, die sich um das Futter streitenden Bachen, das alles sah ich nur noch am Rande. Hastig und doch behutsam schob ich den Flintenlauf aus der Fensteröffnung. Der Keiler blieb immer noch am Rand der Fläche. Der Zielstachel suchte das Blatt und nun krümmte sich der Finger. Schon im Knall versuchte ich durch die Mündungsflamme zu schauen. Die Schweine waren mit viel Getöse und lautem Knacken im Wald verschwunden. Nur langsam entfernten sie sich, aber dort am Dickungsrand lag mein Keiler und warf sich hin und her. Ich sah nur die Rückenlinie und versuchte einen zweiten Schuss anzubringen. Aber nun bemerkte ich erst, dass viele Kiefernspitzen mir einen gezielten Schuss verwehrten. Noch immer warf sich das Schwein herum; ich sah jetzt eigentlich nur den mächtigen Kopf. Das Flintenlaufgeschoss musste seinen Weg finden. Der zweite Schuss war heraus, aber ich hatte wohl nicht getroffen.

In der Tasche war nur noch eine Patrone, und der Basse warf sich immer noch herum. Ich stieg hinunter und näherte mich vorsichtig der Fläche. Hier hatte ich freies Schussfeld. Im Schein der Taschenlampe glänzten die kleinen Schweinsaugen tückisch, und die Waffen klapperten gefährlich. Ich visierte einen Teller an und ließ fliegen. Das Schwein ruckte noch ein paar Mal mit den Hinterläufen, dann war Ruhe.

Nun kam mir erst das große Flattern. Ich stand andächtig vor meinem erlegten Keiler. Es war ein mächtiger Wildkörper, und er hatte starke Waffen. Ich ging daran, ihn zu versorgen ehe ich nach Haus fuhr, um einen Hänger zu holen. Genau hundert Kilo, sagte der Wildhändler am nächsten Tag, und noch ein akzeptabler Brunftgeruch. Mir fiel ein Stein vom Herzen.

An diesen Abend musste ich jetzt denken. Ich schloss wieder das Fenster und stieg von der Kanzel. Dabei dachte ich mir: Schon morgen wirst du hinausfahren und die Triebe einkürzen.

Da liegt doch was!

Ich war zu einer jagdlichen Weiterbildungsveranstaltung fort gewesen. Nach einer Woche Unterricht in engen Schulungsräumen sehnte ich mich förmlich wieder nach einem Ansitz in der freien Natur. Das Wetter war so, wie man sich den Monat Mai vorstellt. Obwohl die Sonne schon untergegangen war, als ich mein Moped in den Waldweg lenkte, war es noch taghell. Die Tierwelt in der frühlingserwachenden Natur wollte noch nicht zur Ruhe kommen. Ein großer blauer Mistkäfer suchte in den Pillen von Rotwildlosung nach Verwertbarem. Was mag die Natur bewogen haben, ihm, der sich nur mit Extrementen befasst, eine solche auffallend schillernde, blaue Farbe zu geben?

Ich ging in einer Unkraut bewachsenen Ackerfurche zu meiner Ansitzleiter. Der Roggen auf dem kleinen Ackerstück stand so hoch, dass sich eine Krähe gut darin verstecken konnte. Zu meiner Linken standen etwa achtzigjährige Kiefern, zwischen denen viele Anflugsämlinge und schilfige Gräser den Waldboden fast verbargen.

Ich hoffte, dass der frische Roggen und noch vorhandene Kräuter das Rehwild aus dem Wald locken würden. Aber zunächst störte ich einen Hasen auf, der sich lange in die Furche angedrückt hatte und nun mit ein paar steifen Hopsern im Wald verschwand.

Als ich an einem alten Wurzelteller einer vor Jahren umgestürzten Kiefer vorbeikam, dachte ich daran zurück, wie ich einmal im zeitigen Frühjahr Rebhühner angepirscht und hinter diesem großen Wurzelteller Deckung gefunden hatte. Noch heute ist mir unverständlich, was diese über dreißig Rebhühner auf die kleine Ackerfläche mitten im Wald verschlagen hatte. Es blieb auch eine einmalige Sache.

Nun stieg ich vorsichtig die Leitersprossen hoch und schob mich in vier Meter Höhe auf mein Sitzbrett.

Ich hatte einen Bussard auf einem starken Seitenast einer Kiefer beobachtet und war im Begriff, das Fernglas abzustellen, als zaghafte Tritte unter mir Wild ankündigten. Endlich trat es aus. Als die Ricke fünfzehn oder zwanzig Meter weit auf dem Feld stand, kamen ihre beiden vorjährigen Kitze nach, die gleich begannen, an den Halmen zu naschen. Nun fühlte sich auch die Ricke sicher und hatte meistens das Haupt unten. Es galt die karge Zeit des Winters aufzuholen, und da war eine gewisse Gier nach frischem Grün verständlich. Ich nahm das Glas an die Augen und holte mir die Rehe dichter heran. Beide Kitze hatten den Winter gut überstanden; das Böckchen hatte lauscherhohe Gabelstangen geschoben, die noch vom Bast eingehüllt waren. Nun warf die Ricke auf, und auch die Kitze schauten zum Wald zurück in meine Richtung. Hatten sie mich bemerkt – war ich unvorsichtig gewesen?

Nein. Erneut ziemlich dicht unter mir war ein weiteres Reh aus dem Wald getreten, ein wohl vierjähriger Sechser, ein Zukunftsbock.

Die Leiter stand wirklich ein wenig dicht am Wechsel; aber wir Flintenjäger waren immer für geringe Entfernungen.

Mit Träumen und Beobachten verging wohl eine weitere Stunde, bis es plötzlich laut im Wald hinter mir knackte. Die Rehe waren sofort abgesprungen und verhielten erst hundertfünfzig Meter weiter auf dem Acker.

Ich drehte nur den Kopf und erstarrte für kurze zwei Sekunden. Rasch hatte ich das Glas an den Augen und zählte einen – zwei, drei vier, fünf Überläufer, die sich trotz der Helligkeit ziemlich sicher im Wald bewegten und überall nach Kerfen und Würmern suchten. Einer der grauen Gesellen hatte wohl ein Mäusenest gewittert, denn er schob seinen Wurf mehrmals ziemlich tief in den Waldboden.

Ich versuchte mich auf der Leiter zu drehen, aber das wollte nur schlecht gelingen. Die Waffe auf dem linken Seitenholm aufgestützt, beobachtete ich durch das Zielfernglas.

Endlich waren die ersten drei auf fünfundzwanzig oder dreißig Meter heran. Als sich einer breit stellte, visierte ich ihn an und krümmte den Finger. Im Knall riss es ihn zusammen, und er stürmte zusammen mit den anderen davon.

Jetzt hielt es mich nicht mehr lange auf der Leiter. Schon nach fünf oder sechs Minuten suchte ich im hohen Gras den Anschuss und hatte ihn auch bald gefunden. Ein paar rote Spritzer an gelben Halmen und ein Knochensplitter zeugten von meiner Misere: Meine unsichere Haltung auf der Leiter hatte zu einem Tiefschuss geführt. Vielleicht war aber neben dem Vorderlauf doch noch der Brustkern getroffen – hoffte ich!

Ich fuhr erst einmal nach Haus, um meinen Hund zu holen. Ich besaß damals meine rote Langhaarteckelhündin „Hexe". Bei der Nachsuche wollte mich auch mein Bruder mit seiner Rauhaarteckelhündin „Lerche" unterstützen. Es dauert aber alles seine Zeit, und als wir wieder im Wald waren, wurde es schon dunkel. Einzeln ließen wir die Hunde den Anschuss untersuchen, aber eine Leinenarbeit war dann nicht mehr möglich. Wir ließen beide Hunde das Schwein verfolgen; ich folgte mit dem Lichtstrahl der Taschenlampe. Plötzlich hörte ich beide Hunde wieder in meiner Nähe, aber den Lauten nach verfolgten die Hunde nicht das Schwein, sondern das Schwein verfolgte die Hunde! Immer wieder kläfften giftig die Hunde, und dazwischen blies die Sau und klapperte mit den Waffen. Da wurde mir erst bewusst, was ich hier versuchte! In der Finsternis war nichts mehr zu erkennen. Ich rief die Hunde ab, und wir zogen uns zurück.

Am folgenden Morgen waren wir mit dem ersten Tageslicht wieder im Revier. Wir hatten nur eine Zwölfer Doppelflinte zur Verfügung, aber warum ich nur zwei Flintenlaufgeschosse mit hatte, kann ich heute nicht mehr sagen. Ich wusste von meiner Hündin, dass sie immer nur in meiner Nähe suchte und auf mich wartete, wenn ich zu weit zurückblieb. So schob ich ein Flintenlaufgeschoss in den linken Lauf und folgte den Hunden.

Schon nach vierhundert Metern stand ich vor einem Stangenholz. Mein Bruder wollte auf einem nahen Waldweg warten. Plötzlich gaben die Hunde vor mir Laut, und das Schwein stand etwa fünfzehn Meter vor mir aus dem Wundbett auf.

Erbost wehrte es immer wieder die Hunde ab, aber diese brachten sich bei jedem Ausfall rechtzeitig in Sicherheit. Ich versuchte dem Schwein den Fangschuss anzutragen, aber das erwies sich bei den durcheinander wirbelnden Hunden als gar nicht so einfach. Außerdem vermutete ich, dass auch mein Bruder mittlerweile durch den Lärm herangelockt worden war – und ich wusste nicht genau, wo er stand. Um mich zu vergewissern, rief ich nach ihm, was das Schwein mir natürlich übel nahm. Gefolgt von den Hunden, polterte es davon.

Immerhin war der Überläufer aus diesem Bestand erst einmal heraus. Er hatte kurz vor meinem Bruder den Weg überquert.

Jetzt wollten wir die Sache anders angehen. Der schmale Kiefernwald, in dem das Schwein nun hoffentlich steckte, wurde etwa alle hundertfünfzig Meter durch schmale Schneisen getrennt. Auf die nächste Schneise wollte ich mich postieren, und mein Bruder sollte hinter den Hunden her gehen und sie anfeuern. Was konnte nun noch schief gehen? Aber man kann so viele Fehler machen, wenn man etwas macht!

Ich war kaum auf meinem Stand, die Doppelflinte im Hüftanschlag, als ich den Überläufer schon kommen sah.

Links und rechts wurde er je von einem Hund bedrängt, so kam er nur langsam voran. Der Vorderlauf musste nicht zerschossen sein, denn er setzte ihn scheinbar auf. Mehrmals nahm ich die Flinte hoch, aber ich kam nicht günstig zum Schuss. Irgendwie musste ja auch mein Bruder aus dieser Richtung den Hunden folgen!

Das Knäuel kam immer näher. Wenn der Überläufer die Richtung beibehielt, würde er sechs bis sieben Meter links neben mir die Schneise überfallen. Was konnte da noch schief gehen? – Aber Gedanken stimmen nicht immer mit der Wirklichkeit überein.

Plötzlich, das Schwein war vielleicht noch zehn oder zwölf Meter entfernt, wurde es meiner gewahr und stürmte auf mich zu. Nun, es gibt wohl kurze und lange Sekunden ... als der Überläufer heran war, drückte ich aus der Hüfte heraus noch auf ihn ab, aber da war er auch schon zwischen meinen Beinen und hob mich aus. Ich streckte die Beine in die Luft und war froh, dass die Hunde dem Schwein keine Zeit ließen, noch einmal zurückzukommen.

Mein Bruder rief: „Liegt er?“ Ich antwortete: „Nein!“ – „Aber da liegt doch was!“, war seine erneute Frage, worauf ich nur antworten konnte: „Ja, ich!“

Meine Wade und mein Rücken schmerzten, so überließ ich meinem Bruder die Flinte und die verbliebene Patrone. Die Hunde waren – es war deutlich zu hören – immer noch am Schwein. Mein Bruder eilte zur nächsten Schneise, und ich blieb zurück, auch um nicht im Weg zu stehen.

Nach zehn oder fünfzehn Minuten knallte es erneut, und kurz darauf rief er: „Sau tot!“

Auch ihn hatte der Überläufer, nachdem er seiner gewahr wurde, angenommen. Aber mein Bruder war vorbereitet und hatte nicht mehr viel Rücksicht zu nehmen. Mit einem Schuss zwischen den Lichtern war der Sechsundfünfzig-Kilo-Überläuferkeiler zusammengebrochen.

Natürlich wollte ich wissen, wo der erste Schuss lag. Die erste Brenneke hatte den linken Vorderlauf getroffen, aber den Laufknochen nicht durchschlagen, und war dann durchs Brustbein gegangen. Ein Schuss, den der Basse eventuell wieder ausgeheilt hätte. Mein Schuss aus der Hüfte hatte ihm am linken Licht eine Schmarre gerissen. Man darf unser Schwarzwild nicht unterschätzen.

Der Jahreshirsch

Die Rotwildbrunft ist in allen Jahren die hohe Zeit der Jagd. Woran liegt das eigentlich? Nur sehr wenige haben doch das Glück, einen wirklich reifen Hirsch strecken zu können. Mir war es bis heute vergönnt, drei männliche Stücke zu strecken – und einige beinahe! Von diesen „Beinahe“ will ich erzählen.

Wir liegen mit unserem Revier in der Mitte zwischen zwei größeren Rotwildeinstandsgebieten. Bemerkenswerterweise unterscheiden die Hirsche aus dem südlichen Bereich – die Heidehirsche – mehr oder weniger deutlich von den Hirschen aus der nördlichen Region – den Hirschen der Hellberge. Die Trophäen mit

der meisten Masse kommen aus dem nördlichen Bereich. Eine über Jahrzehnte durchgeführte Auslese hat zu diesen Beständen und mit ihnen zu Medaillenhirschen geführt. Sicherlich, uns Jägern wird gern ein Trophäenkult vorgeworfen, aber haben wir nicht ein Recht darauf, stolz auf Leistungen zu sein, an denen wir ein wenig mitwirken konnten?

Aber ich wollte ja von den Hirschen erzählen. – In unserem Revier haben wir das ganze Jahr über Rotwild, alte Hirsche aber ziehen meist erst zur Brunft heran. Am besten war dies immer bei markanten Hirschen zu beobachten. So erzählte mir eines Tages ein befreundeter Jäger aus unserem Norden, er hätte gestern Abend einen jungen Hirsch vorgehabt, dessen linke Stange nur sehr kurz wäre. Leider hatten die Umstände einen Schuss nicht zugelassen. Wenige Tage darauf fuhr ich an einem Vormittag ins Revier. Wir hatten auf einer Hügelkette eine Kiefernkultur im Entstehen, hier wollte ich eine oder zwei Ansitzleitern aufstellen. Der Bestand hatte eine Höhe von über einem Meter erreicht, und es schaute sich besser von oben hinein. Plötzlich standen zwei Stücke Rotwild im Bestand, zwei junge Hirsche. Der ein war ein Achter und der andere – eben der beschriebene Hirsch mit der kurzen linken Stange. Die Hirsche zogen langsam durch den Bestand, und ich stand dort mit einem Beil in der Hand! Nur höchstens fünfzig Meter trennten uns, ich hätte mich ...

Was habe ich dann nicht alles angestellt, um diesen Hirsch zu bekommen. Vergebens. Die Hirsche waren nur auf der Durchreise gewesen. Kurz nach der Brunft wurde dieser Hirsch etwa vier Kilometer weiter südlich gestreckt.

Zwei Jahre später kam ein starker Vierzehnender wiederum aus dem Norden. In der Brunft bestimmte er bei uns das Geschehen. Mehrere Male hatte ich ihn von weitem beobachten können. Und dann, eines Nachts, stand ich ihm auf etwa fünfundzwanzig Schritt gegenüber. Ich stand auf einer Starkstromtrasse und der Septembermond tauchte die Trasse in gleißendes Licht.

Wie ein Geist erschien plötzlich der Hirsch und blieb inmitten der Trasse stehen. Deutlich konnte ich die vierzehn Sprossen zählen, konnte mir die Form der Kronen einprägen. Der Körperbau entsprach dem eines alten Hirsches, aber war er alt genug? Im Zweifel zu Gunsten des Angeklagten heißt es, und so blieb die Waffe unten. Im nächsten Jahr vielleicht!

Im Jahr darauf stand zur Brunft die Fährte des Hirsches wieder im Revier. Gesehen hatte ich ihn noch nicht, denn wir hatten einen Herbst mit vielen Pilzen und natürlich vielen Pilzsuchern, da blieb das Wild bis zur Dunkelheit in den Beständen.

Nun stand wieder die volle Scheibe des Septembermondes am Firmament. Keine Wolke trübte den Himmel, nur viele, viele Sterne beleuchteten ihn. Ich stand am Wegesrand und schaute zur Milchstraße hinauf. Mit dem Rücken hatte ich mich an einen Telegrafenmast gelehnt. Eigentlich wartete ich auf Schwarzwild, welches in den vergangenen Nächten auf den hellen Stoppelfeldern nach Mäusenestern gewühlt hatte. Eben schaukelte eine Eule vorbei. Sicherlich war auch sie auf der Jagd nach den grauen Nagern – da ließ sie sich schon in einen alten Strohhaufen fallen. Sie schien Erfolg gehabt zu haben, denn als sie wieder aufflog, hing etwas in ihren Fängen.

Ich wollte noch weiter in Richtung Wald pirschen. „Kränze“ hieß diese Wald-Feldecke. Sie sah aus, als habe man versucht, dem mageren Waldboden kleine Ackerflächen abzuringen. Heute weiß ich, dass es genau umgekehrt war: Die kleinen Ackerflächen waren geblieben, als vor etwa hundert Jahren die übrigen Flächen mit Kienen – Kiefern – bepflanzt wurden, weil die Dreifelderwirtschaft nichts mehr brachte. Sicherlich hatte das nahe Flüsschen hier den Wasserstand so gehalten, dass auf dem mageren Sandboden noch Roggen und Kartoffeln wachsen konnten.

Unterdessen war ich langsam immer weitergegangen, den Geräuschen der Nacht lauschend. Im nahen Gehöft bellte ein Hund, und der Wasserfall rauschte auf das Mühlrad. Hier an der Waldkante brach sich der Schall, waren die Geräusche lauter zu vernehmen, als stünde man nahe bei der Wassermühle. Bis zur Eiche an der Waldecke wollte ich noch gehen, von dort würde ich alles überschauen können. Aber da war doch etwas Großes, Dunkles auf der Fläche? Die frei stehende Krüppelkiefer im Hintergrund kannte ich, aber das dunkle Etwas davor gehörte da nicht hin. Mit größter Vorsicht schlich ich weiter. Noch zwanzig Meter bis zur Eiche, noch zehn Meter, und dann schob ich mich auf dem Streuling des Waldbodens an den Stamm der kleinen Eiche. Geschafft. Ich war wirklich sehr gut gewesen, denn der dunkle Haufen vor der Kiefer war ein vor sich hin dösender Hirsch – und was für einer. Als es in der nahen Schonung knackte, hob er das Haupt und schaute herüber. Dunkel hoben sich seine mächtigen Stangen vom helleren Untergrund des Stoppelackers ab. Längst hatte ich das Glas an den Augen und zählte. Es war ein Vierzehnender, aber war es der bekannte? Ja, die Kronenform stimmte, er war es offenbar.

Aus dem Wald kam ein Tier, dem sein Kalb folgte, und nach einigen Minuten ein weiteres Tier. Der Hirsch knörte vor sich hin, dachte aber gar nicht daran, aufzustehen.

Ich beobachtete das Rotwild über eine halbe Stunde lang. Es trennten uns oft nur knapp vierzig Meter. Im Mondlicht blitzten die weißen Enden der Sprossen, es war ein Anblick, wie man ihn so schnell nicht vergisst. Die Tiere ästen unentwegt an ausgewachsenen Getreidepflanzen. Als im Mildebruch ein Hirsch röhrte, stand mein Hirsch auf, um ihm zu antworten. Das war meine Chance. War er zehn oder elf oder vielleicht doch nur neun Jahre alt? Ich konnte mich nicht entschließen. Ich konnte vielleicht das Kalb schießen, aber ich brachte es nicht übers Herz, diese Idylle durch einen lauten Schuss zu zerstören. Der Hirsch machte mir die Entscheidung leichter, als er seine Tiere zusammentrieb und in Richtung Mildebruch abzog.

Ich hatte nichts zu bereuen – vielleicht im nächsten Jahr! Im Jahr darauf kam er jedoch nicht wieder. Noch mit ziemlich hellen Stangen war er gleich nach dem Aufgang der Schusszeit im Sommereinstand gestreckt worden.

Ich sah ihn erst zur Kreistrophäenschau wieder. Die Stangen hatten wirklich noch wenig Farbe, aber wenn mehr Zeit vergangen wäre, wäre er wieder bei uns angekommen. So können auch Hirsche, die man nicht selbst gestreckt hat, aufregende Erinnerungen hinterlassen.

Am 23. Dezember

Es ist der 23. Dezember. Ich bin mit meinem Sohn ins Revier gefahren, um die Malbäume frisch mit Buchenteer zu bestreichen – zu Hause standen wir irgendwie immer nur im Weg herum. An zwei Stellen mussten auch neue Minerallecksteine ausgebracht werden.

Mein Sohn lenkt, ich sitze auf dem Beifahrersitz und kann mich auf meine Umgebung konzentrieren. Es bleibt Zeit zum Zurückschauen. Eben fahren wir an der Drögen Mühle vorbei. Die Milde, unser kleines Flüsschen mit einer Breite von drei, auch einmal von mal fünf Metern, gurgelt und plätschert lustig dahin. Ein paar Tage trug sie schon ein Eiskorsett, nun ist sie wieder froh und ungezwungen. Durchs Fernglas kann ich am Ufer einen Graureiher stehen sehen, und dort hinten, sind das nicht Enten? Jetzt sehe ich sie deutlicher – sie lassen sich in der Flussmitte von der Strömung treiben. Das Wasser stürzt noch immer über den Wasserfall, aber das große Mühlrad aus Eichenholz ist schon vor über dreißig Jahren verschwunden. Unter dem Wasserfall standen immer die stärksten Forellen, und dort, wo das Wasser zur Ruhe kam, fingen wir als Kinder Steinbeißer und Krebse. Im oberen, torfigen Bereich habe ich sogar einmal einen Aal gefangen. Ich kann mich noch gut daran erinnern, dass ich den glitschigen Burschen kaum festhalten konnte. Warum diese Wassermühle, die hier nachweislich schon einige Jahrhunderte steht, „dröge", also „trockene" Mühle heißt, hat mir nie jemand sagen können, wohl aber, dass man für die Benutzung der Brücke einen Obolus entrichten musste. Davon zeugt heute noch eine immer wieder restaurierte Tafel. Es waren Groschen und Pfennige für Wagen oder Vieh zu zahlen – von Autos war noch keine Rede. Etwa fünfhundert Meter flussaufwärts habe ich als Junge beim Krebsefangen Tonscherben im Wasser gefunden. Erst

Jahrzehnte später las ich auf einer alten Karte, dass hier eine Teerbrennerei gestanden hatte.

Der Waldweg hat hier durch die schweren Holztransporter kräftig gelitten, wir fahren nur im Schritttempo. Dort links, kaum noch zu erkennen, das war die Ziepler Schweineweide. Bis hier trieben die Dorfbewohner ihre Schweine zur Waldmast. Als vor Jahren noch etwas von einer Wiese zu erkennen war, konnte mein Bruder hier einen Bock mit einer Pendelstange strecken. Mit den Jahren ist alles zugewuchert, schon die nächste Generation wird mit der Flurbezeichnung nichts mehr anfangen können.

Wir biegen zur ersten Kirrung ein. Ich sehe gleich, dass am Salzleckstein und auch am Malbaum Betrieb gewesen ist. Den Malbaum hat ein Hirsch mit seinem Geweih bearbeitet; es sind tiefe Riefen in der Borke. Der Stamm, der in anderthalb Meter Höhe den Salzleckstein trägt, ist von den Sauen schon bald ausgegraben.

Einige Hände Mais werden breit ausgestreut. Hier kommen alle vorbei, um Nachlese zu halten oder auch nur, um vom Salz zu kosten. Eichelhäher und Eichhörnchen sind oft die ersten, aber Rehe und Sauen kommen als regelmäßige Gäste. Auch Grimbart, den Dachs, und Meister Lampe, den Hasen, habe ich hier schon gesehen. Na, und wo sich die anderen treffen, kontrolliert natürlich der Fuchs regelmäßig den Platz und lässt ab und zu seine Visitenkarte zurück.

Nun geht die Fahrt weiter zum Kleinen Hohen Feld. Ich schaue zur Kanzel hinauf. Hier habe ich zur Rotwildbrunft einige Male angesessen.

An einem Abend bin ich mit meiner Frau hier draußen gewesen. Schon mehrmals hatte ein Hirsch in der angrenzenden Dickung geknört. So einen richtigen, urigen Brunftschrei, bei dem es einem den Rücken hinunterrieselt, hatte ich in diesem Jahr aber noch nicht gehört. Es war wohl zu warm. Die Lichtverhältnisse wurden immer schlechter. Plötzlich stieß mich meine Frau an. Jetzt sah auch ich den Hirsch, der aus den Lärchen getreten war. Er schien äsen zu wollen, blieb aber dann doch da stehen. Das Geweih war nicht mehr anzusprechen, es war aber ein noch junger Hirsch.

Meine Waffe lag ruhig neben mir. Ich hatte zwar die Möglichkeit, auf einen Hirsch zu jagen. Aber es war mir vor Jahren vergönnt, meinen Lebenshirsch zu strecken – einen reifen Vierzehnender –, und man soll Höhepunkte in seinem Leben nicht zu kopieren suchen, dann verlieren sie an Glanz. Sicherlich würde ich eine günstige Gelegenheit nicht ungenutzt vergehen lassen, aber ich wollte es nicht geradezu darauf anlegen, noch einen starken Hirsch zu erlegen. Es sind Geschöpfe, die erst geboren werden müssen, um heranwachsen zu können, und die neben der Zeit auch die nötige Hege brauchen. Ich hatte im letzten Jahr davon gehört, dass ein Schütze auf einer Drückjagd auf einen stärkeren Hirsch Dampf gemacht hatte. Zu uns Jägern kann ich so einen Schützen nicht zählen, und ich verstehe auch sein Umfeld nicht, das ihn in seinem Verhalten bestärkt oder akzeptiert.

Unser Hirsch sicherte jetzt zurück in den Bestand. Ein weiterer Geweihträger, dieses Mal ein stärkerer, zog über die Brachfläche auf uns zu. Er knörte ein paar Mal. Es war wohl der Hirsch, den wir zu Anfang gehört hatten. Noch reichte das Licht aus, um die Konturen deutlich zu sehen. Und dann kam von links aus dem Wald ein weiterer starker Hirsch und schritt auf den ersten zu. Sie neigten die Häupter und ließen die Geweihe aneinander prasseln. Wie laut doch dieses Prasseln durch die sonst so ruhige Nacht schallte! Der Beihirsch war in den Wald zurückgetreten, aber die beiden Recken schoben einander über den Acker. Plötzlich konnte sich einer der beiden aus dem Gerangel lösen. Er drehte sich ab und trat den Rückzug an. Der Sieger blieb zunächst stehen, bevor auch er sich wieder in den Wald zurückzog. Es war noch kein richtiger Kampf gewesen, aber pulsierendes Leben in einer sonst ruhigen Nacht.

Am folgenden Abend war ich mit einem Bekannten draußen, der gern einmal ein solches Schauspiel erleben wollte, aber das Rotwild blieb ruhig und die Bühne lange Zeit leer.

Wir wollten gerade abbaumen, als ich der grauen Schatten an der gegenüberliegenden Waldseite gewahr wurde. Dreizehn Stück Schwarzwild zogen wie auf einer Perlenschnur aufgereiht über die Brachfläche. Ein Stück war größer, das andere wohl alles Frischlinge. Wo blieb die zweite, dazugehörende Bache? Nebel stieg auf und hüllte bald alles ein. Wir zogen uns zurück. Es ist kein Ansitz wie der andere – und immer erlebnisreich, wenn man bereit ist, die Vielfalt der Natur auf sich wirken zu lassen.

Ich reiße mich aus meinen Gedanken, denn wir biegen zur zweiten Kirrung ein. Auch hier bestreicht mein Sohn den Malbaum, während ich einige Hände voll Maiskörner breit streue. Weiter geht die Fahrt. Bei der nächsten Stelle wird nur ein neuer Mineralleckstein angebracht. Im Umfeld dieser Kirrung hält sich unser letzter Wildkaninchenbestand, von dem in den letzen Jahren nur Fuchs und Habicht profitiert haben. – Mir fällt auf, dass in diesem Jahr hier noch kein Schuss gefallen ist.

Ein breiter Waldweg führt uns ins nördliche Revier zur letzten Kirrung. Im losen Sand sind die Abdrücke von Rotwild zu sehen, und der Malbaum hat viele neue Verwundungen vom letzten Besuch der Schwarzkittel. Hier hoffe ich beim nächsten Mond zu Schuss zu kommen. Die Gefriertruhe könnte einmal wieder eine neue Füllung gebrauchen.

Mein Sohn lenkt das Auto nach Haus. Mittlerweile werden wir wohl wieder willkommen sein.

Alles um den Hasen

Der Hase war lange Zeit das Wild der meisten Jäger. Es gab ihn überall. Gern erinnere ich mich an die Kesseljagden im Herbst, an denen ich oft als Treiber und später als Schütze teilnahm, oder an die kleinen Vorstehtreiben im Wald.

Wir erzielten nie große Strecken. Mit zwanzig, in einem guten Jahr auch mit dreißig Hasen waren wir bereits sehr zufrieden. Wichtig war damals schon, dass nicht zu oft und niemals alle Flächen bejagt wurden. Oberstes Gebot war wie auf allen Gesellschaftsjagden die eiserne Disziplin – Hitzköpfe gehören hier nicht hin. Schön war eigentlich immer, dass bei keinem die Läufe blank blieben und es immer etwas zu sehen gab.

An die erste Kesseljagd, an der ich als Schütze teilnehmen durfte, erinnere ich mich noch sehr genau. Es war ein kalter Dezembermorgen, als wir uns vor der Gaststätte trafen. Nach der Begrüßung und der anschließenden Einweisung marschierten wir einige hundert Meter bis zum Beginn des ersten Treibens. Die Flügelleute wurden losgeschickt; dann wechselte es: Schütze – Treiber – Schütze – Treiber, während das Häufchen am Sammelplatz immer kleiner wurde. Endlich war ich an der Reihe und marschierte über den gepflügten Acker. Der Boden war noch nicht gefroren, sonst wäre ein sicheres Gehen nicht möglich gewesen. Ganz einfach war es dennoch nicht, denn der Lehmboden war sehr „anhänglich". Als ich auf eine bestellte Fläche kam, versuchte ich erst einmal, etwas von den Schuhsohlen abzuschütteln.

Ich schaute nach vorn, weil beim linken Flügelmann ein Schuss fiel. Der Hase lief aber weiter in den jetzt geschlossenen Kessel. Mit dem Signal lud ich meine Waffe mit zwei Schrotpatronen. Es kam darauf an, die Abstände gleichmäßig groß und vor allem den Kessel rund zu halten. Mehrmals mussten ältere Waidmänner mit Rufen die Ordnung wiederherstellen, wenn Schützen oder Treiber zu lange stehen geblieben waren, um einen anlaufenden Hasen zu erwarten.

Rumms rumms, knallte es immer wieder, und so mancher Hase rollierte sauber. Eben lief einer todesmutig auf die Schützenkette zu, aber er hatte Glück, denn dieser Schütze wurde durch seinen hitzigen Hund behindert. Der Hase drehte ab und versuchte einen Treiber zu umlaufen. Der warf ihm seinen Stecken entgegen, der natürlich nicht traf. Ein Lärmen setzte ein, und als der Hase die Schützenkette passiert hatte, folgte eine Kanonade, dass man denken konnte, es gelte zehn Hasen. Aber Meister Lampe hatte Glück. Er legte die Löffel an und lief und lief. „Gebt mir mal die Flinte!", rief einer der Treiber. „Ihr habt ja krummes Pulver geladen!"

Es ertönte das Signal „Treiber hinein", und die Schützen blieben zurück. Ich hatte noch keinen Anlauf gehabt, hatte aber mit dem Zuschauen bei den anderen genug zu tun gehabt. Ich wollte auch bei meiner ersten Jagd nichts verkehrt machen. Ein Jagdgericht war benannt worden, um das anschließende Schüsseltreiben ein wenig abzusichern.

Die Treiber hatten schon fast die Mitte des Kessels erreicht, als ein Treiber wieder ein paar Schritte zurückkam und dann seinen Stecken warf. Das wurde dem Hasen zu viel. Er sprang aus der Sasse, dass die Erde hinter ihm nur so wegspritzte – und kam direkt auf mich zu. Kaum war er vorbei, hob ich die Flinte. Ich hatte ihn auf der Laufschiene und versuchte mich daran zu erinnern, was ich übers Vorhalten gelernt hatte. Mein Finger drückte ab, und danach gleich noch einmal – wie es schien, zum richtigen Zeitpunkt. Der Hase schlug eine saubere Rolle.

Mein erster selbst geschossener Hase! Ein Treiber wollte ihn aufnehmen, aber ein Hund war schneller. Er nahm meinen Hasen sauber auf und brachte ihn stolz wie ein Spanier seinem Herrn. Nun, mir war es gleichgültig, wer den Hasen tragen musste. Die Treiber kannten aber die beste Transportmethode: Sie hängten die Hasen zwischen sich auf einen Stecken, und ab ging es zum zweiten Sammelplatz.

Nachdem alle nach und nach angelangt waren, wurde Zwischenstrecke gelegt. Die Hasen wurden ausgedrückt und aufs Geschlecht untersucht. Manch einer versuchte auch, durch Löffeleinreißen ihr Alter zu ermitteln. Es ging doch heute um die Weihnachtshasen, und die sollten in der Pfanne auch gar werden! Ob die Zartheit der Löffel dabei eine Aussage treffen könnte, blieb mir schleierhaft, die kamen doch gar nicht mit in die Pfanne …

Alle waren angeregt und zufrieden. Der Jagdleiter musste mahnen, dass es weitergehen sollte; schließlich sind die Herbsttage nicht zu lang. Drei Treiben veranstalteten wir noch, und ich kam noch zwei Mal zu Schuss. Das eine Mal beschädigte ich den Hasen nicht, und den anderen Hasen musste ich mir mit einem anderen Schützen teilen. Ich verzichtete freimütig auf meinen Anteil, denn auf Menge ist es mir nie angekommen.

Am Ende trafen wir müde, aber froh wieder am Sammelplatz ein. Mein Vater hatte den Wildwagen gefahren, von dem nun die Hasen abgeladen und in das vorbereitete Karree gelegt wurden. Jeder zehnte Hase wurde ein wenig vorgerückt, und so kamen wir auf die stolze Zahl von zweiundvierzig Hasen. Ein sehr gutes Ergebnis!

Ich stand dicht hinter der Strecke und wollte eben weiter zurücktreten, weil die Strecke verblasen werden sollte, als ich von hinten einen Schubs bekam. Unwillkürlich tat ich dabei einen

Schritt nach vorn und über die ausgelegten Hasen. Schnell wollte ich es wieder ausbügeln und trat zurück. Dabei musste ich aber natürlich noch einmal über die Hasen. Dass dieses alles kein Zufall gewesen war, wurde mir bewusst, als ich abends vors Jagdgericht treten musste: Wegen zweimaligen Übersteigens der toten Hasen hatte ich zehn Mark in die Kasse zu legen. So wurden die ersten Runden für die Treiber finanziert, und es ging lustig so weiter.

Einige Jahre später hatte ich Gelegenheit, an einer Hasenfangjagd in der Magdeburger Börde teilzunehmen. Von der Menge an Hasen, die damals dort vorkam, kann man heute nur noch träumen. Aber da kannte der Bauer noch kaum eine Giftspritzung; Rüben wurden mit der Hand verhackt und verzogen, und auch die Autos, die heute überall dazu benutzt werden, um den Wildbestand zu dezimieren, waren damals noch nicht so zahlreich.

Wir Gasttreiber wurden zwischen die Einheimischen gemischt. Dann ging es in breiter Front über die Felder. Immer wieder sprangen Hasen vor uns auf und liefen nach vorn. Die beiden Flügel vor uns waren weit vorgerückt; die vielen dunklen Punkte bildeten in der Feldmark einen großen Sack.

Immer mehr Hasen wurden aufgescheucht, oft schon durch die vor uns laufenden Hasen. Trupps von dreißig und vierzig Hasen versuchten, auf die Treiberwehr zulaufend, auszubrechen; dann wurde gelärmt, was die Kehlen hergaben, auch wenn es nicht immer half. Je mehr Hasen wir vor uns her trieben, um so öfter versuchten sie einen Ausfall nach hinten – und wo einer es unbeirrt schaffte, hingen sich zwanzig Stück in sein Gefolge.

Bald konnten wir sehen, was die Hasen schon lange gesehen hatten: Da vorn ging es nicht weiter. Auf der Böschungskante eines langen Grabens versperrte ein meterhohes Netz die Flucht. Immer wenn ein Hase ins Netz gelaufen war, sprang irgendwo ein Fänger auf, befreite den Langohr, um ihn in eine bereitgestellte Kiste zu stecken. Ich war froh, als wir endlich die Böschung erreicht hatten. Man hatte das Gefühl, den ganzen Acker unter den Gummistiefeln mitzutragen, und das ermüdete die Beine natürlich. Kraft genug, um die Böschung nach Hamsterbauen zu untersuchen, war mir dennoch geblieben. Ich hatte im frühen Herbst mit einem Freund Hamsterbaue am Rande eines Erbsenfeldes aufgegraben und reichlich Taubenfutter geerntet.

Abends dann war ich froh, dass ich meine Beine unter dem Tisch in der Gaststätte ruhig halten konnte. Gott sei Dank hatten wir tagsüber die Arme nicht übermäßig belasten müssen, so fiel es uns nicht schwer, einige Male ein Gläschen anzuheben.

Das ist alles – leider! – Vergangenheit. Schon zwei Jahre habe ich keinen Weihnachtshasen mehr geschossen. Ich freue mich vielmehr, wenn abends noch einer oder zwei unter mir auswechseln; an eine große Jagd ist gar nicht mehr zu denken.

In diesem Jahr will ich mir aber doch einen Waldhasen schießen. Es gab schon einmal eine geschlossene Schneedecke, die dann aber pünktlich vor dem Fest verschwunden war. Nun bin ich froh, nach den Tagen des Nichtstuns einmal wieder draußen sein zu können. Ich habe mir die Kanzel an der Grenzhecke ausgesucht. Hier hatte ich vor Wochen mehrmals einige Hasen auswechseln gesehen. Würden sie heute wieder kommen, und – vor allen Dingen – würden sie noch bei Büchsenlicht kommen?

Eben schaute ich noch dem Bussard nach, der in Richtung Wald abstrich, da standen drüben aus dem Raps fünf Rehe auf. Sie waren mir zuvor gar nicht aufgefallen. Ansprechen konnte ich sie bei dem schwindenden Licht schon nicht mehr. Nun war aber an der Hecke Bewegung. Etwas Dunkles buckelte im Schutz des Schlehdornbusches. Es sah aber nicht nach Hase aus – und es war auch keiner. Ein Marder oder ein Iltis suchte die Hecke nach Beute ab. Da waren die Chancen für mich schon kleiner geworden.

Der kleine Räuber war, genau so plötzlich wie er gekommen war, wieder verschwunden. Von der Waldseite kam wieder etwas und hielt die Richtung zu meiner Kanzel, aber als es auf etwa hundert Meter heran war, wurde mein Hase zum Fuchs. Der war mir aber auch genehm. Vorsichtig schob ich die Flinte auf die Brüstung und die Sicherung nach vorn. Den hinteren Abzug musste ich drücken, daran musste ich denken, denn gewohnheitsmäßig suchte der Finger immer den ersten für den Kugellauf. Reinecke kam näher und näher. Jetzt war er stehen geblieben – jetzt verschwand er in der Hecke.

Ich hatte ihn doch schon so sicher gehabt. Eben war ich im Begriff, die Flinte wieder herunterzunehmen, da war der Fuchs wieder da und schnürte flott näher. Es waren nur noch fünfzig Meter, noch vierzig, und nun rührte ich am Drücker. Rumms, dröhnte es. Mein Fuchs rührte keinen Lauf mehr. Ein Blick zu den Rehen zeigte mir, dass sie zwar aufgeworfen hatten, nun aber schon wieder weiter ästen.

Ich blieb sitzen, vielleicht kam doch noch ein Hase. Aber es wurde dunkler und dunkler. Endlich stieg ich ab, sonst würde ich womöglich meinen Fuchs nicht wiederfinden. Und wirklich, als ich auf der Wiese stand, hatte ich Schwierigkeiten, aus den vielen dunklen Haufen meinen herauszufinden. Endlich stand ich vor ihm. Ein Prachtexemplar von Rüde, es würde sich lohnen, ihn zu balgen.

Ich hatte immer noch keinen Hasen, aber es war ja noch ein paar Tage Schusszeit. Und wenn ich dennoch erfolglos blieb, müsste meine Familie auch nicht verhungern.

Der Tauber ruft

Endlich ist wieder Frühling. Im Garten färben die Frühblüher die Rasenfläche ein, am Haselnussstrauch hängen die langen Kätzchen goldgelb. Die Vögel sind in einer Stimmung, als hätten sie viel aufzuholen. Es zirpt, zwitschert, schilpt und tiriliert überall.

Dieses Überschäumen der Gefühle steckt an. Ich habe bereits im Garten gewerkelt, die Nistkästen gereinigt und die erste Saat in den Boden gebracht. Das Moos muss aus dem Rasen entfernt werden, aber dazu müssen die Krokusse erst verblüht sein. Ich habe eigentlich Zeit, mehr zur Jagd zu gehen.

Am späten Nachmittag bin ich draußen im Revier. Ich will bei der Waldwiese auf Schnepfen passen. Die Sauen haben den Waldweg umgepflügt, es ist ziemlich frisch; und auch unter den alten Eichen haben sie eifrig Nachlese gehalten. Ich liebe diesen herben Geruch im Eichenwald und will gleich hier bleiben. Den Sitzstock bohre ich am Stamm einer mächtigen Eiche in die Erde, sodass ich mich beim Sitzen anlehnen kann und zugleich ein wenig Deckung habe. Irgendwo weiter entfernt ruft ein Tauber, aber nur ganz kurz. Lade ich die Waffe oder nicht? Ich habe eigentlich nicht die Absicht, etwas zu schießen, aber man kann nie wissen, was kommt. So schiebe ich eine Brenneke und eine Schrotpatrone in die Läufe.

Als es plötzlich irgendwo laut raschelt, umfasse ich die Waffe gleich fester. Ein Eichkater sucht am Fuß der nächsten Eiche nach Resten seiner Wintervorräte. Da habe ich sie doch hingelegt, scheint er zu denken, oder doch dort, oder da drüben … ? Er weiß es nicht mehr so genau, und so sucht er mehrere Stellen ab, ehe er etwas findet. In seinem Eifer kommt er mir mehrere Male sehr nahe. Es ist ein schmucker Kerl in seinem dunkelroten Pelz und mit seinem buschigen Schwanz. Nun hat er mich doch gesehen, denn er rast am Stamm einer Altkiefer nach oben, dass die Rindenfetzen nur so fliegen. Da hat er sich wohl mächtig erschrocken.

Und nun höre ich die erste Schnepfe in diesem Jahr. „Orrt ... orrt ...", ruft das Männchen und: „Tsiwick ...", ruft irgendwo ein Weibchen. Ich drehe den Kopf, aber ich kann noch nichts sehen. Doch – da schaukeln zwei Schnepfen am Himmel entlang. Klar hebt sich der nach unten gerichtete Stecher vom dunkler werdenden Himmel ab. Genauso schnell wie sie gekommen sind, sind sie wieder verschwunden. Aber dort zwischen den kahlen Kronen der Erlen und Birken kommen sie schon wieder. „Tsiwick ... tsiwick", rufen sie sich bei ihrem Hochzeitsflug zu. Noch mehrere Male kann ich mich an ihrem Balzflug erfreuen, dann schaukelt was Kleineres ziemlich schnell am Himmel entlang. Eine Fledermaus auf der Jagd. Es wird nun schnell dunkler. Ich entlade die Flinte und begebe mich auf den Heimweg.

Als ich bei den großen dunklen Kiefern angekommen bin, fliegen laut klatschend einige Tauben auf. – Ja, zwei oder drei Tauben könnte ich einmal wieder schießen, aber das ist nicht so einfach wegen ihrer sprichwörtlich guten Augen. Morgen, am Wochenende, werde ich mein Glück versuchen. An der Wald-Feldkante, in den Altkiefern könnte ich herankommen.

Es wird dann ein sonniger Morgen, und ich höre es schon von weitem: „Gruh ... ruh ... ru ru", und noch einmal: „Grug ... rug ... ruh ... ru ru". Mit einem kurzen „Rug ..." beendet der Tauber die Strophe, um bald schon mit einer neuen zu beginnen.

Weiter hinten, hinter der Feldscheune, balzt noch einer. Ich werde es erst einmal hier versuchen. Mit dem Glas leuchte ich die Baumkronen ab, aber ich kann ihn nicht entdecken. Als er mit einer neuen Strophe beginnt, pirsche ich weiter. Es ist nicht einfach, muss ich doch auf Knackholz am Boden und auf meinen Tauber in den Baumkronen achten. Dort drüben in den mächtigen Randkiefern vermute ich ihn. Jetzt fliegt eine Taube auf mich zu, und der Tauber folgt ihr mit klatschendem Flügelschlag. Es sind nur drei Bäume bis zu dem verliebten Paar. Die Taube sitzt auf einem waagerechten Seitenast. Der Tauber trippelt ihr entgegen,

knixt und spreizt die Flügel und immer wieder ruft er: „Gruh ... ruh ... ru ru“. Und noch einmal: „Grug ... rug ... ru ru ...“. Nun fliegt er auf, um ihr von der anderen Seite zu kommen. Soll ich oder soll ich nicht? Ich hebe behutsam die Flinte und mache einen Schritt zur Seite, um hinter dem Baum vorzukommen.

Da klatscht es laut, und ich bin aller Zweifel enthoben. Es hat nicht sollen sein. Kein bisschen enttäuscht begebe ich mich in Richtung Feldscheune zum nächsten Tauber, der immer noch fleißig ruft. Dieses Mal habe ich mehr Glück. Bald schon kann ich ihn in der lockeren Krone einer Kiefer ausmachen.

Ich streiche die Flinte am Baum an und das goldene Korn sucht die blaue Brust des Taubers. Als der Schuss bricht, kippt der Tauber schwer vom Ast und schlägt gleich darauf auf dem Waldboden auf

Als ich ihn aufhebe, perlt ein roter Tropfen auf das Blau des Gefieders. Er ist ganz schön schwer. Ich freue mich über meine Beute. Es ist ein Geben und ein Nehmen in der Natur, und ich war nun eben der Habicht gewesen.

Preußenfasane und anderes Flugwild

„Preußenfasane“ nannten wir immer die Elstern. Sie haben diesen Namen wegen ihrer schwarz-weißen Zeichnung und ihrem langem Stoß. Ob sie auch so gut schmecken wie Fasane, weiß ich nicht; ich musste sie noch nicht kosten. Ihre Eier sind für Eierback geeignet – das haben wir als Kinder einmal ausprobiert. Damals durften wir Krähenvögel noch bejagen. Leider beruhen die heutigen Gesetze nicht immer auf gutem Wissen, sondern dienen zur Beruhigung einzelner Gruppen.

Warum fällt es uns oft so schwer, Gutes und Richtiges im vernünftigen Maße zu tun? Ich erinnere mich an einen Bekannten, der in einer Stadt in der Nähe größerer Parkanlagen wohnte. Er kam eines Tages zu mir und sagte: „Kannst du mir nicht helfen und ein paar Elstern wegfangen? Die räubern bei mir im Garten jedes Singvogelnest aus.“ Als ich mich mit dem Thema beschäftigte, fiel mir auf, dass in den Städten – aber auch in der Nähe der Dörfer – der Bestand an Elstern gewaltig zugenommen hatte. Das war auch nicht verwunderlich. Alles sprach zu Gunsten der Elstern. Sie hatten, obwohl sie ja eigentlich schlechte Flieger sind, kaum natürliche Feinde in den Ortschaften. Ihre Nester waren entweder in schwindelnder Höhe oder in dichtestem Dornengestrüpp sicher. Sie konnten sehr gut sehen und dabei dreist, aber auch heimlich sein.

Wir selbst hatten in der Nähe des Dorfes, in einer sehr hohen Baumgruppe, ein Elsternnest. Zwei weitere waren mir in den dornigen Feldhecken bekannt.

Meine Glucke hatte zwölf Hühnerküken ausgebracht, die sie stolz auf dem Hinterhof herumführte. Oft stand sie inmitten ihrer Kinderschar und kratzte und gluckte, und die Küken flitzten um sie herum und pickten alles Essbare und nicht Essbare auf. Eines Tages wurde diese Idylle empfindlich gestört. Die Glucke war ganz aus dem Häuschen, und ich selbst, als ich gemerkt hatte, dass ich nur noch elf Küken hatte, ebenfalls. Am nächsten Tag waren die Glucke und ich nur noch im Besitz von zehn Küken. So konnte es nicht weitergehen. Durch Zufall war ich in der Nähe der Hühnerbuchte, als der Kükendieb – eine Elster – das dritte Mal kam. Ich konnte ihn mit Erfolg verjagen.

Ich begab mich auf den Kriegspfad. Ich suchte mir zwei kleinere Abzugseisen aus, befestigte auf ihnen je ein Ei und versteckte sie im Garten. Schon am Vormittag hielten die Bügel eine Elster, und am Nachmittag hatte ich noch eine Jungelster dazu. Das wirkte erst einmal, aber wer half den kleinen Rebhuhn- und Fasanenküken und den vielen kleinen Singvögeln? Sicherlich gehört ein gewisser Bestand an Elstern und anderen Krähenvögeln in der Natur dazu und kann das Gleichgewicht nicht sofort gefährden. Wir Menschen haben aber in vielen Fällen bewusst oder unbewusst in diesen Kreislauf verändernd eingegriffen und müssen für die Konsequenzen einstehen.

In meiner Hühnerbuchte hatte ich erst einmal Ruhe. Die Küken wurden Tag für Tag größer und waren nicht mehr so gefährdet. Ich aber beobachtete die Elstern mit anderen Augen, wenn sie im Garten die Büsche absuchten. Ich musste auch zusehen, wie sie einen Jungvogel aus dem Nest der Grünfinken zog, um ihn zu verspeisen.

Wie gesagt, zwei hatte ich. Aber ich würde ihnen bei den nächsten Reviergängen mehr Aufmerksamkeit widmen.

Auf dem Weg von der Arbeit kommend, hatte ich gesehen, dass auf einer Stromleitung über einem Stoppelacker Tauben saßen. Wenn ich von der westlichen Seite an der breiten Feldhecke anpirschen würde, müsste es doch gehen. Kaum zu Haus angekommen, hatte ich schon die Doppelläufige auf dem Rücken und den Gurt voller Schrote. Als ich schon wieder auf dem Motorrad saß, musste ich meine Familie mit der Aussicht auf einen Taubenbraten beruhigen. Eigentlich hatten sie Recht – es wartete genügend Arbeit auf mich. Aber es sollte ja nicht lange dauern.

Trotz eines notwendigen Umweges war ich bald hinter der Hecke. Zwei Schrote mit dem Kaliber 2 mm schoben sich in die

Rohre, und schon ging es gebückt hinter der Hecke entlang. Plötzlich sprang vor mir ein Hase aus der Sasse und lief über die Wiese davon. Da vorn hopsten zwei Elstern. Noch fühlten sie sich in der dichten Hecke ziemlich sicher – wenn sie bloß nicht losschackern würden!

Mehrmals war ich in der Versuchung, sie aufs Korn zu nehmen. Aber ich wollte ja in erster Linie eine von den dicken Ringeltauben. Noch dreißig Meter, noch zwanzig, nun müsste ich sie gleich sehen und sie vielleicht mich. Als ich die letzten Schritte tat, hatte ich die Waffe im Anschlag. Das war auch nötig, denn als ich sie sah, hatten sie mich auch schon wahrgenommen. Mir gelang gerade noch ein Schuss auf eine Jungtaube. Wie ein Stein plumpste sie auf den Acker. Stolz nahm ich sie in Besitz. Hoffentlich war sie nicht so stopplig!

Nun waren auch die Elstern wieder interessant. Als ich die Waffe öffnete, um nachzuladen, kräuselte eine feine Rauchfahne aus dem abgeschossenen Lauf. Ich mag diesen Geruch.

Saugend schloss die Waffe, und ich pirschte den Elstern nach. Dort war jetzt etwas hell Geflecktes – aber nein, es war ein Raubwürger, der seitlich aus den Büschen wegflog. Meine Elstern wollten ihre Deckung nicht verlassen. Wie ich richtig vermutet hatte, baumten sie noch einmal in der hohen Weide, am Ende der Hecke, auf. Rumms ... rumms ... Zwei Schuss, zwei Elstern, das glückte nicht immer. Jetzt flogen noch drei, nein fünf Elstern über die Wiesen davon.

Ich nahm meine Beute auf. Weil sie nicht zu meiner Taube passten, wollte ich sie noch zum Luderschacht bringen. Auf dem Wege dahin kam ich zudem noch bei den Bombentrichtern vorbei. An diesen verschilften Wasserlöchern war noch mit Enten zu rechnen.

Scheinbar war heute aber nichts los. Ein paar einzelne Federn schaukelten auf dem Wasser, also waren auf jeden Fall Enten da gewesen. „Paak... paak ...“, rief ich, und es stiegen doch noch zwei schmucke Erpel und eine Stockente auf. Es reichte nur noch für einen Schuss und einen Erpel. Aber war das für heute nicht mehr als genug?

Ich beendete den ohnehin schon stark ausgedehnten Pirschgang und strebte mit schnellen Schritten meinem Motorrad zu.

Wo sind nur die Böcke?

Ab Mitte Mai, wenn die Gier nach frischer Äsung gestillt ist und die Reviere ausgekämpft sind, sieht man kaum noch Rehböcke im Revier. Der eine oder andere mittelalte Bock steht einmal um die Mittagszeit auf der Brachfläche oder verspätet sich morgens beim Einwechseln, ansonsten verraten nur Plätz- und Fegestellen, dass wir noch Rehwild haben.

In der letzten Woche hatte ich zu tun, um die Sauen von einem bestellten Maisacker fern zu halten. Zwei Bachen mit ihrer Frischlingsschar wollten gar nicht begreifen, dass die Bauern die goldgelben Körner nicht für sie in den Boden gebracht hatten. Es kostete schon meine ganze Überredungskunst, aber nun standen die grünen Pflänzchen in Reihe, und die Gefahr war für Monate gebannt.

Heute Abend wollte ich mich in der Wiese im „Schlauch" ansetzen – so nannten wir eine lange, schmale Wiese zwischen zwei Ackerflächen. Die Kanzel gestattete eine gute Rundumsicht. Dass diese Warte nicht nur von mir geschätzt wurde, sah ich an den vielen Gestübern der Greife, und ich saß noch nicht lange, als vom nahen Wald ein Mäusebussard in ruhigem Flug in meine Richtung segelte. Abrupt änderte er die Richtung, als er sah, dass sein Platz besetzt war.

Das Gras auf der Wiese stand so hoch, dass die Rehe kaum noch herausschauen würden. Aber mich interessierte, ob in dem hohen Futter vielleicht ein oder mehrere Ricken ihre Kitze gesetzt hätten, die es galt vor dem Schneidwerk zu retten; denn in der folgenden Woche sollte die Grasmahd beginnen. Wenn wir die Fläche einen Tag vor der Mahd permanent beunruhigten, hatten wir immer noch die besten Erfolge.

Lerchen jubilierten hoch am Himmel. Es setzt mich immer wieder in Erstaunen, wie viel laute Lebensfreude in solch einem kleinen Federball steckt.

Mit dem Glas leuchtete ich immer wieder mein Umfeld ab. Dort auf dem eichenen Koppelpfahl saß ein Neuntöter und glättete sein Gefieder. Auf einer abgeweideten Wiesenfläche flitzten Stare emsig hin und her, immer wieder im Boden stochernd. Die Jungen der ersten Brut ließen sich von den Eltern zeigen, wie es gemacht wird. An ihrem helleren Gefieder waren sie noch gut von den Altvögeln zu unterscheiden.

Plötzlich sah ich etwas Braunes im grünen Halmenmeer. Dort, wo das Reh aufgestanden war, stand das Gras so hoch, dass ich nur das Haupt und einen Teil vom Träger sehen konnte. Es war ein weibliches Stück, so viel konnte ich erkennen, und nach einem Augenblick war ich mir sicher, eine ältere Ricke vor mir zu haben.

Es schien, dass auch andere Rehe wieder Hunger hatten. Noch ein Schmalreh und eine weitere Ricke und auch noch ein Jährling belebten die Fläche um mich herum. Der junge Gabler warf immer wieder auf. Er war sich noch nicht sicher, dass er hier bleiben kann.

Jetzt teilten sich die Rapshalme, und ein strammer Sechser fegte sein Gehörn am Weißdornstrauch, der es gewagt hatte, hier am Koppelpfahl zu wachsen. Nun plätzte er, dass Gras und Erde nach hinten wegflogen.

So plötzlich, wie er gekommen war, tauchte er wieder im Rapsfeld unter. Auch die anderen Rehe blieben für den Rest des Abends unsichtbar.

Mit krächzendem Ruf zog in großer Höhe ein Graureiher am Himmel. Ich nahm dies zum Signal, den heutigen Ansitz zu beenden. Morgen ist Sonntag, da werde ich einmal wieder beim ersten Tageslicht ins Revier fahren. Ich werde am Maisacker nach dem Rechten schauen, um vielleicht später noch an der Wiesenkante zu pirschen.

Am nächsten Tag zeigte sich die Welt um mich herum noch grau in grau. Zu Hause hatten schon die Schwalben auf dem Leitungsdraht gezwitschert, hier im Kiefernwald war es noch verhältnismäßig ruhig. Ich stand im Schutz einiger Anflugkiefern und leuchtete immer wieder die Ackerfläche ab. Zäher Frühnebel lag über der Fläche und wollte sich nur ungern auflösen. Die beiden

Rehe, die eben auf der Fläche auftauchten, hatten noch keine Läufe. Als Ricke und Schmalreh konnte ich sie ansprechen. Immer lauter wurde es um mich herum. Meisen turnten im Gezweig der Bäume, und vor mir auf dem Waldweg trippelte ein Buchfinkenmännchen. Plötzlich warfen die Rehe auf und sicherten zur entfernten Waldecke hin. Sie sprangen ab und tauchten zwischen den Kiefernstangen unter. Die Flucht war nicht überstürzt, aber irgendetwas hatte ihnen nicht gefallen.

Es vergingen Minuten, ehe an eben dieser Waldecke ein dunkler Schemen auftauchte, dem drei weitere, kleinere, dunkle Wildkörper folgten. Eine stärkere Bache und drei Überläufer musselten im hohen Gras des Altholzes hin und her. Etwa zweihundert Meter mochten uns trennen. Von Frischlingen war wegen des hohen Bodenbewuchses nichts zu erkennen, aber noch hatte ich die Chance, dass sie über die Ackerfläche auf mich zu wechseln würden – und dann!

Der Wunsch ist der Vater aller Gedanken, und hier blieb es beim Wunsch. Die Sauen tauchten wieder im Wald unter, und die Rehe erschienen von neuem auf der Fläche.

Hier sollte ein alter Bock mit eng gestellten Stangen austreten, aber außer einem mausenden Fuchs und einem Hasen kam kein größeres Wild mehr ins Blickfeld. Ich beschloss, zu den Wiesen zu fahren; dort hielt das Wild immer länger aus, das heißt, es verbrachte oft den Tag im langen Futter.

Schon nach etwa zwanzig Minuten stand ich in den Wiesen und suchte mit dem Glas das Umfeld ab. Kein rotes Reh stand in dem weiten Grün. Plötzlich preschte ein Reh aus dem Rapsfeld, dichtauf gefolgt von einem weiteren. Tau umspritzte die Wildkörper in ihrer wilden Jagd. Längst hatte ich das Glas hoch, aber mehr, als dass es sich um einen jungen und einen recht starken Bock handelte, war nicht auszumachen.

Hin und her ging die Jagd. Ich glaubte das Keuchen zu hören. Dann verschwanden sie im Wald, und die Bühne war wieder leer. Ich hatte wieder Zeit, mein Umfeld genauer anzuschauen. Vor Tagen hatte es geregnet. Überall wo Pfützen gestanden hatten, war ein gelber Rand vom Blütenstaub der Kiefern geblieben.

Ein Hase hoppelte auf mich zu und schwenkte erst ab, als er nur noch zehn Meter entfernt war. Er hatte mich, zwischen den Büschen der Traubenkirschen stehend, nicht als Gefahr betrachtet.

Der starke Bock kam aus dem Wald zurück, überquerte die Wiese und verschwand im Rapsfeld. Doppelt lauscherhoch prahlten die gut vereckten Stangen. Ich glaubte diesen wohl fünfjährigen Bock wiederzuerkennen, er hatte dieses Revier schon im vorigen Jahr behauptet.

Mittlerweile war auch der Letzte in der Natur und wohl auch im nahen Dorf erwacht. Die ersten Autos brummten über die Landstraße. Auch ich begab mich zu meinem Fahrzeug; ich freute mich auf eine Tasse Kaffee und ein gutes Frühstück im Kreis der Familie. Im Dorf hielt ich noch bei einem Landwirt an, der mich darüber informierte, dass die Kühe morgen auf die Wiese am Grenzgraben getrieben werden würden. Für mich bedeutete das, dort noch einmal anzusitzen.

Am Abend versprach ich meiner Frau, dass ich die nächsten Abende zu Haus verbringen würde. Bald darauf bog ich in den Feldweg ein, der zur Wiese am Grenzgraben führte.

Das Halmgras steht wirklich sehr hoch. An vielen Stellen wird kein Reh mehr herausschauen, und ich habe hier keinen erhöhten Sitz zur Verfügung. Vor den Stämmen alter Erlen habe ich mir einen niedrigen Schirm gebaut. Ich sitze sehr gern hier, denn am Graben und im nahen Laubwald ist immer vielfältiges Leben.

Ich lehne mit dem Rücken am borkigen Stamm einer wohl achtzigjährigen Erle. Eigentlich ist es eine Gruppe von fünf mächtigen Armen, die über einem kurzen gemeinsamen Sockel in den Himmel ragen. Hier führte vor fünfundzwanzig Jahren ein Feldweg entlang, auf dem die Bauern noch ihre Pferdegespanne lenkten, um die kleinen Ackerflächen zu bestellen, die man den Wiesen abgerungen hatte. Der Boden ist in diesem Urstromtal sehr unterschiedlich und vielgestaltig. Blauer Ton wechselt oft innerhalb weniger Meter mit schwarzem Moor und hellem Schwemmsand. Was hatten Rehe, Rebhühner und Hasen hier für ein Leben, als die Vielfalt der Kulturpflanzen, Kräuter und Gräser die Landschaft bunt malte und die chemische Keule noch nicht erfunden war!

Unmittelbar hier, wo ich sitze, war vor fünfzig oder mehr Jahren der Kirchensteig, auf dem meine Mutter als Kind noch zum Konfirmandenunterricht ging. Davon ist heute nichts mehr zu sehen. Brennnessel, Himbeere und Brombeere säumen den Waldrand und lassen nur dem Wild einige Lücken.

Eben raschelt es in diesem Dickicht. Aus einer dieser Lücken kommt etwas Grau-Schwarzes auf mich zu. Ein Dachs schiebt sich durch das hohe Gras. Wenn er auf meine Wiese will, wird er die Brücke kurz vor mir nutzen, denn er liebt das Wasser auch nicht übermäßig, und der angestaute Graben ist mit einem Sprung nicht zu nehmen.

Er kennt sich aus. Schnaufend kommt er auf mich zu und wechselt nur fünf Meter vor mir auf meine Wiese, wo ich ihn jetzt auch besser sehen kann, weil auf einer kleinen Fläche niedriges Gras wächst. Hier stand im Frühjahr das Wasser lange in einer Mulde.

Als die ersten Fledermäuse am Himmel ihre Zickzack-Bahnen ziehen, wird mir bewusst, wie lange ich nun hier schon sitze.

Dort drüben, wo der Schlehdorn eine Hecke bildet, habe ich vor zwanzig oder fünfundzwanzig Jahren in einer kalten Mondnacht eine Rotte Sauen beobachtet, bei der sich zwei Keiler um eine rauschige Bache stritten. Lange hatte ich überlegt, ob ich mich noch weiter anpirschen könnte, denn ich führte nur eine Zwölfer Doppelflinte. Diana half mir wie so oft. Der abgeschlagene Überläuferkeiler trollte in meine Richtung und kam mir gut auf dreißig oder fünfunddreißig Schritt.

Das Gelächter von Eulen reißt mich aus meinen Träumereien. Das Licht wird nicht mehr ausreichen, um Wild ansprechen zu können. Ich ziehe mich behutsam zurück. Morgen ist auch wieder ein Tag.

Ein paar Abende hielt mich die Arbeit zu Haus, aber dann saß ich wieder an der Waldkante an. Ich hatte in der Nähe in den ersten Maitagen einen Bock gesehen, der mich interessierte. Starke, nur gegabelte Stangen zierten ein gedrungenes Haupt, welches den älteren Bock verriet. Das konnte in diesem Jahr mein Bock werden.

Wie öfters in der letzten Zeit begleitete mich meine Frau. Unsere Kinder waren groß, so hatte sie mehr Zeit und ich kein schlechtes Gewissen, wenn ich wieder einmal in Richtung Busch pirschte.

Wir saßen auf einer niedrigen Kanzel an der Feldkante. In diesem Sommergerstenschlag war der Bock jetzt, kurz vor der Blattzeit, mehrmals bestätigt worden. Genau vor der Kanzel erreichte die Gerste wegen einer Sandkuppe nur Kniehöhe. Diese Stelle sollte dem Bock zum Verhängnis werden und mir zum Jagderfolg verhelfen – das hoffte ich jedenfalls sehr stark.

Nun saßen wir bereits den zweiten Abend, ohne dass mein Bock sich zeigte. Weibliches Wild sahen wir jeden Abend, von welchem mal mehr und mal weniger in dem Gerstenschlag zu erkennen war. Heute Abend hoppelte ein Hase in der Gerste auf uns zu, als wollte er meiner Frau meine Strategie – mit der Sandstelle und so – bestätigen.

Und plötzlich stand da mein Bock! Wir sahen nur das Haupt, die Lauscher und eben die gegabelten Stangen. Weiß blitzten an den Enden die Spieße.

Auf etwa fünfzig Meter konnte ich ihn gut ansprechen. Er musste nun bloß noch nach rechts wechseln, etwa zwanzig Meter!

Ich schob schon einmal das Gewehr auf die Brüstung und verfolgte ihn mit dem Zielfernglas, als er sich in Bewegung setzte. Aber er wandte sich nicht nach rechts, sondern nach links. Es war zum Verzweifeln! Zwei Mal, als im Getreide die Rückenpartie zu sehen war, erlag ich fast der Versuchung abzudrücken, aber ich wusste, wie groß die Gefahr war, einen Halm zu streifen – und wo blieb meine Kugel dann?

Ruhig, immer wieder von irgendwelchen Kräutern äsend, bewegte der Bock sich auf die Waldkante zu. Dort war wieder ein freier Streifen von anderthalb Metern Breite. Ich beugte mich samt der Waffe in diese Richtung, musste aber in einer unmöglichen Stellung ausharren, die alles andere als bequem war.

Der Bock ließ sich Zeit. Für die zehn Meter brauchte er über eine halbe Stunde. Endlich war er an der Ackerkante, wo ich ihn von hinten hatte – und nur von hinten. Es vergingen zwanzig, dreißig Minuten, nur mit der Änderung, dass er sich Schritt für Schritt weiter entfernte. Ich war mehrmals in der Versuchung, ihn anzupfeifen, aber ein Sprung vor oder zurück würde ihn auch wieder unsichtbar werden lassen.

Längst zitterten wegen der unbequemen Stellung meine Arme so, dass ein genauer Schuss kaum noch möglich war. Da sprang er über die Furche, und nur das Zittern der kleinen Kiefer verriet, dass dort ein Rehbock stand und sein Gebiet markierte.

Für uns war er unsichtbar und blieb es für heute. – Aber wollen wir es denn anders haben? Welchen Wert hat eine Trophäe, wenn der Bock einem am ersten Abend problemlos vor die Flinte läuft?

Noch oft waren wir an den Abenden im Revier, aber mal war der Bock zu weit entfernt, dann stand er im hohen Getreide oder im noch höheren Erbsenbestand, oder er glänzte durch Abwesenheit. Er machte es mir wirklich nicht leicht.

Dann waren wir schon in der zweiten Julihälfte. Ich hoffte, mit der Blattzeit würde mehr Bewegung kommen und der Bock unvorsichtiger werden.

Gestern Abend hatte ich ihn in Begleitung eines zierlichen Schmalrehes gesehen. Das Treiben hatte also begonnen und meine Chancen schienen wieder zu steigen. Die Holde wollte aber noch nicht recht, und er wohl auch nicht. So blieb es mehr oder weniger beim gemeinsamen Abendessen mit einigen Bewegungsübungen im Kreis. Nach etwa einer halben Stunde sprangen sie zurück in den Wald, wo sie bis zum Eintritt der Dunkelheit blieben. Heute hatte ich mir am Tag an dieser Waldseite unter den Birken einen Erdansitz gerichtet, mehr war hier nicht möglich. Am Abend saß ich wieder pünktlich mit meiner Frau als Begleitung in sicherer Deckung.

Meine Sorge galt dem Wind, der hier in der Waldecke leicht küselte, aber ich hoffte auf unser Glück. Sehr zeitig kam ein Hase auf dem nicht bestellten Vorgewende dahergehoppelt. Es war einer von diesem Jahr, aber schon recht gut gewachsen. Wenig später kam von rechts ein weiterer dazu, dieses Mal ein Alter, der uns entgegen kam, um dann drei Meter vor uns einen Kegel zu machen. Abwechselnd rieb er sich mit den Vorderläufen das Gesicht, ehe er weiterlief.

Ich schaute noch dem Hasen nach, als mich meine Frau anstieß und in die Richtung wies, aus der eben der Hase gekommen war. Eine fast schwarze Katze folgte der Spur des Hasen. Wie gern hätte ich ihr eins aufgebrannt, denn es trennten uns gut anderthalb Kilometer vom Dorf, und sie war hier nicht mehr erwünscht. Aber ich wollte heute unnötige Unruhe vermeiden. Nun wurde sie unser gewahr, duckte sich und verschwand mit wenigen Sätzen im Wald. Diese Katze war keine Hausmieze mehr. Weitere lange Minuten vergingen, und die Lichtverhältnisse wurden immer schlechter. Einmal war mir, als ob hinter uns im Wald Wildbewegung wäre, aber es kam nichts.

Plötzlich waren laute Geräusche vom Acker her zu hören. Es hörte sich an, als würden Erbsenpflanzen schnell zerrissen. Nun hörte ich Frischlinge quieren, aber dann war wieder Ruhe. Unwillkürlich hatte ich die Waffe fester gegriffen. Es konnte ja sein, dass die Rotte Sauen – denn nur darum konnte es sich handeln – bei mir versuchen würde in den Wald zu wechseln.

Es blieb aber ruhig. Für uns unhörbar wechselten sie im Getreide von uns weg. Wir blieben noch bis zur Dunkelheit. Für mich stand fest: Morgen früh bist du wieder draußen.

Als um drei Uhr der Wecker klingelte, fragte meine Frau: „Willst du wirklich hinaus?“ Ich wollte. Schon um halb vier war ich im Busch und wenig später auf meinem Sitz. Ich nahm das Glas hoch und leuchtete das Umfeld ab. Dort hinten in der Sommergerste war ein großer dunkler Körper, der da gestern nicht gewesen war. Jetzt bewegte er sich in Richtung Wald. Es konnte sich nur um ein Stück Rotwild handeln, welches an den Erbsen Gefallen gefunden hatte. Es war noch zu dunkel, um Einzelheiten erkennen zu können.

Im Osten wurde der Himmel rötlich, es konnte nicht mehr lange dauern, und man würde mehr erkennen können. Gerade wollte ich mich den vielfältigen Vogelstimmen um mich herum widmen, als wieder ein dunkler Wildkörper in das hellere Gerstenfeld kam, dem gleich darauf ein zweiter und ein dritter folgten. Ich konnte sie deutlich als Geweihte ansprechen, zumal sie in meine Richtung wechselten und es immer heller wurde. In einer Entfernung von etwa hundertzwanzig Metern verhielten sie eine Weile, und ich konnte sie genauer in Augenschein nehmen. Der mir am nächsten stehende war ein junger Kronenzehner vom vielleicht fünften Kopf; aber der ihm dann folgte, ließ mein Herz Sprünge machen. Das Geweih hatte bei einer enormen Stangenlänge eine sehr weite Auslage, und, was noch viel wesentlicher war, die rechte Stange zeigte oben nur eine Gabel. Also ein typischer I b.

Der dritte Hirsch hatte zwar auch ganz schön was auf dem Haupt, aber ich konnte ihn nicht genau einschätzen, zumal jetzt noch ein weiterer Hirsch aus dem Wald getreten war, auf dessen Haupt ich kaum etwas ausmachen konnte.

Warum konnten wir nicht vierzehn Tage weiter im Kalender sein? Eine solche Gelegenheit bekam ich vielleicht nie wieder!

Den Hirschen war es auf der Ackerfläche zu frei geworden, langsam entfernten sie sich wieder und tauchten im Wald unter. Ich war mit den Gedanken noch ganz bei den Hirschen, als plötzlich mein Bock aus der Gerste aufstand und von irgendwelchen Kräutern zu äsen begann. Es waren zwar nur etwa siebzig Meter zu ihm, aber ich sah nie mehr als einen schmalen Rückenstreifen. Nach etwa fünfundzwanzig Minuten tauchte auch er im Wald unter. Ich war ihm nicht gram. Ich hatte ein Erlebnis gehabt, wie es nicht allen vergönnt ist.

Die Tage vergingen, und noch oft saß ich abends oder am frühen Morgen auf einen Bock an. Längst hatte ich mich nicht mehr auf meinen Gabler versteift, der es mir so schwer machte.

Seit Wochen hatte es nicht mehr geregnet, und viele Wiesen wurden schon braun. Die Luft war voller Staub, und die Rehe wechselten teilweise ihre Standorte, um noch irgendwo etwas frisches Grün zu finden. Ich wollte es am heutigen Abend mitten in den Feldern und Wiesen versuchen, wo ich aber mit einem Erdansitz vorlieb nehmen musste. Hier hatten sich zwischen Acker und Wiese einige Schilfrohrbüsche gebildet, die mir leidlich Deckung versprachen.

Meine Frau saß voller Erwartung neben mir. Unmittelbar vor uns knickte ich die Rohrhalme um, so dass mir bei einem Schuss nichts vor dem Rohr stehen würde. Hier vor uns war die Wiese noch grün, und viele kleine Blüten des Weißklees zierten die Wiese.

Wind war aufgekommen, der aber kaum Abkühlung brachte. Die sich im Windzug bewegenden Halme und Blätter schrapten und raschelten.

Ich geriet ins Träumen. Hier hatte ich einmal einen guten Erntebock strecken können; und dort von der Kanzel herunter beschoss ich vor einigen Jahren einen wohl sechsjährigen Keiler, der meiner Frau und mir mit seinen hundert Kilo ordentliche Transportprobleme bereitet hatte. Ein Hase hoppelte hinter uns auf dem abgeernteten Rapsacker und kam bis auf drei Meter an uns heran.

Wenn doch bloß mein Bock kommen würde ... Die Lichtverhältnisse hatten bereits abgenommen. Plötzlich stieß mich meine Frau an. Nun sah auch ich das Schmalreh, welches von rechts kommend auf der Wiese äste. Immer weiter näherte es sich uns. Nur noch fünfzehn Meter trennten uns, und ich dachte: Bald muss es uns sehen, und dann springt es natürlich ab. Mit einem halben Auge sah ich einen weiteren, dunkleren und wesentlich stärkeren Wildkörper folgen. Aber wie bewegte sich denn der Bock? Bei jedem Schritt knickte er vorn stark ein! Sein langendiges, weißes Gehörn kannte ich nicht.

Sicherlich war der Bock in dem nicht weit entfernten Nachbarrevier beschossen worden und nun zu uns gewechselt. Irgendwie war ich auf einmal aufgeregt und hatte Mühe, die Flinte ruhig zu halten. Wenn ich überrascht werde, beutelt mich noch immer das Bockfieber. Im Zielfernglas sah ich jedoch immer noch Rohrhalme. Der Bock musste noch zwei Meter weiter kommen, aber würde uns das Schmalreh nicht vorher mitbekommen? Ich versuchte beide Rehe im Auge zu behalten und verlor dabei – wie sich später herausstellte – den Blick fürs Wesentliche.

Als sich der Bock nach endlosen Sekunden weiterbewegte, krümmte ich den Finger. Ich war mächtig erschrocken, dass der Bock nicht zeichnete, sondern nach einem Bogen auf der Wiese beinahe hinter uns und nun fast völlig von Schilf verdeckt stehen blieb. Ich konnte nichts unternehmen und musste warten, bis er nach einiger Zeit stark humpelnd zum Wald zog. Ich hatte ihm nichts getan, aber warum nicht?

Am folgenden Morgen sah ich die Bescherung. Gleich nachdem die Kugel den Lauf verlassen hatte, hatte sie ein sicherlich vom Wind hochgewehtes Schilfblatt zerfetzt und war dann sonst wohin geflogen. – Ich hätte mich ...!

Die nächsten Ansitze galten natürlich diesem Bock, den ich aber erst Tage später wiedersah.

Zuvor noch hatte ich morgens in einer entfernten Revierecke nach der Kirrung schauen wollen und hatte plötzlich auf der Brachfläche einen mir unbekannten Bock mit seinem Schmalreh vor. Sie hatten mich natürlich schon längst gesehen und sprangen ab, ehe ich den Bock noch genauer ansprechen konnte. Am Abend wollte ich das nachholen. Unter einer Starkstromtrasse näherte ich mich der schmalen Brachfläche, an die sich ein Maisacker anschloss.

Ich war ein wenig spät dran. Die Waffe hing schon geladen auf der Schulter. Als ich um die Ecke komme, steht fünfzig Meter vor mir ein Schmalreh auf der Brache, und der Bock ist im Begriff, den Mais zu verlassen. Schon habe ich das Glas an den Augen und schaue mir den Bock an. Ja, er ist ziemlich schwach im Wildbret; den könnte ich strecken. Behutsam hole ich die Flinte von der Schulter, entsichere und gehe in Anschlag. Wenn nur das Schmalreh mich nicht mitbekommt, denn ich stehe nicht in guter Deckung. Der Bock hat nur Blicke für das Schmalreh, steht aber spitz zu mir hin, sodass ich nicht schießen kann. Die Arme werden bereits lahm, da springt das Schmalreh zum Wald links von mir und der Bock folgt ihm. Schon sind beide nicht mehr zu sehen – und ich kann so schnell nichts machen.

Der Abend ist jung, tröste ich mich, die kommen wieder. Ich behalte Recht. Es mögen fünfzehn oder zwanzig Minuten vergangen sein, als das Schmalreh den Wald wieder verlässt und auf die Brache zieht. Längst habe ich die Waffe oben und konzentriere mich nur noch auf die Stelle, an der der Bock erscheinen muss. Als er endlich erscheint, erschrecke ich fast und hätte beinahe abgedrückt, als Zweige den Wildkörper noch decken. Nun aber steht er frei, und die Kugel ist heraus.

Mit tiefen Fluchten geht er ab und bricht kurz vor den Maishalmen verendet zusammen. Ich warte nur noch fünf Minuten, bis ich zu meinem Bock gehe. Ich setze mich zu ihm ins Gras und halte ihm die Totenwacht, ehe ich endlich daran gehe, ihn zu versorgen.

Hirsche am Hohen Feld

Alle Jahreszeiten haben ihre jagdlichen Reize, und jeder Monat bringt neue, andere Erlebnisse. Für mich ist die Hirschbrunft im September der Höhepunkt des Jagdjahres. Wenn dann noch ein klarer Mond vom Firmament strahlt, zieht mich das Revier in seinen Bann.

Wir hatten einen Bilderbuchherbst. Jeden Tag kletterte das Thermometer über die zweiundzwanzig Grad, und die Sonne strahlte, selten durch Wolken getrübt. Das hatte natürlich auch seine Nachteile. Der Wald war ausgedörrt, die Wiesen grau. Der Mond zeigte bereits eine dicke Sichel, und mit dem Umfang der Sichel nahm auch meine Unruhe zu.

An meiner Kirrung hielt ich die Sauen bei Laune, indem ich jeden Tag einige Hände Mais ausstreute. Natürlich hatte ich auch andere Tischgäste. Wenn ich kam, warteten immer einige Eichelhäher in den nahe stehenden Bäumen und krakelten scheinbar ärgerlich. Ihr Ärger bestand wahrscheinlich darin, dass ich nach dem Futterstreuen nicht schnell genug verschwand, sondern die kleine Kahlfläche nach anderen Spuren nächtlicher Gäste absuchte.

Am Malbaum und am Baum mit dem Mineralleckstein waren ständig die Fährten von Rot- und Schwarzwild. Den Leckstein wussten auch die Rehe zu schätzen. Aber noch ein anderer Maisliebhaber hinterließ allnächtlich seine genagelten Spuren. Grimbart, der Dachs, war zum ständigen Gast geworden. Ich hatte nichts dagegen. Ich mochte diesen scheinbar griesgrämigen Herrn mit seiner schwarz-weißen Maske.

Meine tägliche Revierfahrt führte mich auch immer am Hohen Feld vorbei. So hieß eine zwanzig Hektar große Ackerfläche inmitten ausgedehnter Kiefernwälder. In der Mitte teilte ein vergraster Weg die Fläche. Wenn ich im Ansitzschirm am Stubbenhaufen saß, hatte ich links zehn Hektar mehrjährige Brache und rechts eine Fläche mit Sommerroggenauswuchs, der gut stand, aber auch nach Feuchtigkeit dürstete.

Dieser Stubbenhaufen hatte auch seine Geschichte. Vor etwa dreißig Jahren war hier eine kleine Waldfläche in den Acker geragt. Bei der Bewirtschaftung mit großer Technik hatte der Zipfel gestört, und so mussten die Bäume weichen. Die gerodeten Stubben wurden samt Erde am Rand des verbleibenden Waldes zusammen- und hoch aufgeschoben. Dieser lange Hügel war lange Jahre Unterschlupf und Heimstatt vieler Höhlenliebhaber. Die Witterung und die Jahre ließen den Haufen jedoch immer kleiner werden. Nur unmittelbar an der Ecke zum Acker blieb er wegen der Erdeinschlüsse stabil und hoch.

Genau auf diesem kleinen Hügel hatte ich mir einen Ansitzschirm gebaut. Weil meine Beine nicht mehr so wollten wie sie sollten, blieb ich gern etwas tiefer.

So, wie der Mond immer voller und heller wurde, wurde es an den Abenden immer kühler. Den Hirschen schien das recht zu sein, denn sie wurden nun richtig aktiv. Jüngere Hirsche konnten im Hegering nicht mehr gestreckt werden, und so konnte man sich fast ungestört der Beobachtung hingeben.

Schon am ersten Ansitzabend begleitete mich meine Frau. Ich mag es, wenn man nach erlebnisreichem Ansitz zu zweit daheim alles noch einmal nacherleben kann. Was ich nicht mag, sind unbeteiligte Zuhörer, die nur mir zuliebe meine Begeisterung scheinbar ertragen.

Über dem Wald ging eben die Sonne unter. Die Wolkenschleier hatten sich in vielerlei Rot gezeigt – die Natur ist doch der beste Maler. Wir schauten einem Flugzeug nach, welches hoch am Himmel einen Kondensstreifen hinterließ, und dachten an den vergangenen Urlaub, als ein Knören im nahen Wald unsere Aufmerksamkeit weckte. Und da, mit dem letzten Tageslicht, kamen zwei, fünf, nein noch viel mehr Wildkörper auf die Ackerfläche.

Es waren etwa hundertachtzig Meter bis zu dem Rudel Kahlwild, welchem sich nun noch ein Hirsch anschloss. Ich glaubte ihn gleich zu erkennen, den mächtigen Recken mit weit ausgelegtem Geweih, den ich noch aus der Feistzeit kannte. Weiter weg röhrte immer wieder ein Hirsch, aber unser Pascha blieb stumm. Sicherlich wollte er keinem verraten, wie viele Weiblichkeiten er um sich herum versammelt hatte.

Das Rudel zog näher und näher und stand im diffusen Mondlicht etwa fünfzig bis sechzig Meter vor uns. Ich versuchte zu zählen und kam mal auf neunzehn, dann auf einundzwanzig, dann wieder nur auf achtzehn Stücke. Es war ein imposanter Anblick. Meine Frau tippte mich an und wies nach rechts. Dort hatten eben noch weitere sechs Stücken Kahlwild den Wald verlassen, denen ein Hirsch folgte. Der neu hinzugekommene Hirsch röhrte in einem fort. Der Statur nach mochte es ein Hirsch vom sechsten oder siebten Kopf sein.

Plötzlich versuchte das Leittier des kleinen Rudels dem Haremswächter zu entweichen, um sich dem großen Rudel anzuschließen. Zweimal konnte der Hirsch es verhindern, aber beim dritten Mal preschte das Tier seitlich an ihm durch, und das restliche Rudel folgte ihm.

Da stand er nun und röhrte seine Sehnsucht in die Nacht. Aber der Mond konnte ihm nicht helfen. Das Kahlwild hatte mittlerweile das große Rudel erreicht und der Pascha hatte sie in Empfang genommen. Er blieb weiterhin fast stumm, nur der verlassene Galan zog jetzt dem Rudel entgegen, um sich seine Damen wieder zu holen. Noch trennten ihn etwa zwanzig Meter vom Rudel, als ihm der Platzhirsch entgegentrat und das imposante Geweih senkte. Es knallte, als die beiden Recken aufeinander prallten, und es begann ein Geschiebe und Gehakel. Sie gingen in die Knie, trennten sich, um mit noch größerer Wucht aufeinander zu prallen. Keuchend schoben sie sich im Kreis. Keiner wollte nachgeben. Es schienen uns endlos lange Minuten, bis der eine Hirsch sich losriss und zur Seite flüchtete. Der Sieger verfolgte ihn nur kurz. Wer war eigentlich der Sieger?

Als er das Haupt zurückhob, um einen Siegesschrei auszustoßen, konnte ich ihn erkennen. Es war mein Platzhirsch mit der breiten Auslage.

Wenn zwei sich streiten, freut sich der Dritte, sagt man. So war es auch hier. In der Zeit, in der die beiden Kämpfenden mit sich zu tun hatten, hatte sich ein weiterer mittelalter Hirsch zum Rudel gesellt und versuchte ein brunftiges Stück zu finden.

Aber kaum hatte der Platzhirsch seine Lungen wieder mit Luft gefüllt, drang er auf den Eindringling ein, und es begann das Geschiebe und Gehakel von neuem. Es klapperte und knallte. Beide Hirsche schienen gleich stark zu sein. Die Damenwelt schaute gelangweilt oder auch mit Interesse zu. Und nun passierte etwas, was ich noch nie erlebt hatte. Von allen unbeobachtet, tauchte ein Schneider vom dritten oder vierten Kopf auf und versuchte seitlich in den Kampf einzugreifen. Er ließ aber gleich wieder ab und begann im Rudel zu treiben.

Auch dieser Kampf endete nach langen Minuten mit einem Sieg des Platzhirsches. Der andere musste das Feld räumen. Der Sieger stand da und keuchte einige Male. Weißer Atem und Schweiß umwölkte seinen Körper. Der Verlierer war zur Mitte der Brachfläche gezogen, wo er noch lange stand, ehe er sich legte, um auszuruhen.

Ich fuhr jetzt jeden Abend für einige Stunden hinaus. Mal begleitete mich meine Tochter, dann wieder meine Frau. An zwei Abenden hatte ich noch an der Kirrung oder am abgeernteten Feld bis ein Uhr gewartet, aber vergeblich. Heute wollte ich eigentlich nur zur Kirrung; die Sauen räumten sie jede Nacht ab, und einen Frischling hätte ich schon gern gehabt. Ich richtete mich auf eine lange Nacht ein.

Als ich hinausfuhr, konnte ich auf dem Waldweg schon das Licht ausschalten. Der bleiche, fast volle Mond tauchte den Hochwald in ein geheimnisvolles Licht. Leider reichte das Licht auf der Kirrfläche noch nicht, nur die Baumstämme am Waldsaum glänzten silbern.

Um mich herum war es still. Nur einmal piepste ein Vogel aufgeschreckt in der Schonung. Was mochte ihn erschreckt haben? Für die nächsten Minuten war ich ganz in Spannung, aber dann lehnte ich mich wieder zurück und geriet ins Träumen.

Vom Hohen Feld war immer wieder das Röhren mehrerer Hirsche zu hören. Aber ich wartete auf die Sauen. Saß ich eine Stunde hier, oder waren es schon zwei? Als es jetzt, noch entfernt, deutlich knackte, war ich ganz in Spannung. Die Waffe lag fertig neben mir auf der Brüstung, mit dem Fernglas leuchtete ich die Waldkante ab. Drüben sah ich deutlich ein stärkeres Schwein zwischen den Baumstämmen stehen. Jetzt drängten sich mehrere Frischlinge an der Bache durch und verteilten sich auf der kleinen Fläche. Zwei Überläuferbachen hatten mittlerweile den schützenden Wald verlassen und suchten nach den Körnern. Ich versuchte einen Frischling ins Zielfernglas zu bekommen, aber es wollte nicht glücken.

Wo ich freies Schussfeld hatte, lag die Fläche noch im Mondschatten. In dem dort herrschenden diffusen Licht war mir ein Schuss zu unsicher. Ich saß zu ebener Erde an, wie leicht gerät ein zweites Schwein in die Schussbahn und wird angebleit!

Ich hatte mich auf die Frischlingsschar konzentriert und nicht mehr an die Leitbache gedacht. Plötzlich stand sie fünfzehn Meter vor mir und sicherte in meine Richtung. Sie konnte keinen Wind von mir bekommen, aber geheuer schien ihr die Sache nicht. Als sie brammte, verhofften alle Schweine – und als sie noch einmal brammte, verschwand meine ganze Rotte im Wald und ließ mir das Nachsehen. Aber eigentlich war ich gar nicht traurig, konnte ich doch noch zu den Hirschen fahren!

Irgendwie war ich den ganzen Abend mit einem Ohr und der halben Seele bei dem Rotwild gewesen. Schon nach etwa zwanzig Minuten war ich an der Fläche. Vier Hirsche orgelten um mich herum; aber sehen konnte ich nur einen, wohl sieben- oder achtjährigen, Hirsch, der allein auf einem sanften Hügel stand und seine Sehnsucht in den Wald schrie. Hinter ihm meldete noch ein Hirsch im Wald. Ich vermutete dort den mir bekannten Platzhirsch mit seinem großen Rudel. Weiter links, wo ich eine Ackerfläche wusste, meldete ein weiterer, und rechts in der großen Dickung beim Nachbarn orgelte, nein röchelte ein vierter Hirsch in tiefsten Tönen. Was mochte das für einer sein? Diese Stimme kannte ich noch gar nicht. Zu den vier Stimmen gesellte sich nun noch eine fünfte, aber mein Interesse galt nur noch dem Schnarcher, wie ich ihn getauft hatte.

Der ganze Acker war in gleißendes Mondlicht getaucht. Der mir am nächsten stehende Hirsch röhrte fast ohne Unterbrechung, und die anderen antworteten, auch mein Schnarcher. Er schien sogar näher zu kommen. Ja, jetzt war er wohl schon über den Hauptweg; und nun stand er schon bei uns im Stangenholz.

Ich hatte mein Fernglas nur noch auf die Waldecke gerichtet, wo ich vermutete, dass er austreten würde. Jedes Schnarchen schien näher zu kommen. Endlich verließ er den Wald und zog in meine Richtung. Ja, das war ein alter Hirsch. Das mächtige greise Haupt saß auf einem kurz wirkenden, starken Träger mit voller Brunftmähne. Der Rücken schien schon eingesunken zu sein, aber was hatte er auf dem Haupt? Ich konnte sehen, dass die Stangen wohl nicht stark waren, aber Enden waren nicht zu zählen, zumal der Hirsch nicht einmal anhielt.

Er kam in der Nähe meines einsamen Platzhirsches durch, der sich dem Alten auch gleich drohend näherte. Der Alte trollte sich weiter auf die Brachfläche. Ich war eigentlich ein wenig enttäuscht.

Mittlerweile war an der südlichen Waldkante weiteres Wild ausgetreten; es waren wohl vier oder fünf Stücke, wahrscheinlich Kahlwild. Ich beachtete sie nicht weiter, bis ich aus der Richtung Stangenklappern hörte. Ein erneuter Blick durchs Glas ließ mich erkennen, dass es sich bei den vermeintlich weiblichen Stücken um Junghirsche handelte, die dort miteinander scherzten.

Mein Schnarcher hatte sich mittlerweile niedergetan. Ich schaute auf die Uhr. Mensch – ich saß hier auch schon wieder zwei Stunden! Die Zeit verging wie im Fluge. Mein Schnarcher hatte sich wieder erhoben und kam zurück. Prompt zog ihm der einsame Platzhirsch entgegen. Laut schallte es durch die Nacht, als die Geweihe aufeinander prasselten. Zehn oder sogar fünfzehn Minuten schoben sich die Hirsche auf dem Acker. Keiner wollte nachgeben. Schließlich versuchte sich ein Hirsch zu lösen und lief gleich zwanzig oder fünfundzwanzig Meter weit fort. Der Sieger war zu erschöpft, um ihn zu verfolgen; es reichte kaum für einen Siegesruf. Beide Hirsche standen in einer Wolke von Atemdunst und Schweiß, als sie sich langsam weiter voneinander entfernten. Auch ich zog mich vorsichtig zurück.

Vom ersten Tag des abnehmenden Mondes an änderte sich das Wetter schlagartig. Stärkerer Wind schob dunkle Wolken über den Himmel. Immer wieder regnete es, und die Temperaturen waren von einem Tag auf den anderen um einige Grad gefallen.

Genau so abrupt war die bewegte, laute Brunft vorbei. Ich trauerte ihr nicht lange nach, hatte ich doch nun wieder Zeit für andere Dinge, die auch wichtig waren.

Fundsachen

Schon in grauer Vorzeit waren die Menschen nicht nur Jäger, sondern auch Sammler. Ich selbst hänge dieser Tradition immer noch ein wenig an, sehr zum Leidwesen meiner Frau. Aber meine Sammelobjekte füllen beileibe keine Regale, sondern zieren Wand und Anrichte in meinem Arbeitszimmer.

Als ich beim Reviergang eine Abwurfstange eines jungen Damhirsches fand, kam ich wieder dazu, meiner Sammlung etwas mehr Aufmerksamkeit zu widmen. Meine Sammelobjekte haben alle irgendetwas mit dem Boden zu tun – entweder liegen sie auf oder in der Erde. Meine Sammelleidenschaft fing an, als ich als Junge in einer alten Mergelgrube versteinerte Schnecken und Muschelgehäuse fand. Dazu kamen später aus einem Haufen Sammelsteine am Ackerrand ein versteinerter Seeigel und zwei Faustkeile, denen man die zweckmäßige Bearbeitung ansehen konnte.

Was für Tiere mochten die Steinzeitmenschen hier gejagt haben, wo ich heute auf Hase und Reh pirsche? Jahre später, als ich meinen Kindern einmal meine Schätze gezeigt hatte, brachte mir meine Tochter einen kleinen versteinerten Seeigel. Sie hatte ihn beim Erdbeerenpflücken in unserem Garten gefunden. Man muss nur den Blick für derlei Dinge schärfen. Als wir in den nächsten Jahren die Kartoffeln rodeten und auf jeder Maschine Frauen standen, um Steine aus dem Erntegut auszusortieren, bat ich sie, auf besondere Steine zu achten. Und wieder konnte ich meiner Sammlung einige besondere Stücke hinzufügen: Ein halb handgroßes Stück Lavagestein fand gleich meine Aufmerksamkeit. Das Stück sah aus, als ob ein Stück Teer über den Topfrand gequollen und erkaltet wäre; aber es war wahrhaftig harter, klingender Stein. Dann war da ein Korallenstück, welches hier in der Altmärkischen Hügellandschaft deplatziert schien, und einige Steine, an denen man die

Wirkung von Wassertropfen erkennen konnte: Sie waren Jahrhunderte oder sogar Jahrtausende getropft und hatten Vertiefungen und Höhlen in den Stein gearbeitet, ehe ein neues Naturereignis sie an die Oberfläche und wahrscheinlich die Eiszeit bis hierher gebracht hatte.

Mit besonderem Stolz schaue ich noch immer auf eine zwar defekte, aber sehr genau gearbeitete kleine Steinaxt. Die eine Seite ist sauber zu einer Klinge ausgearbeitet worden – man muss die präzise Bearbeitung einfach bewundern. Dann war dem Handwerker wohl beim Bohren eines Mittelloches ein größeres Stück Stein herausgebrochen und hatte anscheinend in Sekunden eine tagelange Arbeit zunichte gemacht.

Wie mochte sich der Steinzeitmensch geärgert haben? Mein Blick geht weiter zur Wand, zu den Passstangen eines jungen Eissprossenzehners. Ich war beim Pirschen durch den Mildebruch auf eine der Stangen gestoßen, und mein Eifer war geweckt, die dazugehörige zu finden. Und ich hatte Glück! Nur etwa fünfundzwanzig Meter von der ersten entfernt lag im Adlerfarn die zweite Geweihstange. Die Stangen hatten hier noch nicht sehr lange gelegen, denn ansonsten hätten die Mäuse sicherlich schon Nagespuren hinterlassen.

Dann ist hier eine einzelne Stange eines Rehgehörns. Ein dicker, stark geperlter Spieß windet sich auf einem starken Rosenstock nach oben. Ich habe diesen sicherlich interessanten Bock nie gesehen. Und diese tief gegabelte V-Stange hier: Den dazu gehörigen Bock habe ich nur ein einziges Mal für wenige Sekunden gesehen – und dann trotz eifrigster Suche nie wieder. Wenn ein befreundeter Waidgenosse im nächsten Jahr beim Pilzesuchen nicht diese Abwurfstange gefunden hätte. würde ich vielleicht an meinem Erlebnis gezweifelt haben.

So ist jede Fundsache mit einer mehr oder weniger langen Geschichte verbunden. Diese kleine Sechserstange eines Rehbockes hier erinnert mich beispielsweise an meine erste Nachsuche als Hund.

Wenn man als Jäger selbst keinen Hund besitzt, sollte man auf jeden Fall wissen, wer einem im Notfall helfen kann. Ich war an einem warmen Juniabend ins Revier gefahren, und weil die Sauen meine Kirrung frisch umgepflügt hatten, beschloss ich, hier auf der Kanzel den Abend zu erwarten. Eine Amsel saß auf der Kronenspitze einer kleinen Kiefer und sang eine Strophe nach der anderen. Dass unter dem Baum die jungen Kaninchen vor dem Bau spielten, störte sie nicht. In der Nähe des abgesägten Baumes, der seit Jahren einen Mineralleckstein trägt, war heller, lockerer Sand. Ich hatte vor meinem Ansitz dort nach Spuren suchen wollen, aber im Puderzuckersand nur mehrere Trichter des Ameisenlöwen gefunden. Als ich versuchte, einen freizupusten, hatte ich mir den Staub ins Gesicht geblasen. Über diese helle Fläche hüpfte eben ein Eichelhäher, ob er einen Ameisenlöwen wollte?

Es blieb keine Zeit, diese Frage zu klären, denn in der Schonung knackte ein Zweig, und der Häher verschwand. Zwischen den Baumstämmchen sah ich die Läufe von mehreren Stücken Schwarzwild – und da stand schon der erste Überläufer bei bestem Tageslicht auf der Fläche. Zwei weitere folgten.

So früh hatte ich eigentlich nicht mit Schwarzwild gerechnet. Mit dem Fernglas holte ich mir die nur dreißig Meter entfernten Sauen noch dichter heran. Groß waren sie wirklich nicht, sie würden keine dreißig Kilo auf die Waage bringen; aber dazu müsste man auch erst einen haben. Langsam hob ich meine langläufige Doppelflinte und schob sie vorsichtig auf die Kanzelbrüstung. Es waren zwei männliche und ein weiblicher Überläufer. Einem der kleinen Keilerchen sollte es gelten.

Es konnte bei diesem Licht und bei der Entfernung nichts schief gehen. Ich visierte ihn lange an, und als er endlich breit stand, krümmte ich den Finger. Mit dem mächtigen Knall der Zwölfer waren alle Sauen verschwunden – wirklich alle, auch der von mir beschossene.

Das konnte doch nicht wahr sein. Ich war so gut abgekommen, und dann nichts? Es hielt mich nicht mehr lange oben. Ich rekonstruierte den Anschuss, konnte aber erst nichts finden. Ich wusste, dass sich Schweißtropfen im trockenen Sand aufrollen würden, und auch die kurzhaarige Sommerschwarte versprach wenig Schusszeichen. Ich musste also auf die Knie hinunter und den Anschuss systematisch absuchen. An einen auf Schweiß arbeitenden Hund kam ich heute Abend nicht heran, und bei der warmen Witterung könnte das Stück leicht verhitzen.

So rutschte ich Stück für Stück über die Fläche. Au ... was hatte sich da ins rechte Knie gebohrt? Ich legte eine Sechserabwurfstange frei und fand dabei im Sand die ersten Schweißkügelchen.

Meiner Sache sicher, suchte ich die Waldkante ab und fand erste Erdausrisse in der Fluchtfährte. Ich blieb nahe am Erdboden; abgebrochene Ästchen sowie aufgerissenes Moos und Nadelspreu wiesen mir immer wieder den Weg. Dann sah ich ihn auch. Zwischen zwei kleinen Kiefernstämmchen war er mit einem guten Blattschuss zusammengesunken. Es mochten siebzig Meter vom Anschuss sein.

Die kleine Sechserstange, die mir so schmerzhaft den Anschuss gezeigt hatte, gehört seitdem zu meinen Fundsachen.

Flusswanderung

Ich habe heute mein Aquarium sauber gemacht, und als ich die Dekoration, eine geschwungene Wurzel, abschrubbte, stand mir wieder klar vor Augen, wie ich zu dieser Wurzel gekommen war.

Es mag wohl zwanzig Jahre her sein. Ich hatte mir ein größeres Aquarium gekauft und wollte es einrichten. Eine schöne, ausgefaulte Wurzel als Dekoration wäre nicht schlecht, dachte ich mir, und weil es Mitte Mai war und nicht zu kalt, beschloss ich einen Fußmarsch an der Milde, dem kleinen Flüsschen, welches sich bei uns durch Wald und Flur schlängelt. Auf weite Strecken hat man es in ein Korsett gezwängt, nur eine kurze Strecke zwischen den Feldern und eine längere Strecke im Wald sehen noch ähnlich aus wie vor hundertfünfzig Jahren. Ich habe eine alte Flurkarte aus dieser Zeit, da schlängelt sich die Milde förmlich durch die Landschaft.

Ich hing mir einen Rucksack um und ein Fernglas. Sollte ich noch die Flinte mitnehmen? Nein, die würde nur hinderlich sein.

Ich begann meine Wanderung im Wiedbusch, wo – wie der Name schon sagt – in früherer Zeit Weidenbüsche das Landschaftsbild prägten. Heute stehen sie nur noch vereinzelt in den Wiesen, und auch die alten Kopfweiden verschwinden leider nach und nach. Als ihre Zweige noch den Bauern als Gerätestiele dienten, wurden die Bäume gepflegt, und in den knorrigen Baumkronen hatte so manches Tier seinen Unterschlupf.

Der Flusslauf wird hier von alten Erlen und einigen Eichen gesäumt. Als ich ans Ufer trat, stiegen einige Stockenten klingelnd in die Lüfte. Es schien ein Trupp Erpel zu sein. Ich überquerte den Wasserlauf auf einem Erlenstamm, den ich vor Jahren hier quer hinüberfallen ließ. Als ich an einem ausgespülten Kolk näher ans Wasser kam, flitzte eine starke Forelle unter der ausgespülten Böschung hervor und verschwand zwischen den Erlenwurzeln am jenseitigen Ufer. Sie hatte schon ein gutes Maß und konnte ein Anglerherz erfreuen. Nach der nächsten Biegung rüttelte sich ein Graureiher schwerfällig in die Luft. Er hatte wohl mitbekommen, dass hier die Bachforelle noch heimisch war. Der Untergrund im Flussbett war an dieser Stelle oft steinig, und ich fand noch kein geeignetes Holz.

Mein Weg führte mich an einer alten Wassermühle vorbei. Nur noch der Wasserfall erinnerte an die alte Bestimmung des Gebäudes. Als Kind bin ich noch in dem großen Wasserrad herumgekrochen und habe meinen Vater begleitet, wenn er von dieser Mühle unser Mehl holte, von dem dann im heimischen Backhaus große Brote gebacken wurden. Es ist eigentlich gar nicht so lange her; trotzdem liegen scheinbar Welten dazwischen.

Als nächstes kommt eine kurze Strecke, wo heller Kies nur scheinbar festen Untergrund andeutet. Es sind vielmehr Moorbänke, die nur von Kies überspült worden sind. Ich selbst bin schon einmal ziemlich tief eingesunken, als ich hier nach altem Holz gesucht hatte. Aber etwas ganz anderes hatte ich gefunden: Dicht nebeneinander holte ich zwei Pferdeschädel aus dem moorigen Grund. Keiner der alten Männer im Ort konnte mir sagen, wem und wann hier zwei Pferde im Moor zurückgeblieben waren.

Dort ragte ein brauner Stubben aus hellem Grund. Ich zog Schuhe und Strümpfe und in weiser Voraussicht auch die lange Hose aus und rutschte vorsichtig ins Flussbett. Brrr ... war das kalt! Als meine Beine sich an das Wasser gewöhnt hatten, tastete ich mich weiter und untersuchte den braunen Hügel. Es war ein vertorfter Stubben, nicht mehr geeignet für mein Aquarium. Aber als ich zurückgehen wollte, wurde meine Vorsicht belohnt. Ich versank nämlich bis über das rechte Knie im weichen Grund und hatte Mühe, ans Ufer zu kommen. Nachdem ich die Beine wieder saubergespült und notdürftig abgetrocknet hatte, zog ich zufrieden meine Hose wieder an.

Als ich nach kurzer Zeit wieder zu einem meiner Erlenbäume kam, überquerte ich wiederum den Flusslauf. Von weitem sah ich schon die nächste Wassermühle. An ihrem Umflutgraben hatte ich vor kurzer Zeit einen Nerz in der Falle gehabt, wo mochte der hergekommen sein? In dieser Wassermühle konnte man über eine Rinne Wasser in eine Turbine leiten, mit deren Strom die Mühle in Betrieb gesetzt und Getreide zu Schrot gemahlen werden konnte.

Aber nun war ich im Wald angekommen. Es wurde schwieriger, am Ufer entlang zu gehen, weil immer wieder kleine und auch breitere Zuflüsse ihr Wasser in die Milde leiteten. In den Moorlachen, in denen die meisten Rinnsale entstanden, waren oft Suhlen von Rot- oder Schwarzwild. Eben stand ich vor so einer Suhle, in der sich eine Sau in der letzten Nacht die Schwarte gekühlt hatte. Deutlich standen die starken Abdrücke im weichen Untergrund. Das war bestimmt kein kleines Schwein gewesen.

Ich entfernte mich ein wenig vom Ufer, um zu einer alten Fichte zu schauen. Dieser Baum war über ein Jahrhundert alt, und in seinem mächtigen Stamm hatten Spechte vor Jahren Höhlen gehämmert. Zwei oder drei waren größer und stammten wohl vom Schwarzspecht. Aus einer dieser Höhlen hatte ich einmal einen Marder herausscheuchen können, den dann auch glücklicherweise meine Schrote erreichten. Wie stolz war ich gewesen über das dunkelbraune Fell mit dem dottergelben Kehlfleck! Heute würde ich jeden Baummarder schonen. Frische Kratzspuren an der Baumrinde zeugten davon, dass der Baum immer noch gern als Versteck angenommen wurde. Mein Weg führte mich wieder zum Ufer. Ein alter Erlenstamm war vom Zahn der Zeit und von den Pilzen gefällt worden.

Noch im letzten Jahr hatten in seinem hohlen Stamm Käuze genistet, wo hatten sie in diesem Jahr eine Bruthöhle gefunden? In unseren kultivierten, ausgeräumten Wäldern haben es die Höhlenbrüter nicht leicht, etwas Günstiges zu finden.

Weiter führte mich mein Weg. Nach der nächsten Biegung wusste ich einen großen Stein in der Mitte des Flusslaufes. Er ragte meist mit einer größeren Fläche aus dem umspülenden Wasser und war ein beliebter Platz von Vögeln. Auch heute sah ich eine Wasseramsel auf ihm, die mich aber auch schon wahrgenommen hatte und im schnellen Flug flussaufwärts verschwand. Und noch ein Vogel verschwand über die Wasserfläche. Wenn sein buntes Gefieder nicht so geschillert hätte, hätte ich den Eisvogel, diesen Edelstein unter den Gefiederten, vielleicht gar nicht gesehen. Er hatte sicherlich auf einem der Zweige des Pfaffenhütchenstrauches gesessen und auf sein Frühstück, eine junge Forelle gewartet.

Ich sah mir den Stein näher an. Die Ränder waren bemoost. Auf dem Stein zeigten Fischgräten und ein Gewölle, dass hier mehrere Vogelarten ihren angestammten Platz hatten.

Nun hatte ich den Stamm einer alten Eiche vor mir, die der Sturm vor etlichen Jahren entwurzelt hatte. Man staunt immer, wie flach doch der Wurzelteller eines so großen Baumes in nassem Untergrund ist. Ich legte Rucksack und Fernglas auf dem Baum ab, ebenso meine Strümpfe und die Schuhe. Hier hoffte ich die gewünschten Wurzeln zu finden. Bald hatte ich tatsächlich eine in der Hand – es ist die, die in meinem Aquarium liegt – und richtete mich auf. Mein Blick ging unwillkürlich zum lichten Eichenwald auf der linken Flussseite. Da wechselte doch ein Reh durch den Bestand! Aber warum trug es das Haupt so schräg? So schnell wie möglich, aber auch so leise wie nötig versuchte ich an das Fernglas zu kommen. Das Reh war ein mittelalter Rehbock. Die linke Stange war ihm wohl im Rosenstock abgebrochen und hing, vom Bast gehalten, über das linke Licht hinunter. Es musste ihm große Schmerzen bereiten, denn er hielt das Haupt ständig stark geneigt, damit die Stange wenig Widerstand hatte.

Tja ... meine Flinte stand zu Hause im Schrank. Was für eine verpasste Gelegenheit. Die Entfernung wäre gerade noch ausreichend gewesen, wenn ...! Ich beobachtete den Bock noch eine Weile, bis er zwischen Anflugfichten nicht mehr zu sehen war. Schnell streifte ich meine Sachen über, verstaute meine Wurzel im Rucksack und ging querwaldein nach Haus. Am Abend saß ich wieder auf der Mildeböschung, und auch später noch des Öfteren – aber immer ohne Erfolg. Schön und interessant waren die Ansitze freilich immer, solange mich die hier reichlich vorkommenden Mücken nicht störten. Den Bock aber sah ich nie wieder.

Einmal fast und zweimal gar nicht

Es gibt Zeiten, da hat man einfach eine Pechsträhne. Solche Misserfolge speichert unser Gehirn anscheinend besonders sorgfältig. Von so einer Pechsträhne will ich erzählen, aber dazu muss ich ein wenig ausholen, denn es geht um eine Zeit, in der die meisten von uns Jägern nur eine Doppelflinte führte, auf die dann ein vierfaches oder sechsfaches Zielfernglas montiert war.

Die Waffe, die ich meistens zur Jagd führte, war eine lange russische Zwölfer. Bei ihr waren mit 74 Zentimetern nicht nur die Läufe recht lang, auch der Schaft war für meine Schulter ein wenig zu lang. Aus dem ruhigen Stand oder mit Auflage gab es keine Probleme, aber für den schnellen Anschlag auf flüchtiges Wild hätte ich mir einen kürzeren Schaft gewünscht. Es war eine original Taigaflinte; laut Waffenpass war sie 1953 in der Sowjetunion hergestellt. Die langen Läufe hatten auch ihre Vorteile: Sie hielten das Flintenlaufgeschoss oder die Schrote länger in der Bahn, und wie ich an anderer Stelle beschrieben habe, im Notfall war noch ein Schuss auf hundert Meter möglich. Nur auf zu kurze Distanz hatte ich mit ihr so meine Probleme. Und manchmal reihten sich diese Probleme – zu der erwähnten Pechsträhne.

Es hatte mit dem Weihnachtshasen nicht so geklappt. Das heißt, ich hatte die Mondnächte den Sauen mit Erfolg gewidmet, und erst nach dem Weihnachtsfest erhellte ein wenig Schnee die Landschaft. Heute Abend saß ich auf einer Kanzel im Haidwinkel und wollte auf der Wiese meinen Neujahrshasen schießen. Natürlich hoffte ich auch hier ein wenig auf Sauen, die in den vergangenen Nächten die Grasnarbe umgedreht hatten.

Es war herrlich, hier zu sitzen. Es fehlte zwar noch der Mond, aber die Lichter der Stadt erhellten den Horizont, und die Wiese war durch die Schneedecke genügend ausgeleuchtet. Weil es fast windstill war, kam beinahe so etwas wie Gemütlichkeit auf. Gegen die Kälte konnte mich mein Watteanzug schützen.

Von rechts kam eine Eule mit lautlosem, weichem Flug auf mich zu. Sie bog ab, um die Wiese zu inspizieren, und nun stürzte sie zur Erde. Ein zartes Piepsen kündete vom Übergang einer Maus in den Mäusehimmel. Nur etwa vierzig Meter von mir entfernt verschwand die Eule mit ihrer Beute in der mächtigen Krone einer Kastanie, um zu kröpfen.

Ich war so in die Jagd der Eule vertieft gewesen, dass ich das Auswechseln des ersten Hasen verpasst hatte. Etwa sechzig Meter vor mir kratzte er sich die Grashalme frei. Gerade dort hatten die Sauen in der letzten Nacht gebrochen, und ich konnte den Hasen nur unterscheiden, wenn er sich bewegte.

War diese Bewegung links von mir nicht auch ein Hase? Als nun aus dem Waldschatten heraus war, lief er ohne anzuhalten, bis er in der Nähe des ersten war. So konnte es nicht weitergehen, sonst würde es zu Neujahr Schweinebraten geben. Es verging wohl eine Viertelstunde, als ich wiederum eines Hasen gewahr wurde. Er kam an der Waldkante entlang bis unter meine Kanzel. Ich hatte die Waffe schon in der Hand, und als der Hase auf die Wiese hinauslief, ließ ich ihn nicht mehr aus dem Zielfernglas. Er wollte nicht anhalten – und wie weit war er schon weg? Es sollte doch kein Hasengulasch werden.

Rumms, der Schuss war heraus, und mein Hase – lief und lief und lief! Ich untersuchte wenig später mit der Taschenlampe den Anschuss. Die Schrotgarbe war ziemlich geschlossen noch vor dem Hasen angekommen. Ein verirrtes Korn hatte einen Zupfen Wolle zurückgelassen. Es war zu nahe gewesen.

Monate später, wir hatten schon die letzte Maiwoche, suchte ich nach einem besonderen Bock. Ich war deshalb beim Morgengrauen draußen gewesen, um das Rehwild beim Einwechseln abzupassen. Ich hatte schon einige Stücke Rehwild gesehen, aber ein Bock, bei dem das Herz schneller schlägt, war nicht dabei gewesen.

Nun wollte ich zu einem weiteren Ackerstück. Der Weg dahin führte einige hundert Meter durch den Wald. Der Waldweg war geschottert, und es knirschte furchtbar beim Gehen. Schnell wechselte ich auf den frisch gepflügten Brandschutzstreifen. Im losen Sand ging es sich zwar beschwerlicher, dafür aber ziemlich lautlos. Die Waffe mit aufgesetztem Zielfernglas hing geladen auf der Schulter.

Plötzlich bewegte sich, wohl nur zehn Meter vor mir, ein Kiefernbusch. Zu sehen war weiter noch nichts, aber ich nahm die Waffe schon einmal mehr als in Hüftanschlag. Ich sah zwei Läufe, und nun stand ein Reh auf dem Brandschutzstreifen. Im Zielfernglas sah ich kurze Spießchen und krümmte den Finger. Mit dem Schuss staubte es hinter dem Bock gewaltig, und mit einem Satz war er im Wald verschwunden. Die Nachsuche erbrachte natürlich nichts – ich hatte ihn sauber überschossen.

Der dritte Fall ereignete sich einige Wochen später. Wir Jäger hatten eine Patenschaft für eine Schulklasse eines Kinderheimes übernommen. Wir versuchten die Pädagogen bei ihrer Arbeit zu unterstützen und waren bemüht, den Kindern unsere Natur näher zu bringen. Als Höhepunkt nach den Zeugnisvergaben durften die besten Schüler einen Waidgenossen auf der Pirsch begleiten.

Nun war es wieder einmal soweit. Sechs Waidgenossen und sechs Schüler standen zum Abmarsch bereit vor der Jagdhütte.

Schon bei der Fahrt ins Revier musste ich tausend Fragen beantworten. Als ich das Auto abgestellt hatte, mussten wir noch etwa vierhundert Meter gehen. Alles fand Interesse, ob es die Trichter des Ameisenlöwen auf dem Weg oder der Ameisenhaufen neben dem Weg war. Nachdem wir eine Kanzel bestiegen hatten, lud ich die Waffe und stellte sie zur Seite. Wir verabredeten, uns nur noch ganz leise zu unterhalten. Aber es gab ja so viel zu sehen – den Schwarzspecht in der Pappel, den Laufkäfer auf der Kanzelbrüstung und die Amsel, die auf dem höchsten Ast einer Kiefer ihr Abendlied sang.

Langsam wurde mein Jagdgast unruhig, das Sitzfleisch war wohl schon arg strapaziert. Ich beschloss, mit dem Jungen noch einen kurzen Pirschgang auf einer Schneise zu machen. An besagter Schneise angekommen, lud ich die Waffe, auf der natürlich das

Zielfernglas steckte. Wir waren wohl zweihundert Meter gegangen, als es rechts von uns in den Stangen knackte. Wir gingen auf die Knie hinunter, und als wir jetzt drei dunkle Körper gewahr wurden, die sich auf uns zu bewegten, war auch mein Begleiter mucksmäuschenstill.

Ich konnte drei Überläufer ausmachen, die in der dicken Nadelstreu nach Fressbarem brachen. Langsam kamen sie näher und näher. Der Wind stand gut, bloß das Licht ließ nach. Längst hatte ich das Fernglas weggelegt und beobachtete nur noch mit dem Zielfernglas. Die Bäume – es waren noch Bäumchen – standen ziemlich dicht, ich musste ziemlich zirkulieren.

Nun musste ich mich aber zum Schuss entschließen. Die Sauen waren auf fast zehn Meter heran und konnten uns jeden Moment mitbekommen.

Ich nahm den Kleinsten ins Visier und drückte ab. Es dröhnte mächtig, aber kein Schwein blieb zurück. Auch die Nachsuche am folgenden Tag brachte nur eine sauber durchschossene Kiefer.

Ich hatte mir schon Gedanken gemacht, wie ich das Schwein mit meinem Jagdhelfer bergen könnte, aber das blieb uns nun erspart. Als wir zum Auto zurückgingen – es war schon ziemlich schummrig –, flog ein Käuzchen über den Weg. Eine Kinderhand schob sich in meine, und eine leise Stimme fragte: „Würden Sie jetzt auch hier langgehen, wenn Sie allein wären, Herr Kleinau?“

Einige Zeit später konnte ich mit einem Büchsenmacher sprechen. Er meinte, meine Waffe sei auf vierzig Meter mit dem Glas eingeschossen, da musste ein Schuss auf zehn Meter vorbeigehen. Er riet mir, bei solchen Gelegenheiten ein Zielen unter dem Glas zu versuchen. Als ich das in der Zukunft beherzigte, blieben auch die Erfolge nicht aus.

„Zwischen Fell und Knochen“

Ich war gerade im Garten und sah, dass eine Klematis aufgeblüht ist. Zwei Rosenknospen sind kurz vor dem Öffnen. Die Goldfische schwimmen an der Teichoberfläche und suchen Futter. Das wäre alles nichts Besonderes, wenn der Kalender heute nicht den 12. Dezember anzeigen würde und alle Leute auf Weinachten eingestimmt wären.

Was mich in den Garten geführt hat, war meine kleine Wetterstation und da im Besonderen der Windmesser. Dass das Thermometer zwölf Grad anzeigt, erklärt die Stimmung der Blumen, aber meine eigene Stimmung bessert sich, als ich sehe, dass der Wind sich gedreht hat und nun aus Südwest weht. Dieses bedeutet, dass ich heute Abend endlich das Licht des fast vollen Mondes nutzen und mich an der Kirrung auf Schweine ansetzen kann. Weil ich seit einiger Zeit aus gesundheitlichen Gründen den Erdansitz nutzen muss, bin ich von der günstigen Windrichtung noch abhängiger.

Am Nachmittag fahre ich noch einmal hinaus, um Maiskörner an bestimmte, von mir gut einzusehende Stellen zu streuen. Auch unter den hell angestrichenen Dreibock kommen ein paar Hände voll dieser goldgelben Körner. Dieser Dreibock zeigt mir zuverlässig an, dass die Sauen noch nicht da waren, denn sie stoßen ihn bei ihrer Futtersuche immer um.

In den vergangenen Nächten haben sie die Fläche immer abgeräumt. Die Frage ist nur, wann werden sie kommen?

Gegen neunzehn Uhr habe ich es mir auf meinem Sitz so bequem wie möglich gemacht und richte mich auf eine lange Nacht ein. Die erste Stunde des Wartens vergeht noch schnell, aber nach der zweiten beginnt eine Zeit, für die Nichtjäger uns immer für verrückt halten. Wenn nicht in weiter Ferne ab und zu Autogeräusche wären, die absolute Stille!

Noch vor ein paar Jahren wäre diese Situation nicht denkbar gewesen. Wenn ich da zu dieser Jahreszeit Zuckerrüben auf der Fläche liegen hatte, verkürzten immer einige mümmelnde Hasen die Zeit, und laut kauende Rehe zeigten mir durch ihr Verhalten an, ob sich anderes Wild der Fläche näherte. Sie wussten, auf dieser Fläche hatten sie nichts zu befürchten.

Wie kann sich nur so viel in einem so kurzen Zeitraum zum Schlechten verändern. Haben nur wir Menschen Schuld? Beim Hasen fällt mir schon einiges ein, womit wir Menschen seinen Besatzrückgang beschleunigen. Es sind nicht unbedingt die paar geschossenen Weihnachtshasen, gegen die manche Leute Sturm laufen; es sind wohl auch nicht nur die immer größer werdenden landwirtschaftlichen Flächen – es kommen viele Faktoren zusammen. Sehr viel sichtbaren Schaden bringen die immer mehr und immer schneller fahrenden Autos und der Umstand, dass sich die Rabenvögel, die kaum noch natürliche Feinde haben, ungestört vermehren können.

Ich höre weiter in die Stille hinein und bin geradezu froh, als eine Maus piepst. Es war wohl ihr letztes Piepsen, denn ich sehe gleich darauf eine Eule mit schaukelndem Flug zwischen den Kronen der alten Kiefern verschwinden.

Meine Blicke streifen zu der großen hohen Kanzel, und meine Gedanken eilen zu einer Begebenheit, die wohl mehr als zwanzig Jahre zurückliegt und bei der ich mir bis heute nicht sicher bin, ob ich richtig gehandelt habe.

Ich saß genau auf dieser Kanzel, und es war wohl auch der Dezembermond, der mich hierher gelockt hatte. Aber der Boden war gefroren, und das nicht wenig. Ich hatte die Rotte schon von weitem kommen gehört. Sie hielt auch nicht an, um zu sichern, sondern die Frischlinge und Überläufer überschwemmten förmlich die Kirrstelle. Man hörte es nur noch Schmatzen und Knacken auf der Fläche, manchmal von einem Quieken unterbrochen, wenn sich zwei Schweine in die Quere kamen.

Dann erschienen zwei weitere, größere Sauen am Dickungsrand. Nachdem sie gesichert hatten, nahmen sie den ihnen gebührenden

Platz auf der Fläche ein. Im Wald knackte es weiter vernehmlich, sicherlich ein Keiler, welcher sich um eine rauschige Bache bemühte.

Ich fühlte mich auf meiner hohen Kanzel sicher. Sie stand nur etwa fünfundzwanzig Meter von der Kirrfläche entfernt, aber der Wind stand günstig und war stabil. Ich nahm mir Zeit, um die Rotte zu zählen; obwohl es immer wieder durcheinander ging, kam ich auf zwei Bachen, drei Überläufer und zwölf Frischlinge.

Bei dieser Menge von Schweinen konnte es nicht lange dauern, bis sie das letzte Korn gefunden hatten. Ich musste also Ernst machen. Ich schob die Doppelflinte aus der Lukenöffnung, visierte einen Überläufer an und ruckte am Abzug. Rumms, der Schuss war heraus, und die Fläche leer. Aber ich hatte doch gesehen, wie mein Schwein zusammengebrochen war! Ich hörte es im Wald knacken und rumoren, und nun kam die Sau rechts aus dem Wald und wollte die Fläche umrunden. Ein zweiter, schnell hingeworfener Schuss brachte kein Ergebnis.

Rasch wollte ich die Waffe neu laden. Ich hatte, wie meistens, drei Flintenlaufgeschosse und ein Schrot im Etui gehabt. Das reichte gewöhnlich für den Ansitz, denn selten blieben Schweine nach einem lautem Schuss stehen. Heute hatte ich die Ausnahme von der Regel, denn ich hörte wie die Sau im Wald eine neue Runde drehte. Sie würde wieder bei mir vorbeikommen – was hatte ich bloß für einen Schuss angebracht? Das letzte Flintenlaufgeschoss musste dem Spuk ein Ende bereiten. Ich sah den Überläufer wieder rechts von mir aus dem Wald kommen. Nun schob er sich durch das Laub der einzelnen Eiche. Ich suchte den Wildkörper im Zielfernglas und krümmte den Finger.

Als der Schuss heraus war, hätte ich mich ... Der Überläufer musste kurz vor meinem Schuss gestolpert und hingerutscht sein. Jedenfalls rappelte er sich wieder auf seine Läufe und kam weiter auf mich zu. In Windeseile hatte ich die eine Schrotpatrone Kaliber 4 mm im Lauf, lehnte mich weit aus dem Fenster und gab der Sau, als sie unmittelbar unter der Kanzel war, den Schuss aufs Haupt. Das Schwein rutschte noch einen Meter hin – und war dann mausetot!

Nach einiger Zeit stieg ich von der Kanzel, um das Schwein in Besitz zu nehmen. Ich suchte meinen ersten Schuss. Offenbar hatte die Brenneke das Haupt gestreift und so diese Orientierungslosigkeit, diesen Drehwurm, ausgelöst. Der Schuss sitzt mir heute, nach so vielen Jahren, noch „zwischen Fell und Knochen".

Plötzlich knackt es, und ich bin sofort wieder in der Gegenwart. Es knackt noch einmal, und dann sehe ich etwas zwischen den Stangen. Es ist dort so dunkel, dass ich nichts Genaueres erkennen kann. Jetzt schnieft ein Schwein deutlich, und etwas weiter im Bestand ist auch noch Bewegung. Zwei Schemen lösen sich aus dem Mondschatten, und ich kann sie als Frischlinge ansprechen. Es ist wirklich nicht zu hell, und ich habe Mühe, das Fadenkreuz auf den Wildkörper zu bringen. Endlich ... und mit dem Knall liegt auch schon mein Frischling. Gott sei Dank, denn meine Beine sind für eine lange Nachsuche nicht mehr geeignet.

Nachdem ich den etwa dreiundzwanzig Kilo schweren Frischling versorgt habe, geht es ab nach Hause, schließlich habe ich über vier Stunden angesessen.

Endlich kann ich mich lang machen. Ein Blick zu meiner Uhr sagt mir, dass wir heute den 12. 12. 2000 haben, und dass es zwölf Uhr ist. Das Außenthermometer zeigt plus zwölf Grad an, etwas ungewöhnlich für diese Jahreszeit.

KOSMOS

Faszination Jagd

Ein Genuss für alle Sinne

Burkhard Winsmann-Steins
Mit den Augen des Jägers

160 Seiten
120 Farbfotos
gebunden

ISBN 3-440-09020-5

Jagdfotografie „live“, abseits von Kleingattern und mitten im Revier: Keiner beherrscht sie so wie Burkhard Winsmann-Steins. Unnachahmlich verbindet er den geschulten Blick des passionierten Jägers mit dem Können des erfahrenen Fotografen. Ein hinreißender Bildband – mit klassischen Erzählungen der großen Jäger Hermann Löns, Friedrich Freiherr von Gagern und Ludwig Bendikt Freiherr von Cramer-Klett.

www.kosmos.de